2016-2017年中国工业和信息化发展系列蓝皮书

The Blue Book on the Development of Software Industry in China (2016-2017)

2016-2017年
中国软件产业发展
蓝皮书

中国电子信息产业发展研究院　编著

主　编／樊会文

副主编／潘　文　韩　健

人 民 出 版 社

责任编辑：邵永忠　刘志江
封面设计：黄桂月
责任校对：吕　飞

图书在版编目（CIP）数据

2016－2017 年中国软件产业发展蓝皮书 / 樊会文 主编；
中国电子信息产业发展研究院 编著．—北京：人民出版社，2017.8
ISBN 978－7－01－018018－2

Ⅰ.①2… Ⅱ.①樊… ②中… Ⅲ.①软件产业—产业发展—白皮书—中国—2016－2017 Ⅳ.①F426.67

中国版本图书馆 CIP 数据核字（2017）第 190559 号

2016－2017 年中国软件产业发展蓝皮书

2016－2017 NIAN ZHONGGUO RUANJIAN CHANYE FAZHAN LANPISHU

中国电子信息产业发展研究院 编著

樊会文 主编

人民出版社出版发行

（100706　北京市东城区隆福寺街 99 号）

三河市钰丰印装有限公司印刷　新华书店经销

2017 年 8 月第 1 版　2017 年 8 月北京第 1 次印刷

开本：710 毫米×1000 毫米 1/16　印张：21.25

字数：345 千字

ISBN 978－7－01－018018－2　定价：105.00 元

邮购地址　100706　北京市东城区隆福寺街 99 号

人民东方图书销售中心　电话（010）65250042　65289539

前　言

一

软件和信息技术服务业是国民经济和社会发展的基础性、先导性、战略性产业，是建设制造强国和网络强国的重要支撑，是国际科技竞争和产业发展的战略制高点。随着云计算、大数据、物联网等新一代信息技术与传统行业融合程度不断向更深层次演进，软件对于各领域的渗透外溢效应更加明显。现如今，“软件定义”成为普遍共识，软件技术和产品对于经济社会各领域业务运行的支撑功能愈发重要，其在应用领域的“赋能”“赋值”和“赋智”作用表现也愈发显著。

从世界范围看，随着技术路线主导权、价值链分工、产业生态的竞争愈演愈烈，软件产业成为重要的战略布局。发达国家在人工智能、云计算、大数据等新兴领域加速战略布局，抢占未来发展主导权。众多国家纷纷以加快经济结构调整、发展战略性新兴产业为主题，大力推动软件和信息技术服务业发展，并将其作为新的经济增长点。根据 Gartner 发布的最新预测，在软件和 IT 服务营收迅速增长的带动下，2017 年全球 IT 支出预计将达 3.5 万亿美元，较 2016 年的预估支出 3.4 万亿美元增长 2.9%。软件和 IT 服务领域已成为 IT 产业的亮点，2016 年软件支出增长 6%，2016 年 IT 服务支出增长 3.9%，达到 5970 亿美元。

从全球软件产业分布格局看，美国、日本、欧洲等发达国家和地区，印度、中国等新兴发展中国家共同构成全球软件产业的主要分工体系。具体来看，美国拥有全球 1/3 顶尖软件人才，汇聚微软、IBM、谷歌、甲骨文等软件巨头，掌握着全球软件产业的核心技术、标准体系、游戏规则及产品市场，占有全球 90% 以上的市场份额，牢牢占据产业链高端。以爱尔兰、德国、英国为代表的欧洲软件行业在应用软件方面具有很强的开发能力。以爱尔兰为例，以软件编译语言本地化服务为切入点，在客户管理系统、无线通信、网络安全、软件工具、网络工具及应用、嵌入式实时系统软件等领域取得显著成就。近几年亚太软件市场作为“潜力股”一直保持两位数的年增长速度。印度以出口为导向的发展模式成就了软件外包服务和离岸开发业务大发展。2016 年，印度的软件出口额占全球市场份额的 30%，其在美国的软件外包市场占据 70% 的份额。需要特别指出的是，受全球的经济形势整体性低迷影响，欧美发达国家 IT 支出增长缓慢，中国、俄罗斯、印度、巴西等金砖四国信息化建设和需求的持续增长，正成为全球软件产业增长的重要动力。

从全球产业发展方式来看，技术和模式创新不断涌现，模式创新日益重要。软件企业的商业模式、服务模式的创新拓展也成为市场竞争的关键要素。具体来看，虚拟化、云计算、物联网、移动互联网等新技术不断涌现，外包、SaaS、云服务等成为热门服务创新，个性化定制、基于广告、应用商店、社交网络等商业模式创新层出不穷。Facebook、Twitter、Groupon、Zynga 等企业成为商业模式创新的典型代表。

就我国而言，加快发展软件和信息技术服务业，是引领科技创新、驱动经济社会转型发展的核心力量，是建设制造强国和网络强国的核心支撑。软件技术创新进入新一轮加速期特征明显，已成为本轮技术革命和产业变革的最重要驱动力。大数据、云计算、人工智能、虚拟现实/增强现实、区块链等新热点领域蓬勃兴起，进一步重塑软件的技术架构、开发模式、产品形态和商业模式。基于软件的平台整合创新步伐加快，围绕生态系统对技术、产品、内容和服务等产业核心要素的主导和支配成为普遍关注的焦点。特别是，面向应用场景的新型终端操作系统、云端软件平台和大数据平台不断涌现，以兼容互联为特征的 API 经济蓬勃兴起，对传统软件技术体系形成猛烈冲击态势，给经济社会数字转型带来前所未有的机遇。

2016 年是我国“十三五”开局之年，在全球经济增长乏力和产业深度转型调整背景下，我国软件和信息技术服务业保持平稳较快增长。2016 年，全国软件和信息技术服务业完成软件业务收入 4.9 万亿元，同比增长 14.9%，增速比 2015 年回落 0.8 个百分点。利润总额同步增长，全行业实现利润总额 6021 亿元，同比增长 14.9%，与收入增长同步，比 2015 年回落 4.6 个百分点。出口增速稳中回升，实现出口519亿美元，同比增长5.8%，增速比2015年提高4.1个百分点。从区域发展格局看，东部和东北地区软件业增速回落，中西部地区保持较快增长。东部地区完成软件业务收入3.8万亿元，同比增长14.9%；西部地区完成软件业务收入5288亿元，增长17.2%。特别是，《信息产业发展指南》《软件和信息技术服务业十三五发展规划》《大数据产业十三五发展规划》《关于软件和集成电路产业企业所得税优惠政策有关问题的通知》（财税〔2016〕49号）等文件规划密集发布，进一步明晰未来几年产业发展路线，将引领软件和信息技术服务业持续快速发展。

二

当前，软件产业发展既面临着重大国家政策加快贯彻落实、云计算等新兴领域快速发展等发展机遇，也面临着国内经济增速持续放缓、产业加速转型调整等重大压力和挑战。概括而言，产业发展主要面临以下形势：

第一，软件产业成为重塑国家竞争力的战略制高点。软件定义世界正在成为业界共识，软件的应用成为主导经济社会各领域业务运行基本模式的重要力量，持续激发组织模式和商业模式创新。世界发达国家和地区高度重视软件和信息技术服务业发展，纷纷加大对基础软件、平台软件、云计算、大数据、移动互联、信息安全等领域基础核心技术的投入力度，力图牢牢把握研发设计和高附加值服务两端优势，增强产业链垂直整合领导能力，保持其在全球产业价值链高端的优势地位。我国也高度重视信息技术为软件和信息技术服务业带来的革命性影响，陆续出台《国家信息化发展战略纲要》《国务院关于深化制造业与互联网融合发展的指导意见》《信息产业发展指南》《软件和信息技术服务业十三五发展规划》《大数据产业十三五发展规划》《关于软件和集成电路产业企业所得税优惠政策有关问题的通知》等有利于产业发展的重大政策将加快贯彻落实，这一系列政策文件将从更广的范围、更深的层次激发产业发展活力。

第二，技术创新驱动产业结构发生重大变革。当前，软件技术创新进入加速期，软件技术架构云端化、开发工具智能化、产品形态多样化趋势日益明显，软件的开发、部署、运行和服务向移动网络平台加快转移。基础软件成为重要支撑工具，定制化、网络化的应用软件大量产生，行业综合解决方案成为主要业务方向，软件即服务逐步成为产业发展的主流模式，云计算、大数据、移动互联等领域新产品、新模式、新业态不断涌现。硬件与软件、内容与终端、应用与服务的一体化整合速度加快，基于主流软件平台构造以产品、资源和服务为核心要素的产业生态体系建设快速推进，以产业纵向、横向整合集聚协同效应、抢占生态系统主导地位的产业竞争加剧。

第三，“软件定义”下的跨界融合拓展产业创新发展空间。以数据驱动的“软件定义”正在成为融合的显著特征。软件与行业业务的联系日趋紧密，软件向经济社会各个领域的渗透不断深化，正成为经济社会各领域重要的支撑工具，为产业带来了更为广阔的创新发展空间。宽带网络的推广普及加快了软件和信息服务向各行业领域的渗透，各行业的发展均呈现出互联网化、软件化特征，软件技术和产品成为支撑行业业务发展的重要基础。在工业领域，软件对工业的渗透逐渐从外围走向核心；在服务业领域，软件为服务业的内容和形式带来更大变革。

第四，产业发展面临新挑战。我国软件业面临处于产业链高端的发达国家在和处于产业链低端发展中国家的双重竞争将更加激烈。同时，随着宏观经济进入新常态，软件产业由高速向中高速发展转变，传统业务增长乏力，新的业态亟待培育。服务化网络化趋势下，传统企业面临着转型升级的压力，原有的技术架构、组织体系、业务模式等都需要进行重大调整，面向行业应用的专业化服务能力亟待培育，资源整合能力、业务运营能力、工程化能力亟待提升。网络和信息安全面临严峻形势，基础信息网络和工控系统、重大领域信息系统安全、信息资源安全以及个人信息安全等问题与日俱增，信息安全攻击方式更加分散和隐蔽，信息安全保障面临着巨大挑战。

三

现阶段，我国软件产业规模、质量、效益都取得明显提升。未来几年，在全球科技革命和产业变革的大趋势下，产业发展迎来重要“窗口期”，我们更要努力实现产业由大变强的历史跨越，更好支撑制造强国和网络强国建设。为此，促进产业发展应着力做好以下几项工作：

第一，加快落实相应政策文件。《国家信息化发展战略纲要》《国务院关于深化制造业与互联网融合发展的指导意见》《大数据产业十三五发展规划》《软件和信息技术服务业十三五发展规划》（国发〔2016〕28 号）等重大政策文件陆续出台。围绕政策的主要任务安排，建议加快落实具体工作：在落实国发〔2016〕28 号文件方面，加快建设和完善工业云、工业大数据等技术支撑平台，培育一批面向重点行业的系统解决方案；围绕工业云、工业大数据、工业电子商务开展行业应用示范，支持建设信息物理系统测试验证平台、综合验证试验床。在落实软件产业"十三五"规划方面，深入推进中国软件名城创建工作；研究制定《工业技术软件化行动计划（2017—2019 年）》，全面支撑"中国制造 2025"建设；抓好工业云服务平台试点示范，支持建设一批高质量的工业云服务平台。在大数据"十三五"规划方面，推动大数据产业集聚区建设，支持建立大数据综合评估指标体系（包含区域发展、企业竞争力、行业应用等）；适时出台《促进工业大数据发展的指导意见》，推进工业大数据创新中心建设；鼓励征集编制和推广大数据优秀产品、服务和解决方案。

第二，加快落实税收优惠政策。进一步做好《国务院关于印发进一步鼓励软件产业和集成电路产业发展若干政策的通知》（国发〔2011〕4 号）中规定的软件企业所得税、软件产品增值税等优惠政策的落实，激发软件企业创新发展活力。继续贯彻落实《关于软件和集成电路产业企业所得税优惠政策有关问题的通知》（财税〔2016〕49 号）的政策要求，加强对政策文件的宣贯和培训，做好双软认定取消后软件企业优惠政策的落实和衔接。进一步加强与财政部、税务总局等相关部门的沟通，做好与地方工信部门的配合，建立良好的协同工作机制和沟通机制，确保软件企业所得税优惠政策落到实处。加强优惠政策核查工作，进一步加强事中事后监管，提高优惠政策执行的精准度。

第三，推动新业态新模式快速发展。制定政府采购云服务的配套政策和标准，在政府采购与拨款制度上，设立专门的服务租用和采购条目，允许购买云计算服务，推进政府及国有企业对云服务的使用。加大大型公有云的支持，给予中长期贷款，降低企业使用成本。开展行业云、产业云建设试点，在政务、教育、工业等行业推广云计算应用。建立云平台、大数据安全管理制度及审查体系。加快云计算、物联网等新兴领域的标准制定，形成利于行业发展的标准体系。围绕人工智能、虚拟现实等新兴领域，加快推动产业发展，构建形成经济发展新动力。技术上，继续加强关键技术研发，掌握产业技术创新和产品创新主动权。产业上，着力构建若干产业发展集聚区，培育一批创新能力强的骨干企业。应用上，在重点领域开展一批应用示范工程。标准上，加快新领域标准制定，形成有助于行业发展的标准体系。

四

基于对上述问题的深入思考，赛迪智库软件产业研究所研究编撰了《2016—2017 年中国软件产业发展蓝皮书》。本书在总结中国软件产业整体发展情况基础上，从产业运行、行业发展、企业情况、重点区域、特色园区、政策环境等多个维度对中国软件产业发展进行剖析，并对 2017 年中国软件产业发展趋势进行展望。全书分为综合篇、行业篇、区域篇、园区篇、企业篇、政策篇、热点篇和展望篇共 8 个部分。

综合篇，在对全球软件产业发展状况进行研究的基础上，对我国软件产业的发展情况进行了阐述，分析了产业发展特点。

行业篇，选取基础软件、工业软件、信息技术服务、嵌入式软件、云计算、大数据、信息安全、人工智能、虚拟现实、区块链等 10 个行业进行专题分析，对各行业领域 2016 年整体发展情况进行回顾，并从市场、技术、竞争等角度总结发展特点。

区域篇，对环渤海地区、长江三角洲地区、珠江三角洲地区、东北地区、中西部地区等区域进行专题研究，分析各区域产业整体发展情况、发展特点、主要行业发展情况和重点省市发展情况。

园区篇，选取中关村科技园区、上海浦东软件园、辽宁大连软件园、江苏南京雨花软件园、福建福州软件园、山东齐鲁软件园等代表性软件园进行专题研究，总结分析了各个园区的总体发展概况和发展特点。

企业篇，选取了基础软件、工业软件、信息技术服务、嵌入式软件、云计算、大数据、信息安全、人工智能、虚拟现实、区块链等 10 个行业细分领域的代表性骨干企业，分析其发展情况和发展策略。

政策篇，对2016年中国软件产业政策环境进行了分析，对《国务院关于深化制造业与互联网融合发展的指导意见》《软件和信息技术服务业发展规划（2016—2020年）》《大数据产业发展规划（2016—2020年）》等2016年有关软件产业发展的重点政策进行了解析。

热点篇，总结论述了2016年软件的热点事件，选取了海尔收购GE家电业务和软件助推智能汽车加速发展等热点问题，分别进行了事件回顾和事件分析。

展望篇，在对主要研究机构预测性观点进行综述基础上，展望2017年我国软件产业整体发展趋势、重点行业发展趋势以及重点区域发展趋势。

赛迪智库软件产业研究所注重研究国内外软件产业的发展动态和趋势，尽量发挥好对政府机关的支撑作用，对区域经济、软件园区（基地）、软件企业及产业协会的服务功能。希望通过我们不断的研究工作，对推动软件产业按照“建设数据强国和网络强国核心支撑”的总要求起到促进作用。

工业和信息化部信息化和软件服务业司司长

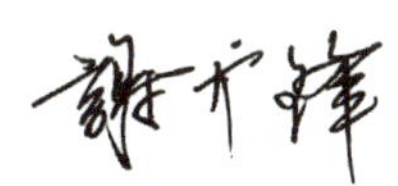

目　录

区域篇

园 区 篇

企业篇

政策篇

热 点 篇

展 望 篇

综 合 篇

第一章　2016年中国软件产业整体发展状况

2016年我国软件和信息技术服务业仍然保持着平稳增长态势，全年软件和信息技术服务业累计实现业务收入4.9万亿元，同比实现增长14.9%。其中，软件产品收入增速有所放缓，实现收入15400亿元，同比增长12.8%；软件产品信息技术服务业引领发展，实现收入25114亿元，同比增长16%；嵌入式系统软件增速稳中有升，实现收入7997亿元，同比增长15.5%。全行业实现利润总额6021亿元，同比增长14.9%，与收入增长持平。软件出口增速扭转疲态，2016年全年软件业实现出口519亿美元。中心城市在产业集聚效应的推动下保持产业规模的领先，2016年全国15个副省级中心城市实现软件业务收入2.7万亿元，同比增长15.5%，中心城市的软件业规模占全国的比重达到55.3%。从区域发展来看，2016年我国软件产业呈现出中西部增速快、东部地区持续领先、东北地区增速放缓的态势。其中，中部地区完成软件业务收入2303亿元，占全国软件业务收入的比重为4.7%，同比增长20.6%。软件从业人员规模持续扩大，软件行业从业人员2016年年末人数达到572万人，同比增长6.2%。

2016年，伴随全球信息技术创新持续演进，IT行业加快转型升级步伐，我国经济发展步入新常态，软件和信息技术服务业发展进入全面的转型调整期，行业业务收入保持平稳较快增长，在服务化、融合化发展的驱动下信息技术服务和嵌入式软件成为引领产业增长的重要环节，云计算、大数据、人工智能、虚拟现实、区块链等新兴领域增势突出，“互联网+”持续推动软件与互联网融合创新，企业纷纷加快合作转型力度，优化自身业务体系，完善产业生态布局。随着在国民经济中的地位和作用不断提升，软件和信息技术服务业正成为科技创新和企业竞争的主战场，培育形成一大批新产品、新服务、新模式和新业态，成为网络强国和制造强国战略实施的重要组成和支撑。

一、业务收入持续稳增，产业地位逐步提升

2016 年在全球经济弱势复苏、国内经济持续放缓的大背景下，我国软件和信息技术服务业仍然保持着平稳增长态势。全年全国软件和信息技术服务业累计实现业务收入 4.9 万亿元，同比实现增长 14.9%，虽然增速较 2015 年同期回落 1.7 个百分点，但仍比电子信息制造业增速高出 4.9 个百分点。作为战略性新兴产业的重要组成，软件和信息技术服务业业务收入增长速度远高于我国国民生产总值增速，已成为推动我国经济发展的重要力量。

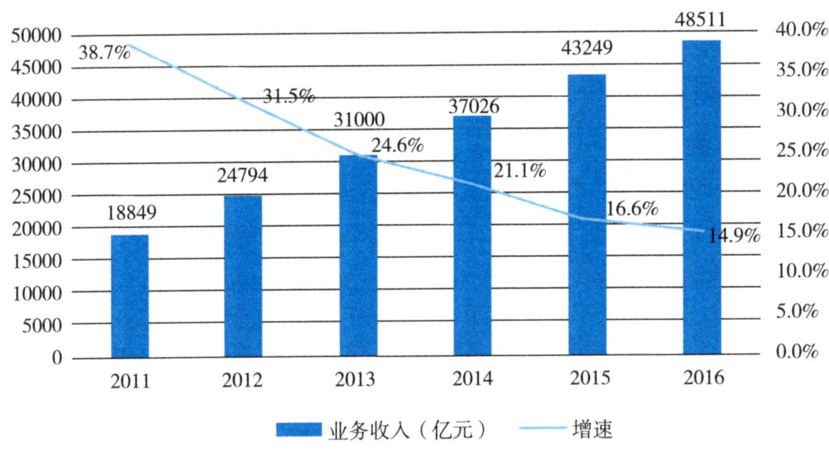

图 1－1　2011—2016 年软件业务收入及增长情况

资料来源：工业和信息化部运行局，2017 年 2 月。

从利润增长情况看，2016 年 1—12 月，我国软件产业实现利润总额 6021 亿元，同比实现增长 14.9%，增速较 2015 年全年回落 4.6 个百分点。软件和信息技术服务业企业利润收入持续保持快速增长，反映出我国软件和信息技术服务业较强的市场活力，也表明部分软件企业已经成功实现了业务转型，新的业务领域、业务方向、业务模式正助推企业市场竞争力的不断提升。

从产品及服务出口情况看，2016 年全年软件业实现出口 519 亿美元，同比实现增长 5.8%，增速同比提高 4.1 个百分点。其中，外包服务出口增长 5%，扭转了 2015 年负增长局面；嵌入式系统软件出口增长 6%，增速较 2015 年回落 3 个百分点。全球经济发展不稳定因素不断加大，软件产品和服务的

出口面临的压力正持续增大，出口对整个软件产业发展的拉动作用正逐渐减弱。

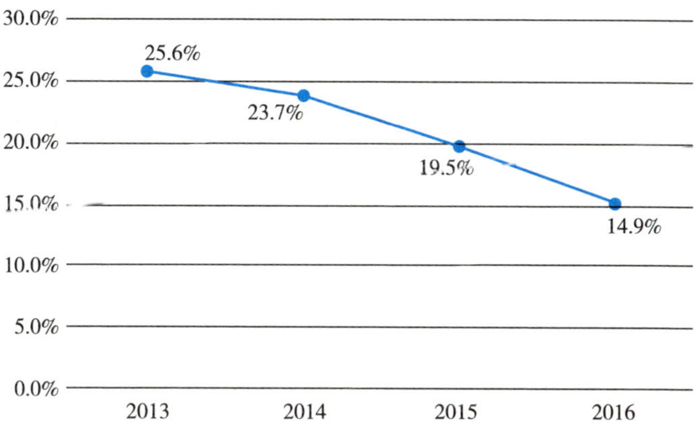

图 1－2　2013—2016 年软件业务收入利润增长情况

资料来源：工业和信息化部运行局，2017 年 2 月。

从从业人员情况看，2016 年 1—11 月，我国软件产业从业人员平均人数达到 572 万人，同比增长 6.2%，增速低于 2015 年同期 0.2 个百分点。从业人员工资总额增长 15.2%，增速同比上升 2.6 个百分点，人均工资增长 8.5%，同比上升 2.7 个百分点。从产业业务收入和从业人员的增速对比来看，2016 年软件人员的个人贡献呈现出较大增长态势。从业人员工资的不断增长表明软件业作为典型的智力密集型行业，人才对于行业发展的至关重要。

从企业规模看，截至 2016 年 12 月，软件和信息技术服务业从业企业数达到 42764 家，较 2015 年年底的 40941 家增加了 1823 家，一大批软件和信息技术服务创新型企业成为推动行业持续快速发展的新鲜血液。

从软件产业月度收入增长情况看，2016 年，中国软件产业整体增势平稳。1—12 月，软件业务收入累计增速在 14.7%—15.5% 区间波动，波动幅度仅为 0.8%，较 2015 年降低了 0.5 个百分点。其中，2、3 月份累计增速最高，为 15.5%；9、10 月份的收入增速最低，为 14.7%。

在国民经济下行压力加大的背景下，尽管软件行业增速相较往年放缓，但仍在各行各业中表现突出，增速相对处于高位。软件产业的高成长性依然存在，其在经济增长中的地位持续提升，在国民经济进入新常态下发挥着日益突出的作用。从软件产业占 GDP 比重看，近年来，中国软件产业占 GDP 的比重持续上升，2005 年比重仅为 2.1%，2010 年达到 3.3%，2015 年增长到 6.4%，2016 年已达到 6.5%。

从软件产业占电子信息产业比重看，我国软件产业在电子信息产业中所占比重逐年提高，行业地位不断抬升。2016 年全年软件产业比电子信息制造业增速高出 5.6 个百分点，软件产业占电子信息产业的比重超过 28%，达到新的高点。

表 1－1　2011—2016 年中国软件产业规模及比重

年度	软件产业规模（亿元）	电子信息产业规模（亿元）	GDP（亿元）	软件产业占电子信息产业比重	软件产业占 GDP 比重
2011 年	18849	93766	472881.6	20.1%	4.0%
2012 年	24794	109838	519322.1	22.6%	4.8%
2013 年	31000	124000	569000	25.0%	5.4%
2014 年	37000	140000	636463	26.4%	5.8%
2015 年	43249	157000	676708	27.5%	6.4%
2016 年	48511	171000	744127	28.4%	6.5%

资料来源：赛迪智库，2017 年 2 月。

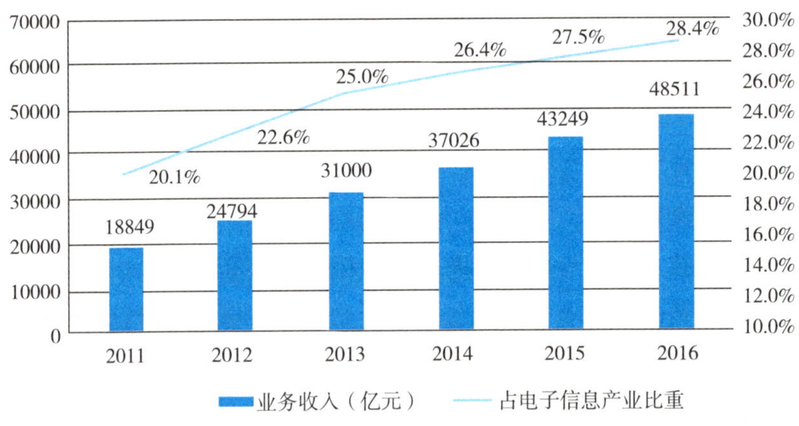

图 1－3　2011—2016 年软件业务收入占电子信息产业的比重

资料来源：赛迪智库，2017 年 2 月。

二、信息技术服务引领发展，嵌入式软件增速平稳

服务化、融合化是软件产业发展的重要趋势，以服务化为典型特征的信息技术服务已成为我国软件产业发展的主力军，以融合化为典型特征的嵌入式软件成为推动我国软件产业增长的主动力。

2016 年全年信息技术服务业实现收入 25114 亿元，同比增长 16%，增速高出全行业水平 1.1 个百分点，但同比回落 2.7 个百分点。信息技术服务收入占软件业务收入比重达到 51.8%，较 2015 年全年比重 51.2% 提高 0.6 个百分点。其中，运营相关服务（包括在线软件运营服务、平台运营服务、基础设施运营服务等在内的信息技术服务）收入增长 16.1%；电子商务平台技术服务（包括在线交易平台服务、在线交易支撑服务在内的信息技术支持服务）收入增长 17.7%；集成电路设计增长 12.7%；其他信息技术服务（包括信息技术咨询设计服务、系统集成、运维服务、数据服务等）收入增长 16%。

嵌入式系统软件收入平稳，2016 年嵌入式系统软件实现收入 7997 亿元，同比增长 15.5%，增速高出全行业平均水平 0.6 个百分点，同比提高 1.4 个百分点。软件产品收入增势持续趋缓，全年实现收入 15400 亿元，同比增长 12.8%，增速同比提高 0.9 个百分点，低于全行业平均水平 2.1 个百分点。1—12 月，信息安全产品增长 10.9%，增速落后于全行业平均水平。

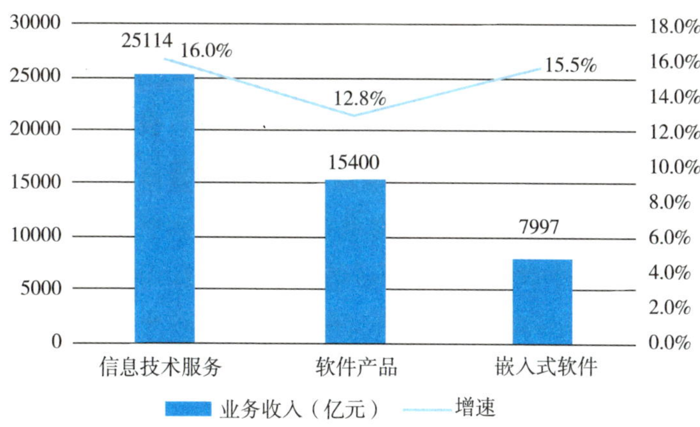

图 1－4　2016 年 1—12 月软件业分领域业务收入及增长情况

资料来源：工业和信息化部运行局，2017 年 2 月。

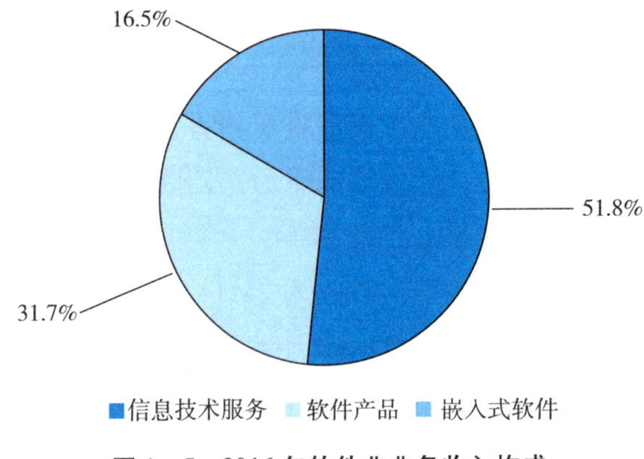

图 1－5　2016 年软件业业务收入构成

资料来源：工业和信息化部运行局，2017 年 2 月。

三、软件出口增速略有提升，外包服务收入好转

受全球宏观经济形势弱势复苏、主要国家政治不稳定因素激增等影响，中国软件出口延续过去几年的低增长态势，第一季度增速出现较大幅度下降，随后增速缓中趋稳。2016 年全年软件业实现出口 519 亿美元，同比增长 5.8%，增速同比提高 4.1 个百分点。其中，外包服务出口增长 5%，扭转了 2015 年同期负增长局面；嵌入式系统软件出口增长 6%，增速同比回落 3 个百分点。

从月度出口增长情况看，除去第一季度，2016 年后三季度中国软件出口整体增势平稳，累计增速在 6.4%—7.0% 区间波动，波动幅度为 2.6%。11 月受人民币汇率波动影响，出口增速达到全年最高水平。

软件出口的低增长使软件出口对产业的贡献率连续下降。2010 年以来，软件出口占软件业务的比重呈逐年下降的趋势，所占比重从 2010 年的 13.2% 下降至 2016 年的 7.3%，下降幅度有所减小。

四、产业集聚效应持续凸显，中心城市保持领先

2016 年全国 15 个副省级中心城市实现软件业务收入 2.7 万亿元，同比增长 15.5%，增速高出全国平均水平 0.6 个百分点；中心城市的软件业规模占

全国的比重为55.3%，比2015年回落1.6个百分点，同时福州、苏州、合肥等其他一些城市（非副省级）的软件业也呈快速发展态势。全国软件业务收入达到千亿元的中心城市和直辖市共15个，比2015年增加1个。

2016年1—11月，南京、济南、成都、广州、深圳、上海、北京、杭州8家软件名城合计完成软件业务收入22847亿元，占全国的58.5%。

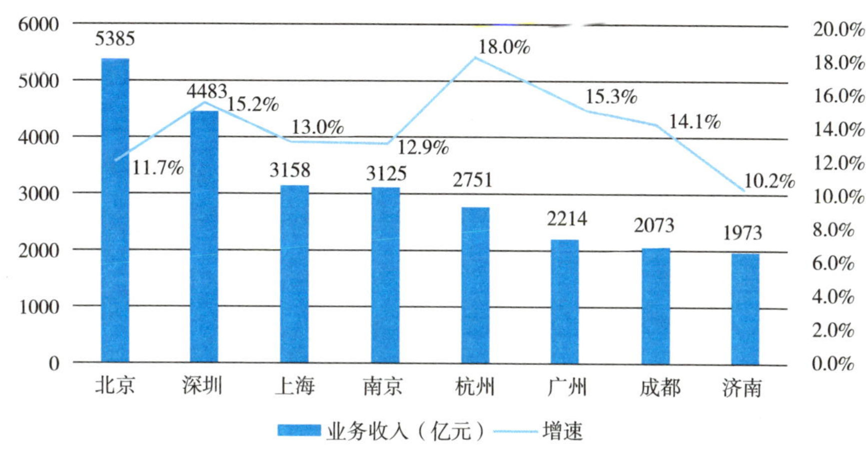

图1-6 2016年1—11月中国软件名城软件业增长情况

资料来源：工业和信息化部运行局，2017年1月。

五、中部地区增势突出，东北地区增速回落明显

2016年，我国软件产业区域发展呈现出中西部增速快、东部地区持续领先、东北地区增速放缓的态势。作为我国软件产业发展的主要集聚地，东部地区软件和信息技术服务业保持平稳较快增长，2016年实现软件业务收入3.8万亿元，占全国软件业务收入的比重为78.6%，同比增长14.9%，增速同比回落2.2个百分点，与全国平均增速持平。中部地区增势突出，完成软件业务收入2303亿元，占全国软件业务收入的比重为4.7%，同比增长20.6%，增速同比提高0.5个百分点，高出全国平均增速5.7个百分点。西部地区实现软件业务收入5288亿元，占全国软件业务收入的比重为10.9%，同比增长17.2%，增速与2015年同期持平，高出全国平均增速2.3个百分点。东北地区增速放缓，共实现软件业务收入2801亿元，占全国软件业务收入的比重为5.8%，同比增长6.3%，增速低于全国平均水平8.6个百分点。

从各区域软件业务收入增速来看，2016 年总量居前 5 名的江苏、广东、北京、山东、上海完成软件业务收入分别增长 14.4%、15.4%、11.6%、17.9%和 13%。部分中西部省市增长较快，如西部的陕西、重庆增长超过 20%，中部的安徽、湖北增长超过 25%。

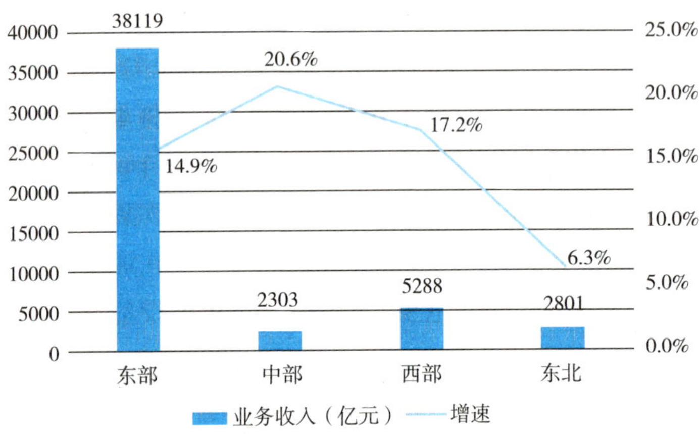

图 1－7　2016 年软件业分区域增长情况

资料来源：工业和信息化部运行局，2017 年 2 月。

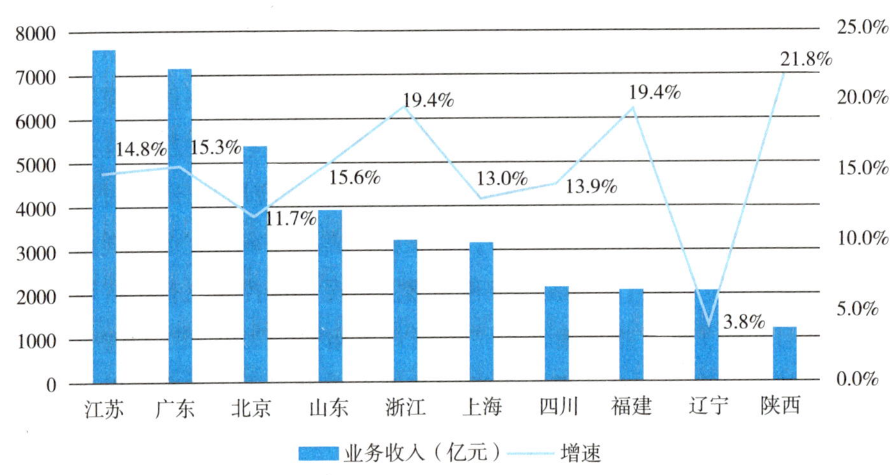

图 1－8　2016 年 1—11 月前 10 位省市软件业增长情况

资料来源：工业和信息化部运行局，2017 年 1 月。

六、软件业从业人员队伍不断壮大，热点领域人才紧缺

作为知识技术密集的产业，软件业呈现出绿色性、创新性、高增长性等特点，人才是产业发展的最关键要素。行业前沿领域的不断创新和软件产业的快速发展壮大不断吸引越来越多各领域各层次的软件人才集聚，软件从业人员队伍日益庞大。根据工业和信息化部运行局的最新统计，截至2016年11月，软件行业从业人员人数达到572万人，同比增长6.2%，增速同比回落0.2个百分点。总体来看，软件行业人才需求依然旺盛，人才缺口仍然较大，我国当前的软件从业人员规模尚不能满足产业发展的需求。

伴随虚拟现实、人工智能、区块链等新兴领域的快速发展和行业规模的持续扩大，软件人才缺乏越发明显，特别是在新兴领域。既往来看，我国软件人才结构呈现出典型梯形结构，即行业领军人才极度匮乏，随着互联网进程的逐步加快，当前在大数据、人工智能等热点领域甚至出现了高中端人才全面短缺的现象。究其原因，一方面是由于高校人才教育无法跟上软件企业技术更新的速度，与企业需求期望存在较大差距，另一方面以市场需求为主线的职业教育规模仍然有待提升，尚不足以支撑产业的高频创新和快速发展。

知识技术密集是软件产业的主要特点之一，薪酬是吸引软件人才的重要因素。据统计，2016年1—11月我国软件业从业人员工资总额平稳增长，增速达到15.2%，同比上升2.6个百分点；人均工资增长8.5%，同比上升2.7个百分点。软件业人均工资的增长将有效刺激人才培训机构，对行业发展带来较大利好。

第二章 2016年中国软件产业发展特点

2016年，以云计算、大数据、人工智能、物联网等技术及其衍生出的软件产业的新模式、新业态成为产业发展的重要聚焦方向，软件产业正逐步渗透到我国的各行各业，其支撑价值也越来越得到社会各界的广泛认可。2016年我国软件产业的发展特点主要表现为：一是产业创新能力快速增强，具有自主知识产权的软件产品的影响力不断扩大；二是骨干企业实力不断提升，在全球上市互联网企业市值前10强中我国企业占半数；三是新兴领域创新发展步伐持续加快，为软件产业持续创新发展带来新的动能；四是软件产业与其他行业融合持续深入，催生的新兴产业为提升社会管理和公共服务水平提供了技术支撑；五是全球化竞争助推产业不断升级，为我国先进技术和成功模式的输出提供了更多机会；六是产业发展环境持续优化，为我国工业软件和面向制造业的信息技术服务业发展带来强大的政策保障和良好氛围。

一、产业创新能力快速增强

我国软件企业通过自主创新，产品质量、应用水平和服务能力均得到较大幅度的提升。以企业为主体、以核心技术为重点、以应用为导向的产业技术创新体系不断完善，技术创新在产业发展中的关键作用持续凸显。云计算、大数据、人工智能、虚拟现实等技术演进催生出一批新产品、新模式、新业态，成为促进产业创新发展的新动能、新引擎。在基础软件、行业应用软件领域形成了诸多具有自主知识产权的软件产品，在互联网、信息安全等方面占据市场主导地位，并且积极参与开源项目，影响力逐步扩大。

2016年中国软件业务收入前百家企业共投入研发经费达到1233亿元，比上届大幅增长了47.3%，增速超过收入增长34.2个百分点，其中研发经费占主营业务收入比例达到了9.6%，比上届百强企业该数值提高2.6个百分点，高于全行业 2.9 个百分点。百强企业共拥有研发人员近 36 万人，研发人员占到总员工数的 43%，比例值大幅提升了 12 个百分点。

二、骨干企业实力不断提升

在政策和市场的双轮驱动下，我国软件和信息技术服务企业市场竞争力不断提升，涌现出一批具有自主知识产权、知名品牌与相当收入规模的大型骨干企业，同时，软件和信息技术服务业也成为全国创新最活跃的区域，一大批创新性企业正在加速成长。其竞争力不断增强。部分互联网企业借助其具有的人才、资金、市场等优势，在软件技术创新和模式、产品创新中发挥着重要作用，在全球上市互联网企业市值前 10 强中我国企业占到 5 家，分别为阿里巴巴（市值 2714 亿美元）、腾讯（市值 2644 亿美元）、百度（市值 651 亿美元）、京东（市值 364 亿美元）、网易（市值 323 亿美元），尽管我国企业数量已经占到前 10 强的半壁江山，但我们企业居于第 6—10 位，市值总额距离前 5 位的美国企业仍有较大差距。

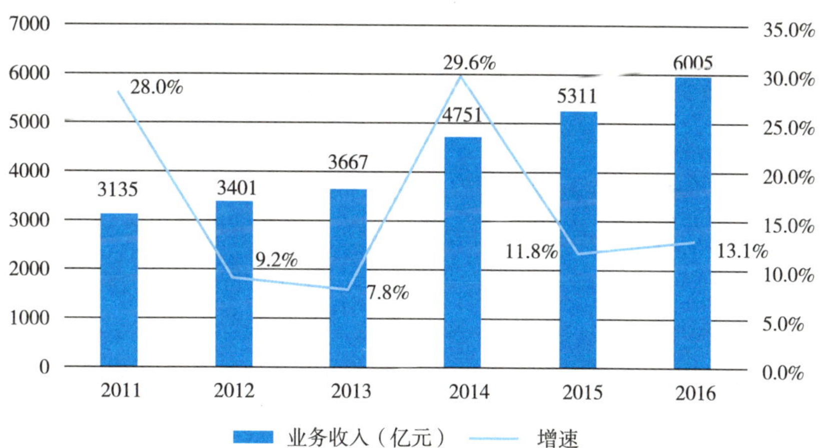

图 2－1　2011—2016 年软件收入前百家企业软件业务收入增长情况

资料来源：赛迪智库，2017 年 1 月。

2016 年中国软件业务收入前百家企业实现软件业务收入 6005 亿元，同比增长 13.1%，占软件和信息技术服务全行业收入的 14%，与 2015 年基本持平。累计完成软件业务收入较 2011 年的 3135 亿元增加 2870 亿元，增长了 91.5%，年均增长 18.3%。其中，有 7 家企业软件业务收入超过 100 亿元，比上届增加1家，有1家企业软件业务收入超过1000亿元，与上届持平。软件百强企业实现利润1524亿元，比上届增长48.2%；平均主营业务利润率达11.9%，比上届提高3.2个百分点，高出全行业2个百分点；有15家企业的利润率超过20%。

从企业排名看，前十五强格局变化不大，华为以1786亿元的软件收入仍然稳居排行榜的第一位，业务收入较上一年度增加304亿元。中兴、海尔分别以460亿元和412亿元的收入位列第二和第三位。在高端装备制造的带动下，株洲南车时代电气股份有限公司业务收入持续实现高增长，业务收入从上一年的71.2亿元增加到92.1亿元，较2014年的46.9亿元增长了接近一倍，名列第九名。杭州海康威视业务收入达到101.7亿元，成功跨越百亿大关。金山软件和东华软件成功跻身软件百强的前十五名。

统计数据表明，企业收入增长率超过20%的企业占到了2016年软件前百强企业的三成左右，部分企业增速甚至超过100%。受益于新兴领域的快速发展，软件百强部分企业实现了高成长，业务收入增速大幅提升，排名不断靠前。例如，京东尚科、阿里云的云计算、大数据服务等新业务呈现快速发展态势，企业排名分别上升了29和18位，软件业务收入分别增长79%和63%。如科大讯飞和华讯方舟依托其在人工智能、移动宽带等领域具备的核心技术优势，企业市场竞争力不断增强，排名分别上升了28和17位，软件业务收入增速分别达73%和68%。金山软件通过积极转型，在移动互联网和云服务业务方面实现了较大突破，排名上升了18位，收入增长达到69%。

从企业类型来看，民营企业的整体实力不断提升，软件前百强企业中民营企业占到一半以上，达到55家，其软件业务收入占到了百强企业的60.7%，同比增长18%，高出全部企业增速5个百分点，也高出软件和信息技术服务业整体增速。从业务分布来看，通信、金融等行业软件和解决方案提供商发展势头良好，聚焦于通信行业服务的企业有23家，较上届的21家增加了2家，这些企业软件业务收入占到了百强企业的一半左右，同比增长19.5%；金融行业服务企业数量有18家，软件业务收入占比达到9%。

三、新兴领域创新发展步伐持续加快

在云计算和大数据领域，技术、产品和商业模式逐渐成熟，应用加速落地和普及，已经成为软件和信息技术服务业的重要组成，并为产业的持续快速发展带来新的动能。此外，在人工智能、虚拟现实、区块链等领域中，新业态、新技术不断演变出更多综合性的新应用，驱动软件产业持续创新发展。

作为行业中的骨干和领先者，2016 软件前百强企业纷纷瞄准大数据、云计算、人工智能、物联网等领域加快布局，制定了相关的发展战略。通过加大研发投入、引导业务模式创新、组建聚焦于新兴领域的研发团队来塑造企业在新兴领域的竞争能力。从 2016 年软件和信息技术服务业创新发展的态势来看，传统互联网三巨头——百度、阿里巴巴、腾讯均积极布局新兴领域，取得了显著的成效。百度在人工智能率先发力，百度大脑正成为构筑企业全球市场竞争力的重要利器；阿里巴巴则在云计算领域实现突破，成为全球第二大云计算服务提供商，正探索基于大数据的企业发展新路径；腾讯则主要依托移动互联网的率先布局，不断深化基于移动互联网的应用创新。

云计算领域数据中心绿色节能、大规模用户并发、海量数据存储管理等核心关键技术环节不断取得突破，支撑互联网支付服务等并发业务峰值超过 12 万笔/秒，云计算已成为大多数网站、移动应用、视频服务、游戏服务和电子商务的重要后台支撑，同时在智慧城市建设、工业转型升级、食品药品监管、环境污染检测等领域得到了广泛应用。

大数据、人工智能等新业态加速成熟，部分企业建立了大数据基础平台，一批新兴的专业化大数据企业纷纷崛起，数据清洗加工、数据交易、数据分析即服务等新业态新模式不断涌现，百度、科大讯飞等龙头企业在人工智能技术创新中也取得突破进展，语音识别、图像识别、路线规划等典型应用加速普及。此外，在虚拟现实、区块链等前沿方向，一批创新型企业加速成长，部分龙头企业加快布局，成为产业资金、人才、技术等要素汇集的重点领域。

四、软件产业与其他行业融合持续深入

2016 年，软件技术与行业业务的融合更加紧密，软件正成为我国经济社会各领域创新发展的重要支撑工具，软件能力培育也成为各行业企业的必然选择，软件的发展为各行业带来巨大的创新空间。宽带网络的推广普及加快了软件向传统产业、现代制造业和现代服务业等领域的渗透。通过互联网这

一载体，以软件为核心的信息通信技术最大限度地促进了数据的流动和使用，信息数据成为新的生产要素，催生了移动电子商务、智能供应链管理、智能物流、智慧医疗等新兴产业，为提升社会管理和公共服务水平提供了技术支撑。

在软件和信息技术服务支撑下，传统产业技术创新和商业模式创新步伐持续加快，催生出一大批新生业态。在智慧城市建设中，依托于软件技术创新，智能水网、智能电网、智能交通、智能安防等一系列城市智能应用不断涌现，推动服务效率的不断提高，改善服务质量。此外，在商务、金融、物流、旅游等现代服务业领域，软件应用水平不断提升，软件定义持续深化。根据统计，软件前百强企业电子商务平台信息技术服务收入和物流等在线平台信息技术服务收入均实现了大幅增长，成为推动我国传统服务业创新发展的重要基石。

随着市场需求的加速释放和政策环境持续向好，面向工业领域的软件和信息技术迎来难得的发展机遇。软件在工业中的促进作用持续加强，产品和生产线智能化发展速度持续加快，软件前百强企业的嵌入式系统软件收入占到总收入的近四分之一。软件等新一代信息技术在工业研发设计、生产流程、企业管理、物流配送等关键环节的应用不断深化，企业两化融合迈向集成应用新阶段，航天、航空、机械、汽车、轨道交通装备等行业数字化设计工具普及率超过85%，钢铁、石化、有色、煤炭、纺织、医药等行业关键工艺流程数控化率超过65%，大幅提升了精准制造、极端制造、敏捷制造能力。在政策的推动下，面向制造业的软件与信息技术服务迅速发展。软件企业通过加速整合PLM、MES、ERP、3D打印等相关技术、产品和服务，推出按行业、领域定制的解决方案，推动发展云计算为代表的平台化业务模式，为制造业企业直接提供业务流程支持的各项服务，帮助制造业企业提升研发设计效率、生产制造和协调能力、公司治理水平和运营效率。电子行业联合会数据库企业报送数据显示，从事工业领域系统集成的企业已经超过千家，占到数据库企业总数的约1/5，营业收入逐年提升，涌现出中软国际、上海宝信、启明信息、航天云网等一批行业领军企业。同时，越来越多的制造企业将各项业务系统集成，构建私有云平台或依托公有云开展服务。

五、全球化竞争助推产业不断升级

2016年，随着“一带一路”倡议的深入落实，新一轮全球化浪潮正在兴起，中软国际、东软等实力雄厚的骨干软件企业纷纷加快国际化布局，一方面积极开拓美、日、欧等发达国家市场，另一方面加快拓展拉美、非洲、东南亚等新兴市场，为发展中国家输出先进技术和成功商业模式。同时，加强与外企开放合作成为我国软件企业提升全球竞争力的重要战略。如南大通用与Memblaze建立战略合作关系，在技术研发、解决方案及市场拓展等层面加强合作，共同推进高性能闪存数据库一体机技术创新及市场开拓。

软件和信息技术服务业骨干企业通过资本运作，不断提升其市场竞争力。当前，软件不仅是创新创业最为活跃的行业，也是资本市场中最为活跃的行业，并购活动非常频繁。用友、华胜天成等领军公司通过大规模国际化资本运作，通过收购在行业细分市场具有领先地位或掌握核心技术的独角兽公司，为全球化业务扩张提供有效帮助。2016年，软件前百强企业软件业务出口达到229亿美元，比上一届增长了9.6%。软件前百强企业纷纷加快了全球化战略布局，业务拓展至上百个国家和地区，并在多个国家成立了代表处或分公司，与全球上万家商业合作伙伴开展深度合作。随着国家“一带一路”政策的实施，拉美、非洲、东南亚及“一带一路”沿线国家的市场空间逐步打开，为我国先进技术和成功模式的输出提供了更多机会。根据统计，软件前百强企业90%的出口是面向拉美、非洲、东南亚等非发达国家。

六、产业发展环境持续优化

党中央国务院统筹经济社会的发展，制定了一系列加快经济结构调整的战略部署，对软件产业发展方向、人才流动和资金流向等方面发挥了积极的引导作用。继《中国制造2025》《关于积极推进“互联网+”行动计划的指导意见》《关于促进云计算创新发展培育信息产业新业态的意见》《促进大数据发展行动纲要》等重要政策颁布和实施之后，2016年，又有一大批支撑产业发展的新政策发布，国务院、工信部等部委相继出台了《国务院关于深化制造业与互联网融合发展的制造意见》《国家信息化发展战略纲要》《十三五国家科技创新规划》《发展服务型制造专项行动指南》《国家信息化“十三五”发展规划》等多项产业政策，从支持企业创新、推动新技术新业态发展、促进融合发展等方面为产业发展提供了有力支持，新政策的颁布将进一步拓宽产业发展空间，为软件和信息技术服务业发展营造良好氛围。特别是《国务院关于深化制造业与互联网融合发展的制造意见》的发布，为制造业和软件信息技术服务业联动发展提供了指引，通过明确新四基，表明软件和信息技术服务在制造业发展的基础性、关键性地位，对我国工业软件和面向制造业的信息技术服务业发展带来强大的政策保障。此外，《关于软件和集成电路产业企业所得税优惠政策有关问题的通知》的发布，明确了在双软认定取消后软件企业享受所得税优惠政策的细节，为产业发展注入强心剂。

工信部软件和信息技术服务业重点行业规划《我国软件和信息技术服务业发展规划（2016—2020年）》《我国工业化和信息化融合发展规划（2016—2020年）》《我国大数据产业发展规划（2016—2020年）》也已发布，从软件和信息技术服务业核心产业、应用环节、重点新兴领域等多方面为未来五年产业发展和行业应用提供了有价值的指导，将成为推动我国软件和信息技术服务业持续高速发展的重要保障与指引。

行 业 篇

第三章　基础软件

基础软件是整个软件产业体系的核心环节，是信息技术产业核心竞争力最重要的体现。2016 年，在操作系统领域，国产操作系统在桌面、服务器、嵌入式、移动端皆取得了较好的发展；在中间件领域，国产中间件技术和产品研发不断取得突破，市场加速拓展；在数据库领域，核心技术实现突破，纯国产数据库应用持续深化；在办公软件领域，现有市场优势得以不断加强，新产品的研发和推广助力新市场领域的开拓。

基础软件包括操作系统、数据库、中间件和办公套件，在软件和信息技术服务业体系中具有基础性、平台性的作用，是整个软件体系的关键支撑，是信息技术产业核心竞争力最重要的体现，也是赢得市场竞争的主要手段。其中，操作系统分为桌面操作系统、服务器操作系统和移动终端操作系统；数据库分为关系型数据库和非关系型数据库；中间件是一类连接软件组件和应用的软件，包括消息中间件、业务中间件等。加快基础软件发展，对于加快软件和信息服务业自主发展，保障国家信息安全有重要意义。

一、发展概况

（一）操作系统领域

在核高基专项、自主可控等国家战略的推动下，国产操作系统不断发展壮大。国产服务器/桌面操作系统完成了自主可控的相关产品的研发与技术升级，研发了中标麒麟可信操作系统、中标麒麟服务器操作系统、方德高可信服务器操作系统、红旗 Linux 桌面操作系统等，中标麒麟操作系统可支持龙芯、飞腾等 5 款主流架构中央处理器，并得到 VMware 等主流平台的认证。嵌入式操作系统领域中，海尔等厂家研发了数字电视嵌入式软件平台，华为开源了 LiteOS 构筑物联网体系核心要素。在移动终端领域，多家企业结合自身优势不断进行研发创新。经过多年的积累和发展，阿里 YunOS 已经具备了较强的市场推广基础，发展潜力巨大，有望成为全球第三的移动智能终端操作系统。元心依托新兴架构正在大力研发元心 OS。

在桌面及服务器操作系统领域，国产品牌在政府、国防、金融、公安、审计、财税、教育、制造、医疗、交通等行业得到广泛应用，应用领域涉及我国信息化和民生多个方面。中标麒麟可信操作系统 V6.0 顺利通过公安部“GB/T 2027—2006 信息安全技术操作系统安全技术要求”第四级测试要求，标志着中标麒麟可信操作系统产品获得了国内信息安全领域最高级别的权威认证。普华、深度等国产操作系统在金融领域终端服务系统中得到较为广泛的应用。在大众消费领域，Deepin 操作系统和阿里 YunOS 受到了广泛关注，更新换代也在持续加速。

（二）中间件领域

中间件是我国基础软件发展的突破口，国内厂商几乎与国际厂商处于同一起跑线，形成了比较完整的产品体系。随着各行业特别是电信、金融、政府和能源等领域信息化水平的不断提升以及如物联网、云计算等新兴行业的额外增长需求，我国中间件厂商市场扩张不断加速。金蝶在国内已经拥有大量的分支机构，客户遍及中国大陆、中国香港和中国台湾地区。东方通、金蝶等公司不断加大转型发展力度，持续扩大中间件产品的应用领域和应用模式。东方通通过战略合作、OEM 合作、行业合作等多种方式，与操作系统、数据库厂家构建技术融合和市场资源共享平台来增强其基础软件的整体竞争力。大量云计算公司均开始研发云服务中间件软件，为中间件市场开辟新的蓝海。中间件厂商普元正积极向云计算的 PaaS 服务商转变。

国产中间件成功应用于我国政府、交通、金融、证券、保险、税务、电信、移动、教育、军事等行业或领域的信息化建设。东方通中间件产品已经广泛应用于金融、电信、电子政务、交通等多个行业。事务管理中间件 TongEASY 广泛应用于银行、电信等行业的交易中间件，提供分布式的联机事务管理功能，保证分布式计算环境中各节点交易处理结果的完整性和一致性。

（三）数据库领域

我国数据库市场仍以国外平台为主，主要厂商包括了 Oracle、IBM、微软、SAP 等，国外品牌的市场份额一直在七成以上。在国家政策引导和支持下，国产数据库产业发展迅速，技术不断进步，应用不断扩展，竞争力不断提升。以人大金仓为代表的国产数据库已经在医疗卫生、医院、教育、金融、通信、政府部门、军工国防等十多个业务领域实现应用。同时，大数据、云计算带来的技术变革使我国数据库厂商迎来了赶超国外品牌的发展机遇。基于深厚的数据存储、处理和分析技术，国产数据库企业正在不断寻求业务拓展空间，在云计算、大数据等领域持续发力。

部分龙头企业通过业务拓展、企业收购、与其他企业开展深度合作提升其实力，人大金仓等优秀企业已具备上市条件。人大金仓交易型数据库 KingbaseES 在系统的高可靠性、高可用性、高性能、高安全性和高兼容性等方面进行了重大改进。目前发布了桌面版、标准版、企业版、安全版、军用版和集群版等版本。这些版本可以满足各种业务场景对通用数据库管理系统的技术需求，并广泛适用于电子政务、军队、电力、金融、教育及交通等行业。顺应大数据时代海量数据分析处理及移动设备数据分析需求，人大金仓推出了新型的分析型数据库 KingbaseDBCloud 和嵌入式数据库 KingbaseReal。

（四）办公软件领域

随着我国政府采购政策的出台，国产办公软件的发展步入快车道。在Office领域，金山 WPS 是国产品牌的领跑者，在全世界范围都拥有较高的知名度，曾在日本周期销售排行榜中荣登榜首。永中和普华也占据着一定的市场。在阅读器领域，福昕在业内享有不错的声誉，一些专用的阅读软件深受欧洲和北美以及日本等地用户的喜爱，赢得了谷歌、亚马逊、印象笔记、纳斯达克、摩根大通等一大批国际知名的客户。

在性能方面，国产办公软件在功能和性能等多项质量特性上已经与微软 Office 相差无几，满足应用需要。国产办公软件的主要特点包括：支持开放文档标准 ODF 和国产文档标准 UOF；加入大量的合同范本、公文模板和中文拼写检查功能等，更符合中国人的思维和使用习惯；国产办公软件相对于微软 Office 体积小、内存占用少，运行速度快，资源消耗少。

市场方面，国产办公软件在政府和金融、能源等行业获得较好应用。在政府采购中的份额较高，达到 2/3。政府的办公设备中，办公软件的国产化率亦超过50%。金山WPS在我国政府、央企、金融、能源能行业大型企事业单位得到了大规模的应用，占领了60%的央企市场。至今，WPS已协助国家70多个部委和全国各省区市完成了办公应用软件的正版化工作。当前国产办公软件在金融领域已拥有约40%的市场份额。

二、发展特点

操作系统领域：在国家高度重视和支持下，服务器/桌面操作系统、嵌入式操作系统、国产操作系统参考实现、Linux内核分析及新型网络化操作系统等成为支持的重点和方向。在国家倡导和企业自身发展需求推动下，大批企业纷纷加入到操作系统研发的队伍，在桌面服务器领域，中标软件、中科方德、广西一铭、武汉深之度等公司都开发了自己的操作系统，在移动终端领域，阿里YunOS通过与运营商和手机厂商的合作不断开拓市场。国产操作系统在电子政务及国民经济要害部门得到了一定的应用和推广，产品替代作用日趋明显，市场占有率不断扩大，在部分行业已居于领先地位。

中间件领域：市场方面，国产中间件产品的性能不断提高，类型不断丰富，市场占有率不断提升，已形成了以东方通、金蝶为龙头，中创、普元等企业为主体的产业格局。企业方面，为了弥补起步晚所带来的产品、技术、品牌效应等方面的劣势，我国中间件厂商在加快“国产化”进程中，更加重视与其他企业的联动合作。国家在项目支持上也更加侧重协同发展，各企业也根据自身情况开创了各种合作新模式。随着云计算、大数据等新技术的快速发展，我国中间件厂家借助云计算、物联网等新型技术和智能家居、大数据、智慧城市等创新业务，不断开拓市场新兴领域。

数据库领域：安全性高是我国数据库产品的主要特色，对保障国家信息安全起到重要的积极作用。产品创新方面，我国数据库企业在现有数据库产品的基础上不断研发创新，围绕云计算、大数据、移动互联网等新型信息系统环境不断推出新型产品，形成了以人大金仓、南大通用、神州通用和武汉达梦为主体，山东瀚高等中小型数据库厂商为辅的产业格局。二是强化安全功能，加快应用推广。大数据带来的技术变革为我国数据库企业创造了赶超国外品牌的机遇，国产数据库企业如人大金仓正在积极布局，依靠科技创新开发新的产品。

办公软件领域：我国办公软件的安全性能较高，基本功能较为完善，在政采的牵引带动之下，国产办公软件的市场份额正在不断加大。面向移动办公、云办公积极开展产品和业务创新，研发移动平台办公软件、基于云平台的办公套件，率先抢占市场“蓝海”。国际化方面，国产办公软件也在积极寻求更大的突破，海外市场成为国产办公软件提高影响力和获取收益的重要疆场，主要产品在部分国外市场中已具备了一定的竞争力。

第四章　工业软件

2016 年，随着我国宏观经济发展出现企稳回暖态势和国家战略的稳步推进实施，我国工业软件业务收入在重点行业解决方案市场以及工业自动化市场高速增长的带动下增速回升。产业结构方面，管理软件所占份额过半、生产自动化软件产业规模呈现高速增长、研发设计类软件保持稳定增长。产业创新方面，重点行业解决方案创新不断加快，工业云在企业管理领域形成共性需求，研发设计软件加快平台布局，工业大数据应用逐步兴起。市场应用方面，市场主体更加多元化，行业应用进一步细化，市场对技术服务能力提出了新的要求。同时，工业软件技术与互联网技术深度融合、与人工智能技术相结合正在成为工业软件技术的发展趋势。

一、发展概况

（一）产业规模

2016 年是“十三五”规划开局之年，随着我国宏观经济发展出现企稳回暖态势，以及国家层面《中国制造 2025》《国务院关于积极推进“互联网 +”行动的指导意见》《促进大数据发展行动纲要》《国家信息化发展纲要》等战略的推进实施，我国工业软件产业规模增速出现积极反弹。根据主要企业经营业绩估算，2016 年我国工业软件产业规模同比增长约 17.5%，达到约 1350 亿元，高于国内软件和信息服务业平均增速，产业增速回升主要受到重点行业解决方案市场以及工业自动化市场高速增长的带动。

表4-1　2013—2016年中国工业软件市场规模

（单位：亿元）

	2013	2014	2015	2016
市场规模	855	1000	1150	1350
同比上一年增长	17.5%	16.9%	15%	17.5%

资料来源：赛迪智库整理，2017年1月。

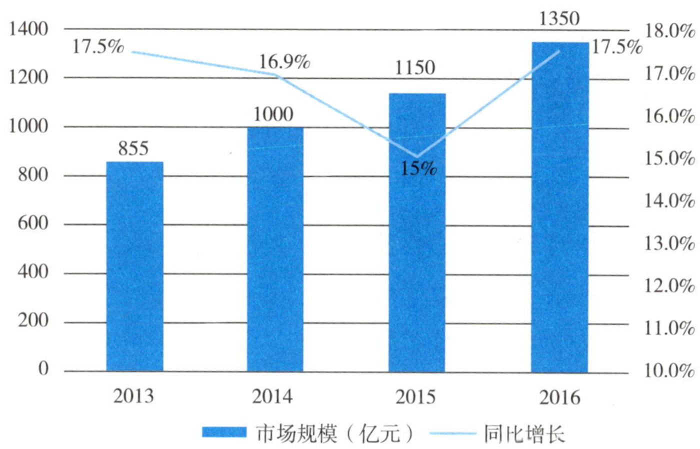

图4-1　2013—2016年中国工业软件市场规模

资料来源：赛迪智库整理，2017年1月。

（二）产业结构

管理软件继续占据工业软件产业半壁江山，包括企业资源计划（ERP）、供应链管理（SCM）、客户关系管理（CRM）、人力资源管理（HRM）、企业资产管理（EAM）等。其中，ERP软件及解决方案占据绝大部分市场规模。目前，我国ERP市场主要参与企业包括用友、金蝶、浪潮、鼎捷、SAP等中外企业，主要客户为重点行业的大型企业，以及消费和制造领域的中型企业。

生产自动化软件产业规模高速增长，包括制造执行系统（MES）、过程控制系统、离散控制系统、工业互联网应用解决方案等。产业增长主要受到一批新上大型工业基础设施建设项目的带动，如大型电站发电机组建设、高铁及地铁建设、大型钢铁企业搬迁升级等。

研发设计类软件维持稳定增长，包括计算机辅助设计（CAD）、辅助分析（CAE）、辅助制造（CAM）、辅助工艺规划（CAPP）、产品数据管理（PDM）、产品全生命周期管理（PLM）等，船舶、军工、汽车等行业需求较为稳定。

（三）产业创新

重点行业解决方案创新加快。《中国制造 2025》提出重点发展的几大行业呈现出较为旺盛的数字化、网络化、智能化解决方案需求，带动面向装备、机械、航空航天、汽车、纺织等行业成套解决方案的研发和应用快速发展。应用模式从以往以单机应用为主，向云—网—端结合的新模式转变，用户企业更加重视物联网应用和对数据的采集反馈，带动产业主体加快提升软件和服务的可移动部署及应用性能。

工业云在企业管理领域形成共性需求。经过几年探索，多数用户企业认为工业云是解决以往信息系统数据孤岛问题的有效手段。对于前期已具备较好信息化基础的企业，特别是规模较大、下属公司较多的集团化企业，对通过云计算平台打通各业务信息系统的数据链条，加强集团一体化管控形成典型需求。以此为带动，工业软件企业以及通用云计算领域的 IT 公司纷纷加快相应技术研发，切入这一新兴市场。

研发设计软件加快平台布局。研发设计软件作为工具在用户企业中持续应用，带动企业研发模式重塑，产生出基于软件平台的跨专业、跨地区协同等新需求。如商飞公司在大量使用数学建模、求解分析、三维图像处理等软件工具的基础上，建设全球协同研发云平台集中管理供应链上跨地域合作伙伴的各类研发活动，交换和共享不同团队的设计、测试数据，促使缩短研发周期，降低综合成本。在此背景下，大部分工业软件企业均采取了平台化发展的产品策略，通过研发、并购等手段加快技术、产品和服务集成，抢占平台软件重点行业和大型用户市场。

工业大数据应用逐步兴起。工业互联网成为大数据应用的孵化器，如三一重工、中联重科、海尔等企业已经初步建成的工业互联网云平台，通过对产品工况数据、用户使用数据和产品运行数据的监控、分析和挖掘，优化产品的维护保养计划并反哺新品研发，同时还发展出产品租赁、金融等增值服务模式。工业云也为工业大数据的积累和应用提供了可行手段，随着云计算为越来越多企业所接受，工业企业采集和存储数据的成本降低，一些面向行业应用的大型工业云平台还能加速行业共性数据的积累，为工业大数据应用解决方案提供了资源池和测试床。在这些工业云平台上，产品制造商、维护服务商、产品最终用户、平台运营商等各方面各取所需、合作共赢，形成了以数据和服务为核心的产业生态。

二、发展特点

（一）规模特点

2000 年以来，我国软件产业快速发展，规模增长了 75 倍。工业软件是我国应用软件的主要组成部分，其产业发展为全国软件产业发展做出重要贡献。党的十六大提出走“以信息化带动工业化，以工业化促进信息化”的新型工业化道路，党的十七大正式提出两化融合概念以来，我国持续推进两化融合战略并取得显著进展，我国工业的技术、质量创新水平不断提高，工业软件产业发挥了较好支撑作用，其市场规模也在两化融合带动下持续多年稳定高速增长，不仅培育了一批本土工业软件企业，也吸引了众多跨国公司来我国市场发展。2016 年，我国经济发展进入换挡升级的关键时期，国家积极推进供给侧结构性改革，强化创新驱动，坚定实施“三去一降一补”，对工业软件产业提出了新需求，也带来了新挑战。需求带来更大市场空间，挑战来自用户的更高要求。在此形势下，2016 年我国工业软件产业顶住了压力，特别是一批本土企业加快技术服务能力建设，转型取得阶段性成果。在轨道交通、航空航天、能源电力、装备制造等重点行业应用的带动下，工业软件产业规模增速出现逆势反弹，也侧面反映了“中国制造 2025”正在进入全面实施阶段。

（二）结构特点

生产制造领域的自动化、智能化软件市场是今年最大的热点。以智能工厂、工业互联网解决方案为代表的生产自动化、智能化软件是全年市场焦点所在，用户热情高涨，参与企业众多，政府积极支持，在全国各地启动了一大批试点示范项目。同时，一批新上大型工业基础设施建设项目也对控制软件系统带来旺盛需求。以上两方面因素作用下，生产领域自动化、智能化软件产业规模及在整个工业软件产业中的占比大幅度提升。

研发设计类软件市场维持稳定增长。军工、航空航天、机械装备等重点行业需求较为稳定，在以往工具软件需求基础上，新的业务协同平台、数据集成平台需求快速增长，成为产业增长的新驱动因素。

管理软件转型积极开辟新市场。基本形成两大转型方向：一是向轻量化云服务模式转型，提供灵活可定制的交付和商业模式，二是积极在管理系统基础上，延伸拓展企业社交、供应链交易撮合等新增值业务，丰富服务和盈利方式。

（三）市场特点

市场主体多元化发展。《国务院关于制造业与互联网融合发展的指导意见》明确提出制造业是“互联网+”的主战场，除传统工业软件企业外，越来越多的其他IT企业、工业企业进入工业软件市场领域。如海尔推出COSMO平台，面向供应链企业和销售渠道提供协同服务，并推出智能烤箱等新型产品，将传统家电业务与移动互联网深度结合，开拓更多商业模式并提升用户体验，促进产品销售。三一重工成立子公司三一智能，向其他制造企业提供基于工业互联网的数据集成和应用咨询服务，从制造业拓展业务进入信息服务业领域。阿里云积极建设工业云应用生态，推出企业社交工具，与用友建立战略合作关系，从通用云服务领域切入工业云市场。腾讯与金蝶深入合作，拓展中小企业移动互联网新业务。数码大方深入探索工业云应用场景等。

市场应用进一步细化。大型企业集团总部关注管控能力建设，对可支撑集中管理的管理系统及云平台投入较大。集团企业一线业务部门或者中型企业关注研发能力建设和生产组织优化，且不同行业的研发技术、生产工艺和组织方式差异明显，对软件系统的适用性以及服务商的行业服务经验有较高要求。小微企业关注业务与市场的灵活匹配，更喜欢采用移动化、低成本软件工具开拓市场营销，降低订单、财务管理和人力成本。

市场竞争强调技术服务能力。我国工业产业结构层次复杂，信息化水平参差不齐，下一步发展的需求多样。市场结构决定了工业软件企业难以用一套标准产品满足市场需求，必须具备面向不同对象的咨询及实施服务能力。随着《中国制造2025》战略的推进实施，各地工业企业的需求将进一步释放，其中不仅有相对高水平的智能化建设需求，也有相对低水平的自动化、数字化建设需求，软件企业面对上述复杂市场有效开展工作面临巨大挑战，包括成本控制、人员配置、产品灵活性、技术服务能力等诸多方面。

（四）技术特点

工业软件技术与互联网技术深度融合。自20世纪90年代中期以来，以互联网为主干，电信网、广电网、传感网等多种网络正在不断渗透融合，信息世界、人类社会、物理世界之间呈现“人机物”三元融合的态势，为信息技术及其应用开辟了更为广阔的发展空间。相应地，计算机软件的运行环境也开始从单机和局域网环境，延展到复杂网络环境；应用领域也从支撑各个领域的行业应用，发展到支持人—机—物融合的新型应用。在人—机—物融合的网络环境下，工业软件运行平台总体向着支持网络化和网络应用发展，呈现出“云—端”融合的发展趋势，需要管理更大规模的资源（包括计算资源和存储资源）、支持更加多样化的应用、支持新型的应用模式和计算模式、支持用户以多种不同终端设备访问所需的服务。Intcl的2015云战略强调能够根据客户端设备能力进行服务调整。IBM在2013年全球技术展望GTO中首次提出移动为先（Mobile First）的企业云构建方案，将云和端资源在Cyber空间中跨物理边界进行资源协调和使用，力图引领业务模式朝着更广阔的空间发展，如同单机系统朝着分布式系统、再到互联网系统发展时所体现的规律一样。

工业软件技术与人工智能技术相结合。随着以互联网为中心的融合化网络计算环境快速发展，在泛在化、网构化、服务化的基础上，智能化正在成为工业软件技术的发展趋势。新一代智能化软件具备可感知（对各类物理和虚拟计算环境进行建模并动态感知）、能学习（数据驱动的在线学习能力）、会演化（可信演化以适应各种场景变化）、善协同（群智化协同与跨媒体交互）等基本特征。工业软件平台需要以面向人机物融合的大数据应用场景平台为目标，支持软件定义应用场景所需的各类虚实资源，形成应用场景特定的机器学习方法和在线演化支撑机制，能基于有限的资源和人机交互进行在线学习和情境适应。如 SAP、西门子等公司推出的基于工业互联网的资产优化维护解决方案，IBM 基于 Watson 系统面向医疗、金融、电信等领域推出的智能应用解决方案，均将人工智能技术不断融入到工业软件之中，使得软件自身的“智能化”和“自动化”程度也随之提高，开始具备更为强大的学习、推理和适应能力。近年来，人工智能技术的发展正在提速，如谷歌开发的 AlphaGo 程序已在局部领域战胜了人类冠军，在工业领域具有巨大的应用潜力。

第五章　信息技术服务

2016 年我国信息技术服务业发展势头良好，产业规模持续增长，产业结构持续优化，新模式、新业态不断涌现，电子商务市场保持繁荣，新兴领域业务加速开拓。信息技术持续向泛在化、融合化和智能化方向演进，信息技术服务的发展带动了大数据、云计算、人工智能相关领域的持续进步，促进传统工业、现代服务业的改造升级，为提升社会管理和公共服务水平提供了技术支撑。传统的依靠人员、技术和资本投入的产业发展模式正在被模式创新、应用革新、体验引领、资源整合等创新驱动的模式所替代。信息技术服务的市场发展呈现出业务整体集群化并且加速引入人工智能、VR 和 AR 技术持续升温、服务外包领域加快转型升级等特点。

一、发展概况

信息技术服务产业是软件产业和信息技术服务业的重要组成部分，根据国民经济行业分类（GB/T 4754—2011），可分为信息系统集成服务、信息技术咨询服务、数据处理和运营服务、集成电路设计及其他信息技术服务等。

（一）产业规模

2016 年，国内信息技术服务业保持平稳运行态势，增速高于软件产业整体增速。根据工业与信息化部数据，2016 年 1—11 月，我国信息技术服务业实现业务收入 2.3 万亿元，占软件产业比重达到 52.5%。

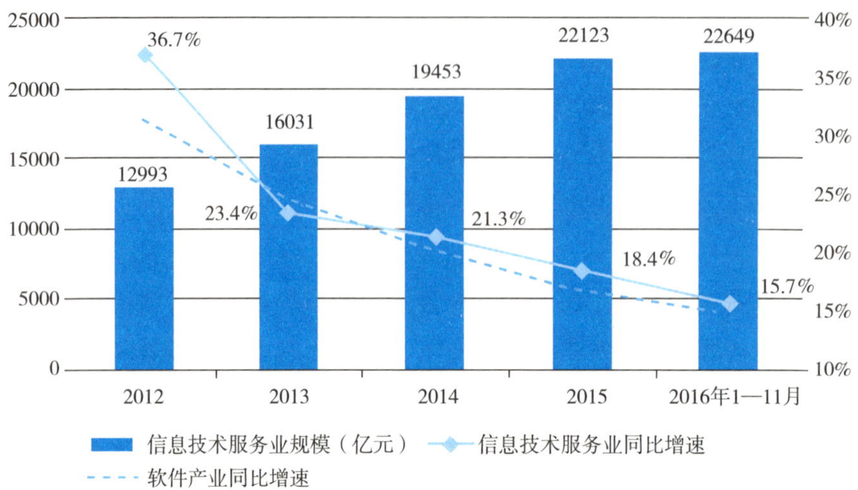

图 5－1　2012—2016 年我国信息技术服务业规模及增速

资料来源：工业和信息化部运行局，2017 年 1 月。

（二）产业结构

2016 年 1—11 月，产业规模持续增长，产业结构和模式不断推陈出新。模式创新、应用革新、体验引领、资源整合等创新驱动的模式有力地推动了电子商务市场规模的繁荣和新领域业务的开拓。电子商务平台服务（包括在线交易平台服务、在线交易支撑服务在内的信息技术支持服务）仍然保持细分领域最突出增势，收入增长 17.9%，增速高出全行业 3.1 个百分点。运营领域的业务保持稳定快速增长，运营相关服务（包括在线软件运营服务、平台运营服务、基础设施运营服务等在内的信息技术服务）实现收入 5841 亿元，同比增长 15.9%。集成电路设计实现收入 1452 亿元，同比增长 12%。其他信息技术服务（包括信息技术咨询设计服务、系统集成、运维服务、数据服务等）收入增长 15.6%。

（三）产业创新

2016 年，信息技术的演进方向主要为泛在、融合和智能。主要的信息技术服务企业面向网络化远程服务、基于数据分析的智能服务等重点方向，不断加大技术创新和产品研发投入，业务领域加速拓展，服务能力持续提升。一方面，互联网促进人—机—物协作流程优化和效率提升，围绕行业需求的网络平台建设和服务改造创新不断加速，服务交付将逐步实现全面网络化。另一方面，基于大数据的数据挖掘、机器学习和人工智能等技术创新发展，人工智能的产业化步伐和应用推广速度将会加快，进一步实现信息技术服务的智能化。如 IBM 助力鑫源控股突围“摩帮”实现定制化智能制造。

信息技术的服务的平台化、智能化的发展，进一步带动了大数据、云计算、人工智能相关领域的广泛合作，向更多领域深度渗透，促进传统工业、现代服务业等改造升级，为提升社会管理和公共服务水平提供了技术支撑。信息技术服务产业链转型升级，不断向高端化、智能化、便利化方向发展，为提升社会管理和公共服务水平提供了技术支撑。

表 5-1　2016 年信息技术服务领域主要技术与产品创新

序号	企业	主要技术服务创新	主要特点
1	东软集团	新一代智能电池管理系统	该产品的优势在于高安全等级的系统设计，高标准的元器件配备和生产体系，符合国际 ISO26262 标准，并且拥有 SOC/SOE/SOH 核心算法。
2	百度	百度大脑	百度大脑，它具有语音能力、图像能力、自然语言处理能力和用户画像能力四大核心功能。目前，语音识别准确率达 97%，人脸识别率达 99.7%，“度秘”能够实现对奥运会篮球比赛的解说，机器翻译支持 27 种语言互译，垂直画像服务金融、保险、零售、旅游等各个领域。
3	IBM	混合云时代系统	IBM 公司（NYSE：IBM）推出多项云就绪（cloud - ready）系统、服务和解决方案，以简化混合云环境中的数据、应用和服务。
4	浙大网新	健康云平台 2.0	浙江大学附属邵逸夫医院在第三届世界互联网大会上正式发布健康云平台 2.0。2016 年 3 月 2 日，凭借浙江省邵逸夫医院对于“互联网 + 医疗”模式的不断探索经验以及在社会保障领域十几年耕耘所积累的技术优势，构建移动医疗就医统一平台。
5	搜狗	搜狗语音实时翻译技术	搜狗语音实时翻译技术是搜狗自研并在国内率先推出的机器同声传译技术。基于大数据和深度学习，搜狗语音实时翻译技术涵盖了搜狗自主研发的语音识别、机器翻译两项重要技术，走向实用化。
6	文思海辉	金融云 AI 决策营销服务平台	该平台基于海量数据，采用云计算模式，进行实时流计算，并利用 3 大中心，助力银行提升客户体验，提高利润率，实现规模化经营。

资料来源：赛迪智库整理，2017 年 1 月。

表 5－2　2016 年信息技术服务领域重要应用情况

序号	重要应用	主要内容
1	银行卡电子支付	IBM 联袂中国银联电子支付研究院应用区块链跨行共享银行卡积分。
2	上虞区企业信用信息云服务平台	该平台作为浙江省发改委开展防范企业融资风险体制机制创新试点以来的龙头项目，实现了征信查询、信用报告、风险预警、专题分析等主要功能，为政府智慧监管服务提供辅助决策，为金融机构的融资风险提供预警与分析，促进区域经济发展。
3	企业生态云	神州数码集团与阿里云计算有限公司宣布达成战略合作，双方将共同建设我国最大的企业级云生态，推动双方企业客户的全面云化。
4	车载信息安全技术要求白皮书	由东软集团、长安汽车、奇瑞汽车、中国信息安全认证中心、国家网络与信息系统安全产品质量监督检验中心、中国软件评测中心、信息产业信息安全测评中心、恩智浦（中国）联合发起的车载信息安全产业联盟在京正式宣布成立。成立仪式上，该联盟正式对外发布了《车载信息安全技术要求白皮书》。
5	天津先进制造大数据云服务平台	天津市工信委与华为公司将充分发挥双方优势，共同推动天津先进制造大数据云服务平台，把天津打造成为全国领先的大数据、云计算示范先行区和产业先导区，实现天津大数据产业水平的显著提升、大数据对智能制造支撑能力的显著提升，努力把天津建设成为京津冀大数据走廊的核心产业聚集高地与专业人才聚集高地，为建设“全国制造业大数据中心”夯实基础。
6	青岛智慧城市	青岛市政府与中国联通集团在青岛签署共建“智慧城市”战略合作协议。双方计划在众多领域开展深入合作，共同推进“智慧城市”建设。

资料来源：赛迪智库整理，2017 年 1 月。

二、发展特点

（一）规模特点

产业规模保持较快增长，产业结构优化作用进一步加深。2016 年信息技术服务业业务收入达到 2.7 万亿元，同比增长 16.1%，相较传统软件产品和嵌入式系统软件分别高出 3.3 和 0.8 个百分点。根植于人工智能产业应用化的快速铺陈，平台智能化结构开始布局，新服务、新产品、新应用加速发展，产业链结构不断向高端攀升。信息技术服务市场前景良好，已经逐步凸显成为新经济增长点和下一代市场布局抢占点。信息技术服务和社会各领域各行业不断合作，拓展新兴市场，整体产业对于国民经济和社会发展的推动和支撑作用越发显著。

（二）结构特点

传统电商服务收入依然保持快速增长。伴随电商市场的不断扩张，电商市场衍生类服务踏入格局。在竞争和效率高度需求的压力下，电商云平台充分结合大数据、云计算、人工智能等新一代技术，提供全新的集成化、集聚化服务。如金蝶与京东达成了战略合作协议，利用金蝶的“云 REP”管理系统提升电商物流和仓库管理水平。新技术革新将为电商服务带来新的发展机遇，通过云平台的高效管理，电商整体市场的订单和仓库物流效率平均提升了 10%，并且在未来进一步优化电商平台整体物流水平。同时，电商服务在云平台的导向下，分析和优化业务组成结构，不断调整战略中心，提升业务服务水平，抢占线上电商和线下实体相融合的市场前景。

以大数据、云计算、物联网和移动互联为代表的技术及商业模式革新为软件和信息技术服务业带来了体系性重构，传统的依靠人员、技术和资本投入的产业发展模式正在被模式创新、应用革新、体验引领、资源整合等创新驱动的模式所替代。当前，信息技术服务业正处于本轮产业变革的起点，抓住机遇即可实现跨越式发展，这将为新兴经济体带来加速发展乃至赶超的机遇。信息技术服务逐渐成为经济社会发展过程中信息技术应用的重要基石，催生工业云、政务云、医疗云等诸多云平台细分领域服务，并且同时带动产业链其他相关应用服务协同发展。

（三）市场特点

人工智能技术创新与应用不断深化。伴随着云平台不断引入人工智能衍生算法以及服务，云平台的智能化趋势开始凸显，以满足日益增长的企业客户的互联网转型升级要求，不断优化企业办公效率，降低企业运营成本。以云平台为基础的电子信息服务业的转型升级全面普及，智能化驱动云平台快速发展并解决当前企业迫在眉睫的问题，诸如中小企业托管运维业务，节省管理开支，保障业务迁移中数据资料的安全性，解决中小企业的后顾之忧。大型骨干企业逐步采用或者引入智能化的云平台，强化自身计算能力，优化企业运转效率，减少基础人工成本并且研发能力也显著增强。大幅度优化产业链整体结构，广泛在智能云平台上开展企业和企业之间的交流和合作。在移动互联网全面覆盖产业的今天，信息技术服务中的信息安全产业再次得到重点关注，信息安全是保障产业发展有序稳步进行的基石。

VR 和 AR 技术持续升温，引来大幅度的投融资。VR 和 AR 产业快速升温得力于游戏产业的刚性需求。云计算、大数据、物联网、移动互联网等信息技术相互交叉融合，为 VR 和 AR 打开全新的业务领域，增强视觉体验感官上诞生了基于 VR 技术的诸多底层开发工具和开源架构，并且开发社区广泛交流和推动技术向前发展。VR 已不仅仅被计算机图像领域关注，它已涉及更广的领域，如电视会议、网络技术和分布计算技术，并向分布式虚拟现实发展。在信息技术不断创新演进的推动下，VR 和 AR 技术的成熟度大幅提升，有望催生出下一代的计算平台，引发市场各类投资方的高度关注。

服务外包领域转型升级，稳中有升。在全球经济缓慢复苏、国际贸易发展低迷的背景下，中国经济结构调整、产业升级取得显著成效。根据统计，全国已有 140 多个地级以上城市正在大力发展服务外包产业，这对推动地区产业转型升级、促进大学生就业创业以及优化外贸结构具有重要意义。特别是，伴随“一带一路”倡议在国际上的广泛认可，信息技术服务行业也是抢占全球市场，实现全球化战略的有力支撑，同时也为海外投资、跨国网络基础设施建设提供可靠保障。从要素驱动向创新驱动转变，从成本驱动向价值驱动转变，未来几年产业发展将进入到转模式、调结构、提效益的关键阶段。

第六章　嵌入式软件

2016年我国嵌入式系统软件实现业务收入7997亿元，同比增长15.5%，增速比2015年同期提高3.7个百分点。嵌入式软件的产业创新主要表现在移动智能终端操作系统应用范围不断拓展，物联网应用创新活跃，虚拟现实产品进入普通消费市场，智能汽车软件创新暴涨式增长以及智能家居创新竞争日趋激烈等方面。2016年，我国嵌入式设备市场仍处于结构性调整时期，正在从传统的控制软件为主，逐步转向嵌入式操作系统、嵌入式数据库和嵌入式信息服务应用。产业结构方面，在移动智能终端市场中，我国的阿里YunOS操作系统正在加速扩展，已成为全球第三大移动操作系统。在我国的工控市场中，国外嵌入式软件仍占据市场主要份额。技术方面，开源是嵌入式系统的主要技术特点，与云计算技术结合互补使得嵌入式终端产品的功能更加丰富。

一、发展概况

（一）产业规模

由于智能终端全球出货量增速和物联网、智能硬件等新兴领域快速发展的影响，根据工业和信息化部发布的统计数据，2016年我国嵌入式系统软件总共实现收入7997亿元，同比增长15.5%，增速比2015年同期提高3.7个百分点，并且高于软件和信息服务全行业14.9%的平均增速水平。考虑到国内经济增速的变缓趋势，以及智能手机、平板电脑等产业经历爆发后逐步进入平稳区间，我国嵌入式软件系统产业实现上述增长规模实属不易。

表 6－1　2014—2016 年中国嵌入式软件市场规模

（单位：亿元）

	2014	2015	2016
市场规模	6457	7077	7997
同比上一年增长	24.3%	11.8%	15.5%

资料来源：赛迪智库整理，2017 年 1 月。

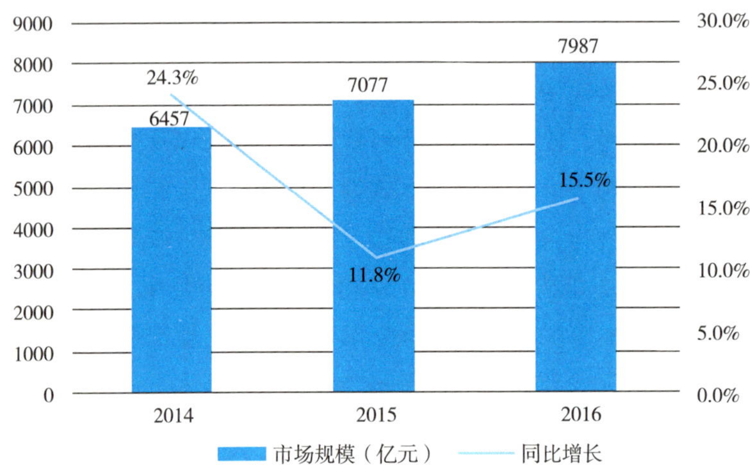

图 6－1　2014—2016 年中国嵌入式软件市场规模

资料来源：赛迪智库整理，2017 年 1 月。

（二）产业创新

移动智能终端操作系统应用范围不断拓展。在移动互联网产业链下，移动智能终端的重要性越发凸显，已经成为开展跨界竞争和多产业链环节运营的一个最佳切入点。据最新调查报告显示，谷歌 Android 移动操作系统在 2016 第三季度占据了智能手机操作系统市场 87.5% 的份额，Android 设备第三季度的出货总量达到 3.286 亿部，较 2015 年同期增长了 10.3%。在 Android 市场份额继续增长的同时，苹果 iOS 操作系统第三季度的市场份额为 12.1%，低于去年同期的 13.6%。值得注意的是，苹果在 2016 年 9 月才发布了 iPhone 7，且在月底才开始正式发售该产品，预计在截至 12 月末第四季度，苹果 iOS 的市场份额将有望重新回升，包括黑莓、微软和三星电子开发的其他移动操作系统，合计仅占据了移动操作系统市场 0.3% 的份额。Android 移动操作系统市场份额的提升，主要受中国等国家智能手机制造商崛起的影响，不过这同样也面临着挑战。虽然 Android 目前在全球智能手机市场的领先优势不断加强，凭借其低成本的服务和友好的用户软件，吸引着全球硬件制造商、运营商和消费者，但 Android 平台已经过于拥挤，导致 Android 设备制造商很难盈利。从我国市场情况来看，智能手机销量的日益增长，推动国产移动智能操作系统快速发展。据统计，2016 年我国智能手机市场，YunOS 已经成为 Android 和 iOS 之后的第三大移动操作系统。同时 YunOS 将非手机智能设备作为重点推进，先后推出 YunOS for TV、YunOS for Wear、YunOS for Car、YunOS for Robo、YunOS for Work 等系统版本。根据阿里公开数据显示，2016 年 5 月搭载 YunOS 的物联网终端已突破 1 亿，其生态体系正在加速扩展。YunOS 不仅可以帮助阿里巴巴掌握智能电视、智能汽车等智能设备的入口，更重要的是 YunOS 系统可以编织一张设备网络，进而实现数据的采集、同步与利用。此外，国内还有基于元心系统内核的双系统安全手机解决方案。元心双系统安全手机解决方案区别于市场上常见的双安卓安全手机，基于元心系统内核，采用容器技术对元心系统和安卓系统进行安全隔离，涉及安全的敏感信息全部被加密存储到元心数据空间。元心系统是国内唯一通过 EAL4 级安全测评的移动操作系统。

物联网应用创新活跃。2016 年，各式各样的智能产品在各个领域里层出不穷，而物联网在其中扮演了举足轻重的作用。世界上顶尖的科技公司包括谷歌、微软、亚马逊、IBM 等都纷纷在物联网技术的应用与开发中投入巨资，积极布局各个市场细分领域。其中，典型的产品有 Parrot 公司发布的 Parrot Disco 无人机，其通过自动驾驶系统和传感器实现自主控制飞行、自动防止误操作，并且配备了能让操作者获得“沉浸式飞翔感受”的 FPV 头盔。Aethon 公司推出的物联网医疗应用类智能机器人 Aethon TUG，能完成递送药品、医疗用品、实验室标本，处理医疗垃圾等任务，并能保持为期一周的连续工作状态。谷歌公司最新推出了 Google Home 智能音响，并将围绕其建立生态系统，通过语音识别技术来实现智能操控。Google Home 和前期的 Amazon Echo 功能上趋于一致，两者的定位都是成为室内家居和服务的控制核心，未来比拼的将是资源整合和生态布局。国内智能穿戴设备发展迅速、创新不断，比较有代表性的有融入 AI 技术的 Ticwatch、乐心智能运动手环 mambo HR、唯乐

WeLoop 小黑 3 等。此外还有一些面向特定应用的物联网产品，如智能可视门铃安智系列、虹膜锁 HS－QPAS－IRL100 以及可穿戴医疗设备等。总体看来，物联网在 2016 年发展大幅提速，硬件产品纷纷落地，软件创新活跃。

虚拟现实产品进入普通消费市场。进入 2016 年，虚拟现实行业取得明显进展，其产品开始进入普通消费市场。领先的国际企业 Oculus、Facebook、HTC、索尼、三星、Valve、谷歌等纷纷加大对虚拟现实的关注力度，并推出了相关产品，其中以 Oculus Rift、HTC Vive、PlayStation VR 三款头戴式设备最为知名。同时国内企业在虚拟现实方面也推出了蚁视二代头盔、IDEALENS K2 VR 一体机等优秀产品。总体来看，虽然 2016 年推出的这些虚拟现实产品在很多方面还存在优化空间，如佩戴虚拟现实设备时间过长会导致“晕动病”，依然需要通过更好的设计去解决相关技术问题，但不得不说，第一代虚拟现实系统已经达到了消费者的预期。

智能汽车软件创新迎来暴涨增长。2016 年，很多整车厂、汽车零部件厂商甚至一些跨界而来的 IT 企业，都不停地加大在智能网联汽车方面的研发力度，开发新产品和技术。奔驰公司发布了先进的数字前大灯技术，该技术能够将包括斑马线、停车标志以及指路牌在内的发光标识投射在路面上，为驾驶者和其他道路通行者带来更多的益处。宝马发布上市了 BMW Connected 互联系统，该系统在开放式的移动云的基础上，通过手机、智能手表等移动终端设备，达到用户和车辆的无缝衔接，从而实现完美的数字化用车体验。沃尔沃发布了行人及自行车手检测系统，系统通过摄像头采集车辆周边信息，然后通过图像加工、运算系统检测周边行人信息，实现同时保障车内乘客和周围的行人、自行车手等的安全。奥迪推出 V－to－I 技术，该技术通过允许车辆与交通信号灯互联，实现汽车与城市基础设施之间的通信。日产汽车推出用于高速公路上单车道驾驶的 ProPILOT 自动驾驶技术 1.0 版本，凭借其先进的图像处理技术，可以根据道路和交通状况进行精准的自动驾驶操作。国内方面，一汽红旗、东软联合英特尔发布了智能驾驶舱平台 C4－Alfus，该平台能够通过虚拟化技术支持中控屏、仪表屏、后座娱乐屏、HUD 投影屏、消费电子屏之间的无缝互动。上汽集团联合阿里巴巴集团发布的上汽荣威 RX5 配备了阿里自主研发的 YunOS 系统，该系统为 RX5 提供了汽车的安全管理、健康管理、出行管理和智能互联等多方面的延展。和国际巨头公司相比，我国在智能汽车软件开发方面尚处于起步阶段，目前的产品功能多以导航功能和娱乐服务为主，实用性功能开发尚需进一步加强。

智能家居创新竞争日趋激烈。2016 年中国智能家居规模出现明显增长。据相关调研报告显示，2016 年我国智能家居企业总融资额达到 26.6 亿元，其中 12 家企业融资规模过亿元。华为、海尔、小米等科技公司，阿里、京东等电商平台，腾讯、百度、360 互联网公司以及海尔、美的传统家电厂商纷纷投入到这一领域，抢占市场先机。2016 年，华为推出了 OpenLife 智能家居开放生态平台；海尔发布了首个专为智慧家庭定制的生态操作系统——海尔 UHomeOS 及搭载 UHomeOS 操作系统的“门中门 T 型”的馨厨互联网冰箱。京东、阿里、腾讯通过提供智能物联平台来推销自己的智能家居产品。小米则推出米家概念，采用化整为零策略，主要以单品来打开市场。传统家电企业则是通过在自身优势产品上添加互联功能提升用户体验。随着智能家居行业的快速发展，其产品将深入渗透到人们日常生活的方方面面，而用户体验将成为决定产品成败的关键因素。

二、发展特点

（一）规模特点

2016 年我国嵌入式设备市场仍处于结构性调整时期，一方面由于受全球经济增长乏力的影响，传统的嵌入式系统包括各类家电、手机等出货增速趋缓，另一方面随着物联网、云计算、大数据、VR 等新兴技术和产业的快速发展，新型智能化产品正在逐步占领市场并推动新的商业模式。嵌入式软件市场正在从传统的控制软件为主，逐步转向嵌入式操作系统、嵌入式数据库和嵌入式信息服务应用。虽然嵌入式软件目前处于增速的平稳期，但是随着其应用范围的不断扩大，在结构调整期之后将进入新一轮的爆发式增长期，未来有可能成为我国软件产业发展的重要引擎。

（二）结构特点

YunOS 操作系统生态加速扩展。2016 年在全球移动智能终端市场中，Android 操作系统的市场份额继续遥遥领先，苹果 iOS 操作系统次之，两家合计几乎垄断了全部市场份额。2016 年在我国移动智能终端市场中，阿里 YunOS

操作系统安装量累计突破1亿部终端，并与运营商、国内手机厂商等建立了不同程度的合作关系，生态体系正在加速扩展当中，成为仅次于安卓和苹果的第三大移动操作系统。

国外嵌入式软件仍处于工控市场的主导地位。工业控制领域，国外嵌入式软件系统产品仍然占据市场主要份额。风河公司产品占比超过40%，包括嵌入式Linux产品和VxWorks等产品。这使得我国工业企业在承受高额服务费的同时，还承担着数据安全的风险。虽然国内工控领域的嵌入式软件产品在产品技术、软件稳定性方面要落后于国际IT巨头企业的成熟产品，但随着国内软件技术的研发和企业市场发展，国内工控领域的嵌入式软件供应商在实施服务、国内企业需求理解、服务反应速度方面已经明显优于国际IT巨头企业，在价格方面也占据明显优势。华为、中兴等通信设备厂商已经开发有各自的嵌入式软件系统并随基站设备出售。此外，和利时、浙江中控等工业设备主流供应商在其销售设备中也打包集成了各类嵌入式系统，无法单独统计。

（三）市场特点

在消费产品智能化发展提速的大趋势下，嵌入式软件系统涉及数据的入口和生态的掌控权，其重要性不断提升。但从竞争的角度，厂商更倾向于将战略级的嵌入式软件隐性化，即不对嵌入式系统单独计价或者直接免费开放给开发者使用，以此抢占生态体系制高点。国内通信领域，华为和中兴的嵌入式软件产品规模巨大，基本涵盖了从基础设施到移动终端的全产业链，二者是全国排名领先的软件企业。在能源电力领域，ABB、南京南瑞等企业在电力系统和电力自动化领域有着丰富的应用案例。在工业机器人领域，发那科、安川机电等日本企业凭借丰富的技术积累占据一定的市场份额，与ABB等企业形成竞争态势。虽然嵌入式软件系统不再单独计价甚至开源，但其在移动通信、数字办公、家电应用、交通运输、互动娱乐及工业制造等领域几乎无处不在，并且还在不断向VR、物联网等新兴技术领域拓展。

（四）技术特点

开源是嵌入式系统的主要技术特征。开源软件具备灵活性、开放性、低成本的特征，可以很好地满足嵌入式系统广泛性、多样性、创新性的需求。Android和FreeRTOS已经分别成为业界最流行的分时和实时嵌入式操作系统，二者快速发展的秘诀就在于开源。一方面开源可以使用户免费获得广泛的硬件平台和设备支持，降低用户在硬件层的开发工作量；另一方面开源系统更容易形成完善的生态环境，降低用户开发应用难度。但是在重视开源软件作用的同时，也应正视开源软件在嵌入式系统中的局限性，部分嵌入式软件平台对于开源软件应持谨慎态度。出于安全方面的考虑，目前在航空航天、工业控制系统、交通系统方面都很少采用 Linux 和其他开源软件。

嵌入式系统与云计算技术结合互补。当前嵌入式系统的快速发展与云计算技术的逐渐成熟密不可分，云端的计算资源为大量嵌入式终端产品的功能丰富提供了重要的支撑。云计算对嵌入式系统的影响主要表现为：一是嵌入式操作系统原来多为独立运行，现在则主要通过网络连接到云端；二是为了满足云计算架构的需求，嵌入式设备更加注重资源管理虚拟化和硬件通用化。面向嵌入式系统的云计算一般包括面向网络传输和面向设备两大类，面向网络传输的云计算主要服务于网络数据的高速交换，而面向设备的云计算则是物联网的基础。当前嵌入式系统面临的困难主要是：日益增长的功能更新需求、灵活的网络连接需求、移动终端的轻量化需求和多种类型的信息处理需求。云计算技术的高速发展，可以很好缓解嵌入式系统面临的压力。因此，嵌入式系统在技术上必须重视与云端的连接和交互能力，同时注重与人工智能、虚拟现实等新兴技术的深度结合，推动多领域的互联智能发展。

第七章　云计算

2016 年我国公有云市场规模约为 145 亿元，私有云市场规模约为 340 亿元，带动了上下游相关产业规模接近 4500 亿。预计到 2020 年，云计算及其相关产业市场规模将达到 1.4 万亿元，占到全球云计算市场的 10% 以上。随着云服务平台的逐步成熟，基于云平台的软件服务发展势头显著提升。混合云成为云计算技术和产品创新的新聚焦，云安全也成为各界关注的重点。目前，我国云计算产业已经初步形成京津冀区域、长三角区域、珠三角区域、西部区域、东北区域和中部区域等六大区域集聚发展的格局。从市场竞争态势看，一方面，国际巨头纷纷布局进入中国市场，中国市场的竞争空前激烈。另一方面，国内云计算企业坚持“走出去”发展战略，开始迈入全球市场。

根据美国国家标准与技术研究院（NIST）给出的定义，云计算是一种按使用量付费的模式，这种模式提供可用的、便捷的、按需的网络访问，进入可配置的计算资源共享池（资源包括网络、服务器、存储、应用软件、服务），这些资源能够被快速提供，只需投入很少的管理工作，或与服务供应商进行很少的交互。当前，云计算同移动互联网、大数据、物联网、人工智能一起，作为信息技术创新和应用的新兴领域，正成为软件和信息技术服务发展的新引擎。从产业类型来看，云计算主要可分为基础设施即服务（IaaS）、平台即服务（PaaS）和软件即服务（SaaS），其他行业领域包括了数据存储即服务（DaaS）、“云安全”和虚拟化应用等。

2016 年，随着技术和应用模式的不断成熟，云计算在我国市场加速落地，应用程度持续深化，创新主体不断壮大。《促进云计算创新发展培育信息产业新业态的意见》的贯彻落实，以及《国务院关于深化制造业与互联网融合发展的指导意见》的发布，我国云计算产业发展势头持续向好。

一、发展概况

（一）产业规模

2016 年，根据测算，我国公有云市场规模约为 145 亿元，同比增长 45%；私有云市场规模约为 340 亿元。云计算的快速发展也带动上下游产业的协同进步，2016 年云计算带动了上下游相关产业规模接近 4500 亿元。预计，“十三五”期间，我国云计算产业仍将保持 35% 左右的增长速度，到 2020 年，云计算及其相关产业市场规模将达到 1.4 万亿元，占到全球云计算市场的 10% 以上。

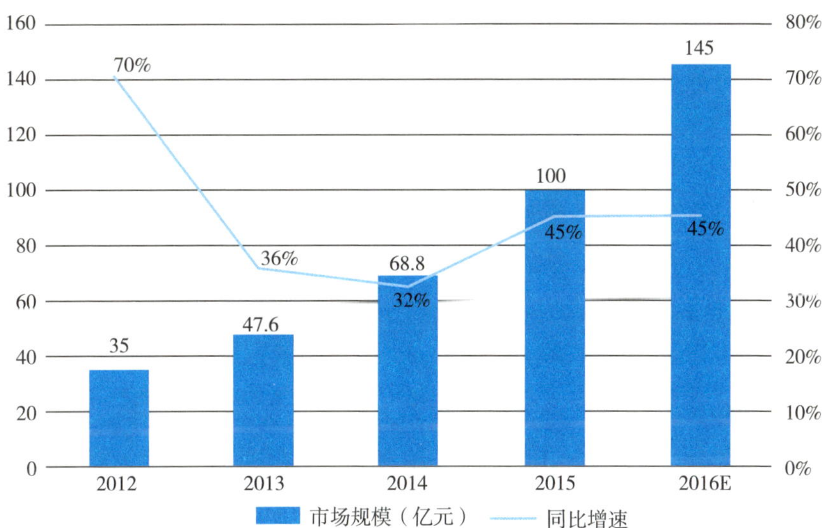

图 7－1　2012—2016 年我国公有云服务市场规模

资料来源：赛迪智库，2017 年 1 月。

（二）产业结构

从公有云服务的三个类别来看，2016 年，我国软件即服务市场规模最大，占比约为 72%；基础设施即服务规模占比约为 19%，是我国云计算市场中增速最快的细分领域；平台即服务市场规模占比最小，约为 9%。近年来，随着云服务平台的逐步成熟，基于云平台的软件服务发展势头显著提升，增速远高于基础设施即服务和平台即服务。

二、发展特点

（一）布局特点

我国云计算产业已经初步形成京津冀区域、长三角区域、珠三角区域、西部区域、东北区域和中部区域等六大区域集聚发展的格局。

京津冀区域在云计算发展方面拥有区位、经济、信息产业基础、科技人才等优势。2016 年，北京和天津、河北等地积极开展合作，以中关村—滨海大数据创新战略联盟为依托，加快打造“中关村数据研发—张北数据存储—天津数据装备制造”等上下游环节贯通的“京津冀大数据走廊”，合作共建保定中关村创新中心，积极引导社会资本参与京津冀创新合作，并成功申请成为第二批国家大数据综合试验区。2016 年 8 月，为贯彻落实《国务院关于促进云计算创新发展培育信息产业新业态的意见》等文件精神，北京市发布了《北京市大数据和云计算发展行动计划（2016—2020 年）》，从夯实大数据和云计算发展基础、推动公共大数据融合开放、深化大数据和云计算创新应用、强化大数据和云计算安全保障和支持大数据和云计算健康发展等方面推动云计算和大数据的健康发展，力争到 2020 年建成大数据和云计算创新发展体系，成为全国大数据和云计算创新中心、应用中心和产业高地。

长三角地区云计算产业发展呈现以上海为龙头，带动江苏、浙江两省重点城市快速发展态势。其中，上海、杭州、无锡代表长三角地区入选国家云计算试点城市。上海利用首批试点城市的先发优势，强化政策保障，云计算产业布局早、发展快。根据上海市经济信息化委发布的数据，2016 年上海云计算技术和服务收入达到 780 亿元，预计在 2018 年将突破 1000 亿，将成为上海又一个千亿规模的新兴产业。2017 年 1 月，《上海市关于促进云计算创新发展培育信息产业新业态的实施意见》正式发布，成为继 2010 年上海启动“云海计划”以来第三个推动云计算产业发展的专项政策。无锡市高度重视云计算产业发展，2016 年启动了一批软件和云计算产业扶持项目，重点支持了基于 FPGA 技术的大数据超算平台等一批科技含量高、应用价值大的重点项目，根据无锡的产业规划，预计到 2020 年将培育 50 家年收入上亿元的云计算骨干企业和 1000 家“专、精、特、新”的云计算中小企业，云计算及相关产业规模达到1000亿元，打造云计算完整产业链。

珠三角地区信息基础设施比较完善，信息技术创新实力强，且物流商贸体系发达，信息化应用需求较高，是国内云计算产业相对发达的地区。广东省布局建设中国电信华南最大云计算数据中心、汕尾腾讯云计算数据中心、浪潮集团南方中心等大项目，实施云计算应用示范工程，制定云计算应用标准。全省形成了较为完备的云计算产业链条，在全省网上办事大厅、电子政务、智能交通、智能制造、健康管理等领域探索了一批较为成熟的云计算应用。2016年，广东省确定了金蝶ERP云平台、基于云计算的警务视频人脸识别分析系统应用、电子政务云服务平台等28个云计算应用试点项目，以项目为抓手推动云计算领域的技术创新和应用推广。

西部地区具有很大的发展容量和潜力，各城市正在积极布局云计算产业发展。陕西省形成了以西安软件园、西咸新区大数据产业园为代表的云计算发展集聚区，推动软件信息服务产业始终年保持25%以上的高速增长。重庆市的“云端计划”已初步形成了“数据处理+终端制造+研发设计”的产业格局。成都坚持以“中国软件名城”建设为产业发展抓手，规划先行，创新为本，加快园区与公共服务体系建设，提升产业发展的支持能力，为云计算、大数据、移动互联网、物联网、数字内容及娱乐等新业态发展提供良好的发展环境。

东北区域位于东北老工业基地，传统行业对云计算应用的市场需求广阔。黑龙江省重点推进云计算在电子政务、电子商务、智能交通、智能电网、公共安全、医疗、教育、科研、环保、社区服务、数字家庭等方面的示范应用，已取得初步成果。哈尔滨等城市积极发展数据中心业务、政务云应用、城市云应用等领域，带动东北地区云计算产业整体发展。

中部地区的科技、经济以及基础建设为云计算提供了良好条件，制造业等传统行业为云计算应用提供了广阔空间，云计算产业发展潜力巨大。武汉已经建设了云存储产业园区、云安全产业园区、云计算服务园区等云计算产业基地和创新基地，成为中部区域的领头羊。河南省从基础网络、数据中心、数据资源和行业应用等四个层面推动推进云计算大数据开放合作，有望成为中部云计算新的引领区。

（二）市场特点

中国市场成为国际国内巨头竞争的重要战场。中国云计算市场具有难以估量的巨大潜力，引发全球云计算企业的高度关注和积极参与，市场竞争愈发激烈。2016 年，国际云计算巨头企业通过战略合作、设立合资公司等方式纷纷加快在中国云计算市场的布局，力图以中国市场为基础构筑企业在全球竞争中的战略优势。全球云计算龙头企业亚马逊 AWS 同我国光环新网达成合作正式协议，共同推进 AWS 云服务落地中国；微软 Azure 在中国的企业客户已超过 70000 家，业务收入在近一年实现了三位数的年度增长；IBM 通过与世纪互联的合作将其 Bluemix PaaS 平台的业务拓展至我国；Oracle 则选择与腾讯强强联手，共同开拓中国市场。与此同时，国内云计算企业则利用本土化发展优势，不断扩大业务模式，竞争更加激烈。2016 年 11 月，百度举办了首届百度云智大会，宣告百度开始发力云计算市场；阿里云则利用已有的市场基础，通过一年十几次的降价不断压缩对手的发展空间，为整个业界带来极大震动；腾讯云宣布大幅降价，并围绕其在游戏、社交等领域的互联网服务优势不断扩大业务规模，实现了三位数以上的增长。金山云在游戏、政务等领域全面出击，推出了 99 元的大米云主机。

各厂商纷纷布局全球。2016 年 8 月在云栖大会・北京峰会上，阿里云方面表示已经为出海的中国企业建好全球化的计算基础，以产业生态构建为核心，不断同合作伙伴一起拓展海外市场，阿里云计划帮助不少于 100 家中国 SaaS 软件企业出海，推动软实力输出和硬件出海同步进行。2016 年，阿里云在海外数据中心布局不断加快，已经在欧洲、澳洲、日本和中东开通了云服务，实现全球主要互联网市场的云计算基础设施覆盖。腾讯云全球化布局战略与阿里云保持一致，2016 年 12 月，腾讯云宣布开放 11 个海外服务节点，包括了亚太地区的首尔、悉尼、东京、印度金奈；欧洲地区的法兰克福、伦敦和阿姆斯特丹；北美地区的华盛顿、达拉斯和硅谷；以及南美地区的巴西圣保罗。加上之前腾讯云在已经建成的中国香港地区、新加坡、多伦多三大数据中心，至 2016 年年底腾讯云在海外的服务节点达到 14 个，国内服务节点 5 个，覆盖亚洲、欧洲、北美洲、南美洲、大洋洲的全球化布局基本完成，成为全球云计算基础设施最完善的中国互联网云服务商之一。

（三）结构特点

混合云成为云计算技术和产品创新的新聚焦。公有云和私有云发展势头良好，但集合二者优势于一体的混合云受到国内云服务用户的更大关注，趋势云服务提供商加大对混合云的技术和产品研发力度，一批混合云服务产品不断涌现。根据 RightScale 2015 年的调研数据，有 82% 的企业在公共云、私有云以及混合云策略中会优先考虑混合云。当前，云服务商和设备厂商纷纷通过虚拟私有云、托管云等多种方式进军混合云市场，发展多种混合云解决方案，混合云成为云计算市场竞争的重要焦点。2016 年 3 月，腾讯云发布了全新混合云产品“黑石—混合云 plus”，实现了物理机像云主机一样的便捷取用，通过在私有网络下生成大量的高可用独享物理主机，推动实现用户业务核心架构在物理机与虚拟机间的任意部署，延时可控制在毫秒级。借助黑石系统，腾讯云加快了市场拓展的步伐，为企业提供新型的服务模式，促进企业业务的升级发展。2016 年 4 月，在云栖大会·深圳峰会上，阿里云发布专有云 Apsara Stack、混合云解决方案，其中，Apsara Stack 专有云可独立安装在企业的私有数据中心，达到完全与公有云隔离的目的。同时，Apsara Stack 的架构和技术与阿里云保持一致，便于企业的应用软件与数据在专有云和公有云之间的扩展和迁移，从而构建形成完整的混合云架构。2016 年 4 月，世纪互联发布全新云战略，并与百度签署了战略合作协议，从协议内容来看，混合云成为双方发力的聚焦点，世纪互联与百度云将强强联手致力于混合云基础设施建设，在共同拓展客户和建立销售平台等方面展开深入合作。

云计算安全受到各界高度关注。近年来，伴随云计算市场和应用正快速增长，云安全形势也愈发严峻，安全故障、安全攻击等事件时有发生，云服务客户量的大幅增加对云服务稳定性带来巨大挑战，仅 2016 年下半年，阿里云大规模宕机事件就出现了至少三次。由于云服务商数据中心资源的规模化和集中化，数据中心、网络链路等物理设施一旦遭遇破坏和故障，影响巨大。根据 NetWrix 的研究显示，有 40% 的公司担心由于数据向云端集中所可能导致的数据安全问题。基于此，众多云计算厂商都加大了云安全保障的力度，并利用在安全上的优势拓展市场。2016 年 10 月，腾讯云获得了国际权威认证评估机构 DNV GL 颁发的 CSA－STAR 云安全金牌证书，同时拿到了信息安全

UKAS 国际认可，CNAS 国内认可及 CSA－STAR 金牌证书，标志着腾讯云成为首家以 CSA－STAR 金牌身份拿到国内国际双认可信息安全资质的云服务商。此外，腾讯云还牵手知名 DDoS 防护公司 Radware，在海外 DDoS 防护、国内腾讯云应用层、私有云、服务市场以及加密数据安全合作等领域展开全面合作，并与绿盟、启明星辰、亚信安全、IBM、赛门铁克、天融信、深信服等企业成立云安全服务联盟，共同应对安全威胁，为腾讯云用户打造了一个智慧的安全体系。阿里云也一直在努力打造自己安全和技术体系，2016 年 8 月份推出了 DT 时代全新的云安全解决方案，将云盾旗下所有安全产品整合为服务输出。2016 年 12 月，阿里云在第二届 FreeBuf 互联网安全创新大会 Web 应用防火墙获“2016 年度云安全服务大奖”。

第八章　大数据

2016年，我国接连出台了多项大数据相关政策，为大数据产业快速成长提供了良好发展环境。大数据在各行业的应用逐渐加快，产业发展进入稳步成长阶段。2016年，大数据核心产业环节达到3100亿元，大数据关联产业规模超过5万亿元，大数据融合产业规模达到3.5万亿元。目前，我国已基本形成京津冀区域、长三角地区、珠三角地区、中西部和东北等五个集聚发展区的区域布局。在国家引导下，工业已经成为大数据应用最活跃的领域。从技术创新来看，大数据开源技术应用逐步深入，大数据+人工智能成为业界共同选择，区块链成为大数据交易的关键技术，虚拟化技术成为大数据基础设施建设的首选。产业结构方面，大量企业聚焦数据源服务，初创型公司扎堆大数据清洗和价值挖掘服务。此外，大数据大型企业正着力构建平台以加速拓展数据服务业务。

一、发展概况

（一）产业规模

2016年，随着政府持续发力推动大数据应用发展、《促进大数据发展行动纲要》等政策进一步贯彻落实、各地方省市纷纷出台措施推动大数据发展、大数据在各行业的应用逐渐加快，大数据产业已经度过概念炒作期，进入稳步成长阶段。赛迪预测，包括大数据硬件、大数据软件、大数据服务等在内的大数据核心产业环节2016年达到3100亿元，将在2020年超过1万亿元；大数据关联产业规模2016年超过5万亿元，将在2020年超过10万亿元；大数据融合产业规模2016年达到3.5万亿元，将在2020年超过20万亿元。从大数据核心产业结构来看，基于大数据的服务是大数据核心产业的主体，其规模约占大数据核心产业规模的90%，未来，服务也将是大数据产业的最核心部分。随着大数据在各行业领域的应用逐渐深入，大数据核心产业的快速发展将对融合应用产业产生明显的带动效应，大数据融合产业的市场规模将快速增长，其增速将超过大数据核心产业本身。

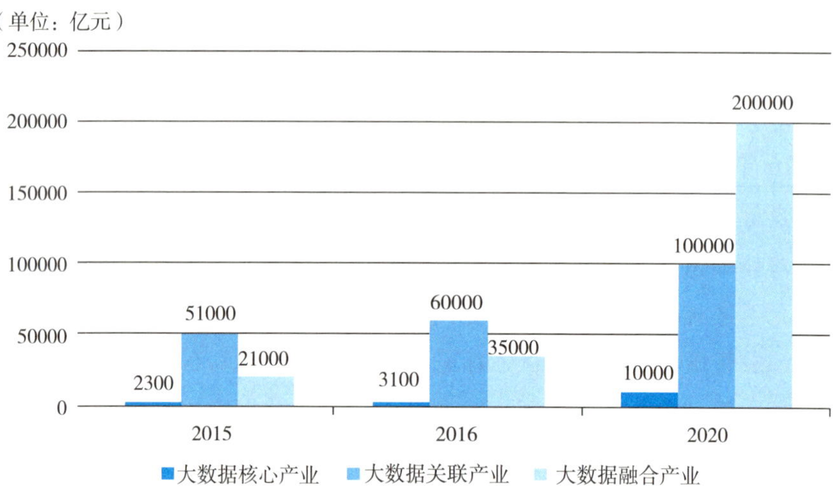

图 8－1　我国大数据市场规模

资料来源：赛迪智库，2016 年 12 月。

（二）产业环境

2016 年，我国接连出台了多项大数据相关政策，为推动产业快速成长提供了良好发展环境。国家“十三五”规划纲要中明确提出实施国家大数据战略，把大数据作为基础性战略资源，全面实施促进大数据发展行动，加快推动数据资源共享开放和开发应用，助力产业转型升级和社会治理创新。习近平总书记在 2016 年 10 月 9 日的实施网络强国战略讲话中，指出我们要深刻认识互联网在国家管理和社会治理中的作用，以推行电子政务、建设新型智慧城市等为抓手，以数据集中和共享为途径，建设全国一体化的国家大数据中心，推进技术融合、业务融合、数据融合，实现跨层级、跨地域、跨系统、跨部门、跨业务的协同管理和服务。工信部发布了《大数据产业发展规划（2016—2020 年）》，全面部署“十三五”时期大数据产业发展工作，加快建设数据强国，为实现制造强国和网络强国提供强大的产业支撑。发改委等部门出台了《关于组织实施促进大数据发展重大工程的通知》《促进大数据发展三年工作方案（2016—2018）》等配套政策，进一步贯彻落实《促进大数据发展行动纲要》，推动大数据应用和发展。环保部、农业部、国家林业局、交通部等部委则分别发布了《生态环境大数据建设总体方案》《关于推进农业农村大数据发展的实施意见》《关于加快中国林业大数据发展的指导意见》《关于推进交通运输行业数据资源开放共享的实施意见》等政策，指导行业领域大数据应用和发展。

同时，各省市对大数据的推进力度进一步加强，通过相关政策、项目、技术和应用推动大数据发展。一是建立组织机构。大数据不仅涉及电子信息制造、软件和信息服务、通信等信息产业，还涉及各行各业的融合创新以及在经济社会各领域的深入应用，因此大数据发展需要能够统筹协调各个部门的专门管理机构。我国广东、辽宁、四川、广州、兰州、成都等多个省市成立了大数据管理局，以便充分发挥政府部门的统筹决策作用和引导带动作用，在整合利用各方资源的同时，突破传统观念、部门利益等限制，快速推进大数据发展与应用相关工作。二是出台顶层设计文件。我国各部门和地方政府对大数据的重视程度正逐步升级，相关的政策措施和规划方案处于高密度发布时期。目前，北京、上海、广东、浙江等 20 余个省市出台了针对大数据的发展规划或实施意见等政策，根据各省市自身条件和基础部署不同的大数据产业发展路径。

表 8－1　我国各省市大数据政策梳理

地方	政策名称/措施
贵州	《关于加快大数据产业发展应用若干政策的意见》 《贵州省大数据产业发展应用规划纲要（2014—2020 年）》 《贵州省大数据发展应用促进条例》 《贵阳大数据产业行动计划》 《贵阳市关于加快推进大数据产业发展的若干意见》 《贵安大数据产业基地发展规划》 《贵安新区推进大数据产业发展三年计划（2015—2017 年）》
浙江	《杭州市政务数据共享开放指导意见》 《浙江省促进大数据发展实施计划》
上海	《上海推进大数据研究与发展三年行动计划（2013—2015 年）》 《2014 年度上海市政府数据资源向社会开放工作计划》

续表

地方	政策名称/措施
广东	《广东省实施大数据战略工作方案》 《广东省大数据发展规划（2015—2020年）》 《广东省促进大数据发展行动计划（2016—2020年）》 《广东省人民政府办公厅关于运用大数据加强对市场主体服务和监管的实施意见》
湖北	《湖北省大数据发展行动计划（2016—2020）》
重庆	《重庆市大数据行动计划》
福建省	《福建省促进大数据发展实施方案（2016—2020年）》 《关于运用大数据加强对市场主体服务和监管实施方案的通知》 《关于运用大数据加强对市场主体服务和监管实施方案》
陕西省	《陕西省大数据与云计算产业示范工程实施方案》
吉林省	《关于运用大数据加强对市场主体服务和监管的实施意见》
沈阳市	《沈阳市促进大数据发展三年行动计划（2016—2018年）》

资料来源：赛迪智库整理，2016年12月。

三是建立产业联盟。各省市积极引导建设以企业为主体，科研机构、高等院校、用户单位等参与的大数据产业联盟，加强对行业发展重大问题的调查研究，共同推进大数据相关理论研究、技术攻关、数据开放共享和创新成果应用推广，参与有关产业政策制定。目前，我国已有大数据产业联盟20余个，在推进地方大数据产业发展、建设大数据平台、推进大数据项目实施等方面发挥了重要作用。

表8-2　我国部分地方大数据产业联盟建设情况

序号	联盟名称	联盟工作内容
1	中国大数据产业生态联盟	中国大数据产业生态联盟是由工信部指导，中国电子信息产业发展研究院牵头成立的国家级大数据产业联盟，致力于落实国家大数据发展战略，提升大数据核心技术能力，繁荣大数据产业生态，深化大数据行业应用和完善大数据产业发展环境，推动大数据产业的快速发展。

续表

序号	联盟名称	联盟工作内容
2	上海大数据联盟	上海大数据联盟是在上海市经济和信息化委员会、上海市科学技术委员会联合指导下，聚集大数据领域相关的数据资源、服务平台和数据应用等主体机构自愿组成的非营利性联合体。联盟以上海创建“全球科技创新中心”总方针为指导，按照“融合创新，服务示范”的宗旨，实现大数据技术和产业领域“传播、智库、金融”等三大平台服务功能，落实上海市大数据产业发展和技术创新的具体工作要求，围绕大数据技术链、产业创新链，实现产学研用等机构在战略层面的有效结合，通过资源共享、协同行动和集成发展，形成产业核心竞争力，有效提升上海大数据关键技术创新水平，推动大数据应用和产业发展。联盟秘书处依托上海超级计算中心和上海产业技术研究院联合开展工作。
3	中关村大数据产业联盟	宗旨是把握云计算、大数据与产业革新浪潮带来的战略机遇，聚合厂商、用户、投资机构、院校与研究机构、政府部门的力量，通过研讨交流、数据共享、联合开发、推广应用、产业标准制定与推行、联合人才培养、业务与投资合作、促进政策支持等工作，推进实现数据开发共享，并形成相关技术与产业的突破性创新，产业的跨越式发展，推动培育世界领先的大数据技术、产品、产业和市场。
4	中关村大数据交易产业联盟	以推动数据资源开放、流通、应用为遵旨，努力构建中关村乃至全国大数据流通、开发、应用的完整产业链。主要工作包括建立大数据交易规范、制定大数据交易标准、研究建立大数据定价机制、研究建立大数据定价机制、发挥桥梁作用。
5	中关村—滨海大数据产业技术创新战略联盟	组织成员开展核心技术攻关、建立大数据公共技术创新平台、建立人才联合培养机制、促进科技成果转化、协助联盟成员开拓市场等。
6	京津冀大数据产业联盟	推动和维护京津冀大数据产业及应用的健康、有序和可持续发展。该联盟将积极组织有关单位推广应用新产品新技术，加强产业链整合；将组织会员单位和社会力量研究京津冀大数据的发展战略、管理体制等理论和实践问题，并向政府和有关部门提出建议。
7	深圳大数据产学研联盟	开展深化产学研交流合作，推动公共服务平台建设、推动重点实验室建设、制定国家技术标准等一系列工作，致力于推动南山区乃至深圳市大数据产业的领先发展。
8	深圳市大数据产业联盟	推动深圳市大数据产业进步、加强大数据产业链中相关企业的协同和合作，促进大数据技术的应用和推广，提升深圳大数据产业的整体发展水平。

续表

序号	联盟名称	联盟工作内容
9	深圳市宝安区大数据产业技术创新联盟	把大数据信息技术等列入重点领域及发展的前沿技术，加速突破产业瓶颈，推动宝安区进入大数据信息产业的新阶段，通过联盟合作攻关，突破共性核心技术，做优做强电子信息产业，依靠自主技术创新和产业发展解决目前所存在的问题，为宝安区乃至深圳市的经济发展提供强有力的技术支撑，为实施国家和地方发展战略目标提供有效的产业支持。
10	贵州大数据产业和应用联盟	汇聚政产学研用各界资源，共同推进面向应用的大数据相关理论研究、技术研发、数据共享、应用推广，形成开发合作、协同发展的大数据技术、产业和应用生态体系。
11	贵州大数据产业联盟	按照“自愿、平等、合作”的原则，整合上下游产业链，构建产学研用共享机制，创新政企互动模式，打造国际平台，为汇聚各方资源，促进区域经济发展贡献力量。联盟的核心任务是以推进贵州省大数据技术进步和产业化为目标，建立上下游、产学研信息、知识产权等资源共享机制。
12	浙江省大数据应用技术产业联盟	集合浙江省技术、资源、资金等多方面的优秀力量，形成研发与应用企业间的交流、合作平台，共同解决联盟内企业面临的各种技术与资源的难题，充分保证大数据的科技成果快速有效转化。
13	钱塘工业大数据产业联盟	整合多方资源，打造政用产学研协同创新，通过研讨交流、推广应用、标准研制、人才培养、业务合作等工作，服务产业生态建设，协助制定工业大数据领域的发展政策，助推工业大数据的政产学研用协同创新。
14	山东大数据产业技术创新战略联盟	整合山东省内大数据产业研发的人才、科研、设备、存储、网络、计算、软件、用户等企业及团体的资源优势，形成联合开发、优势互补、利益共享、风险共担的产学研合作机制，推进大数据技术创新、业务模式创新和服务模式的创新，更好地实现大数据技术、应用和市场的整合，促进产业链上下游企业间的协同与合作，共同推动山东省互联网产业和软件与信息服务业的大发展。
15	山东农业大数据战略联盟	采用大数据研究手段，在搜集、存储气象、土地、水利、农资、农业科研成果、动物和植物生产发展情况、农业机械、病虫害防治、生态环境、市场营销、食品安全、公共卫生、农产品加工等诸多环节大数据的基础上，通过专业化处理，对海量数据快速“提纯”并获得有价值的信息，为政府、企业乃至各种类型单位的决策和发展提供支持，为公众提供便捷的服务。
16	中国工业大数据烟台产业联盟	推进烟台市工业大数据产业的成长和科研成果转化，建立产业上下游、产学研信息、技术解决方案和成功案例的资源共享机制，建立企业与企业之间、企业与政府之间沟通的平台，促进我市工业大数据产业发展。

续表

序号	联盟名称	联盟工作内容
17	陕西省大数据产业联盟	以促进陕西省大数据产业发展、提升产业集群创新能力和核心竞争力为宗旨，致力于打造我省大数据与云计算技术产业链、创新链和服务链，探索建立长效稳定的产学研合作机制，突破产业发展的核心技术，形成产业技术标准，搭建有效的合作交流平台。
18	陕西省大数据与云计算产业技术创新战略联盟	统筹协调陕西省内大数据与云计算技术和产业相关资源，以技术创新需求为纽带，有效整合产、学、研、用各方资源，充分发挥自身优势，通过对大数据与云计算核心技术的研究及自主创新，提升陕西省在大数据与云计算技术相关领域的研究、开发、服务水平，促进大数据与云计算技术标准的推广和应用，降低风险和成本，保护知识产权，促进联盟成员的共同进步，促进产业发展，实现共赢共荣。
19	四川大数据产业联盟	研究和探讨大数据行业研究和发展的理论、政策、模式、技术、管理及应用实践，为政府有关部门提供有利于行业发展的建议和依据；为从事大数据行业的企业提供管理咨询、技术创新、企业信息化、创业辅导、投资融资、产业基金、对外合作、会议展览和培训活动等服务，积极推进行业发展；建立信息及数据共享平台，全面有效地整合大数据行业资源，收集和发布从事大数据行业的企业所需要的各种信息，为企业和机构开发新品、开拓市场、引进智力与技术提供服务；积极探索建立大数据行业的行业标准和规范，促进行业数据的交换、共享及深度利用。
20	四川崇州大数据产业创新联盟	将协调汇集地方、国家、社会数据，并提供信息储存及运营等资源。
21	重庆大数据应用产业联盟	开展面向行业应用、面向产业链建设、面向资源整合的工作，为促进重庆大数据应用的技术进步和形成产业做出力所能及的贡献。
22	重庆大数据产业技术创新联盟	以国家和地方大数据技术创新需求为导向，打造大数据生态圈，完善技术创新链条，引导创新资源向联盟成员聚集；组织联盟成员开展技术合作，突破大数据产业发展的核心技术，协助政府制定大数据产业行业规范、技术标准和产品标准；建立公共技术创新服务平台，分享大数据产业动态和技术创新市场需求；通过项目、课题以及联合技术攻关，培养大数据领域高层次人才。
23	广东省大数据技术联盟	围绕大数据技术应用和产业发展，推进大数据技术应用，增强广东新兴产业的综合竞争能力。

续表

序号	联盟名称	联盟工作内容
24	江苏大数据联盟	围绕大数据技术链、产业创新链，运用市场机制集聚创新资源，实现产学研用等机构在战略层面的有效结合，形成产业核心竞争力，有效提升江苏大数据关键技术创新水平。
25	南京大数据产业联盟	研讨交流、数据共享、联合开发、推广应用、产业标准制定与推行、联合人才培养、业务与投资合作、促进政策支持等工作，在大数据关键技术研发协作、数据资源公开应用合作、大数据挖掘协同等方面形成巨大的推动力。
26	甘肃省大数据产业技术创新战略联盟	将围绕大数据技术、产业、应用及服务等创新链，通过市场机制聚集各类资源，实现政府、企业、大学、研究院所等机构在战略层面的有效结合，形成大数据技术、市场、资本、人才等资源的有效融合；通过联盟内部资源共享，协同行为和集成发展，形成大数据产业上、中、下游之间和共需方之间的有效合作与对接，有效提升我省大数据关键技术的创新水平，形成大数据技术、产业及应用的核心竞争力；通过大数据交易机制、共享交换平台和联合申报大数据项目机制的建立，实现大数据创新成果的快速产业化，从而推动产业结构优化升级，促进省内经济社会又好又快发展。
27	东北大数据联盟	致力于大数据产业发展与应用推广的企事业单位，积极推动大数据技术与产业的自主创新与科学发展，努力掌握核心技术，坚持产学研结合及融合互动发展，共同促进大数据领域新技术、新产品、新业务的应用与市场的开拓，建设沈阳大数据产业基地。同时，在政府相关部门与行业主管部门的领导与指导下，积极研究制定大数据相关技术标准和规范，提出促进产业与应用发展的建设性意见，协助政府相关部门研究制定有利于大数据产业发展与应用示范工程建设的重大产业扶持政策，反映联盟成员的意愿和要求，接受沈阳市经济和信息化委员会的业务指导和沈阳市软件和信息服务业协会的管理，为联盟成员在大数据相关行业发展和应用提供服务。
28	黑龙江大数据产业联盟	开展大数据的宣传推广，参与大数据产业人才的培养；提供咨询服务，支持大数据产业创业创新；全力推动大数据应用发展，助力大数据产业生态。
29	西南大数据联盟	积极推广新技术、新产品、新应用，促进数据融合、应用融合，包括加强产业链的整合。推动和维护西南大数据产业及应用的健康、有序和可持续发展。
30	华南大数据产业联盟	解决数据孤岛遍布、通用行业标准和沟通平台缺乏的问题；联盟将通过整合和连接各方供需，促进行业交流，探索数据合作新模式。

续表

序号	联盟名称	联盟工作内容
31	宁夏云和大数据合作联盟	通过科学的合作机制和运营模式，形成集团优势。联盟将开放性地做好云计算和大数据标准体系构建和制订工作，共同研究做好安全评测、电子认证、应急防范等云计算和大数据相关的安全保障基础工作，制定云和大数据安全技术实现和安全标准、服务规范。加快研发推广基于云计算和大数据环境下的技术参考实现、软件产品和解决方案，探索软件服务化的新型商业模式。
32	中国智慧城市大数据创新联盟	中国智慧城市大数据创新联盟旨在通过有效整合产、学、研各方资源和优势，搭建智慧城市相关企业和机构协同创新、市场合作、人才培养平台，促进大数据在智慧城市建设中创新应用，规范和引领国内智慧城市大数据标准化和技术发展。
33	数据中心联盟	推动技术和业务研究，跟踪国内国际行业发展动态，为政府和企业制定发展战略提供依据。搭建信息服务平台，提供行业、市场等公共信息服务。依据国家的有关法律、法规和方针政策，结合产业发展需求，组织制订行业公约，加强行业自律等；根据主管部门要求，协助主管部门推动相关领域标准预研，并推动标准在联盟成员的贯彻实施；促进相关领域的国际交流合作活动；组织相关领域的管理、技术、人才、法规等方面的培训。
34	大数据(中国)产业联盟	聚合产业资源，促进商学互动，助力企业成长，推进经济结构调整，促进产业转型升级。
35	中国大数据应用联盟	围绕《促进大数据发展的行动纲要》部署的三个主要任务开展具体工作。还将通过标准制定、应用实践、行业评比等，引导行业逐步形成一批满足大数据重大应用需求的产品、系统和解决方案，为建立我国安全可信的大数据技术体系做一些前瞻性研究工作。
36	中国大数据应用（西北）联盟	为西北地区大数据应用相关行业提供帮助。
37	中国企业大数据联盟 BDU	联盟宗旨是“开放、自律、务实、创新”，通过联盟，凝聚产业链上下游资源，吸引国内、国际先进企业、科研院所，营造良好的产学研用协同发展环境。
38	中国农产品大数据联盟	建立中国农产品大数据联盟官方网站。网站集今日行情、信息雷达、数据报告、专家视点、联盟动态于一体。

续表

序号	联盟名称	联盟工作内容
39	中国互联网＋旅游景区大数据应用联盟	联盟以大数据应用为主线，探索“十三五”期间新型旅游服务模式，积极推进产业转型和服务升级。
40	中国旅游大数据联盟	整合旅游行业及参与企业的资源，为各地旅游机构和景区提供大数据与新媒体传播的整合服务。
41	中国工业大数据创新发展联盟	依托中国首席信息官联盟跨行业、跨地区资源，充分发挥“CIO＋”效应，整合多方资源，打造政用产学研协同创新平台，通过研讨交流、推广应用、标准研制、人才培养、业务合作等工作，服务产业生态建设，协助制定工业大数据领域的发展政策，助推工业大数据的政产学研用协同创新，切实推进两化深度融合相关工作。
42	工业大数据应用联盟	整合国际和国内工业大数据方面的优质资源，包括众多专家的理论、各企业家的实践经验等，总结归纳工业大数据在企业应用所需要具备的各方面能力，最终通过O2O培训、专家引入、企业应用指导、大数据综合分析解决方案提供的方式，助推企业实现由IT到DT的转型。
43	中国心血管大数据联盟	计划建成国家心血管疾病大数据平台。该平台能够高效存储、处理、分析挖掘电子病历、医学影像、临床检验数据等多类型数据信息，构建心血管疾病大型数据库和知识库系统；建立基于云存储与Hadoop心血管疾病大数据管理和分析平台，支持数据收集共享和分析利用；开发心血管疾病预警、预测、预后模型及临床决策支持系统，为提高心血管疾病的诊治水平提供大数据支撑。
44	健康大数据产业技术创新战略联盟	建立产学研用紧密结合、多领域科技创新、多元化投融资体系和多维度促进成果转化的有效机制，形成“产业需求为导向，企业创新为主体，共性技术为核心，检测认证为依据，专利产品为特色，技术标准为引领”的产业技术创新模式，大力推动大数据技术与我国的健康医疗事业融合发展，并为我国的健康医疗事业树立全新的价值评估体系。
45	中国城市大数据产业发展联盟	联合各城市整合多方资源，通过研讨交流、推广应用、标准研制、人才培养、业务合作等，服务大数据生态建设，协助制定大数据各领域的发展策略，助推大数据生态系统创新，推进各城市之间深度合作，跨行业、跨地区资源整合，充分发挥整合效应。构建政策标准讨论平台，积极推动大数据领域产业政策、标准研究及大数据产业发展等工作。

续表

序号	联盟名称	联盟工作内容
46	信息通信大数据产业联盟	专注于信息通信大数据产业资源整合与创新发展，秉承着“助推产业，服务会员”的理念，结合发挥“政产学研用”的资源优势，致力于搭建信息通信大数据公共交流合作服务平台。
47	中国国际大数据产业联盟	旨在聚合大数据产业能量，以新形式、新理念、新方法，传播大数据行业信息，搭建大数据创新创业桥梁，推动大数据产业发展。
48	中国广电大数据联盟	搭建全国广电大数据平台并建设收视数据调查分析机构，实现数据共享、联合发布，探索广电行业协同发展的新业态、新模式。
49	语言大数据联盟	通过中译语通开放的亿万级语料及平台资源，为高等院校、科研机构、企事业单位的语言服务教学、实践、科研、业务等提供支持并开展合作，实现全球资源汇聚、交换和共享。
50	中国大数据金融产业创新战略联盟	开展大数据金融创新的理论和实践研究；建立政产学研一体化综合数据信息库，对企业提高自主创新能力、加快技术进步和产业优化升级提出建议，为政府的科学决策提供参考和依据；加快大数据金融创新，对电子商务结算等，提供全国性金融技术指导与服务。
51	中国商业地产大数据联盟	有效整合商业地产大数据最强资源与最专业人才，推动商业地产的数据化升级。
52	中国法律大数据联盟	联合不同领域的组织机构和专家学者设立理事会和专家委员会，并联合成立中国法律大数据研究中心，编制《中国法律大数据蓝皮书》、组织法律大数据学术研讨会、构建法律大数据与云服务平台，对法律大数据与云技术进行深度分析、挖掘，探究法律大数据在法治国家、法治政府、法治社会一体化建设中的应用。

资料来源：赛迪智库整理，2016 年 12 月。

四是推动政府数据开放和数据交易。数据是政府掌握的核心资产，也是长期以来政府治理国家、服务民生的重要依托，许多国家的政府部门已成为本国最大的数据生产者和拥有者，社会各界对政府开放数据的需求也越来越强烈。目前，我国有北京、上海等省市建设了数据开放平台，尝试推动政府数据资源开放。营造数据资源交易流通的良好环境是推动大数据产业快速发展的基础。为促进企业（机构）间数据的流通、进一步发挥数据资源的增值作用，同时保护数据资源生产者、维护者的积极性，各省市纷纷试点数据交易所的建设，推动形成数据资产交易市场，以使得数据资源能够按照市场引导、价值驱动的方式在各利益相关方之间流动。目前，我国贵州、北京、辽宁等十余个省市建设了大数据交易平台。

表 8－3　我国各省市大数据交易平台建设情况

省市	时间	建设情况
北京	2014. 12	“北京大数据交易服务平台”上线
	2014. 6	中关村数海大数据交易平台
贵阳	2015. 4	全国首个大数据交易所“贵阳大数据交易所”挂牌运营
		贵阳现代农业大数据交易中心
武汉	2015. 7	东湖大数据交易所正式启动
	2015. 7	长江大数据交易所揭牌
	2015. 11	华中大数据交易所揭牌
	2016. 7	华中大数据交易平台 2. 0 上线，是国内首个以活数据交易为主的大数据交易平台
江苏	2015. 10	徐州大数据交易所挂牌成立
	2015. 12	华东江苏大数据交易平台成立
河北	2015. 12	河北京津冀数据交易中心成立
河南	2016. 7	汝州市大数据交易所揭牌
浙江	2016. 6	杭州钱塘大数据交易中心揭幕，全国首个“工业大数据”应用和交易平台正式上线
陕西	2015. 8	陕西省大数据交易所揭牌
	2015. 8	陕西“西咸新区大数据交易所”正式挂牌
上海	2016. 1	上海大数据交易中心正式成立
广东	2016. 6	广州数据交易平台“广数 Data hub”宣布正式上线运营，这也是华南地区首个数据交易服务平台
吉林	2016. 4	浪潮四平云计算中心、大数据交易所正式揭牌

资料来源：赛迪智库整理，2016 年 12 月。

（三）区域结构

随着国家大数据综合试验区等工作推进和各地方省市政策措施的逐步落地，我国大数据产业集聚发展效应开始显现。截至目前，国家发改委、工业和信息化部、中央网信办等三部委共批建贵州省、京津冀、珠三角、上海市、河南省、重庆市、沈阳市和内蒙古等8个国家级综合试验区，其中，京津冀和珠三角等跨区域类综合试验区围绕落实国家区域发展战略，更加注重数据要素流通，以数据流引领技术流、物质流、资金流、人才流，支撑跨区域公共服务、社会治理和产业转移，促进区域一体化发展；贵州省、上海市、河南省、重庆市、沈阳市等区域示范类综合试验区积极引领东部、中西部、东北等板块发展，更加注重数据资源统筹，加强大数据产业集聚，发挥辐射带动作用，促进区域协同发展，实现经济提质增效；内蒙古等基础设施统筹发展类综合试验区在充分发挥区域能源、气候、地质等条件基础上，加大资源整合力度，强化绿色集约发展，加强与东、中部产业、人才、应用优势地区合作，实现跨越式发展。

目前，我国已基本形成京津冀区域、长三角地区、珠三角地区、中西部和东北等五个集聚发展区的区域布局。其中，京津冀地区打造大数据协同发展体系，依托中关村在信息产业的领先优势，快速集聚和培养了一批大数据企业。长三角地区城市将大数据与当地智慧城市、云计算发展紧密结合，使大数据既有支撑又有的放矢，吸引了大批大数据企业。珠三角地区在产业管理和应用发展等方面率先垂范，对企业扶持力度大，集聚效应明显，尤其是广东省在全国率先成立大数据管理局，大数据的政策环境、技术研发、龙头企业引领、行业应用等协同发展、互为支撑，推动产业进入良性循环。中西部通过近年来的跨越式发展，已经成为大数据产业发展新增长极。贵州省先行先试，在全国范围内率先出台大数据法律法规，建立大数据交易所，并与国内其他园区、企业开展战略合作，重庆、河南则积极引进国内外行业巨头，打造中部大数据发展高地。东北地区则依托东北老工业基地基础，将工业大数据作为发展重点，目前，沈阳等城市已经在机器人、机床等领域的大数据应用方面取得良好效果。

（四）技术创新

2016年，以互联网企业为代表的我国大数据企业不断加大科研投入，推动产品和服务创新，取得了令人瞩目的成绩。阿里云利用飞天技术平台的大数据技术，构建异地双活技术和基于大数据支撑的全链路压力测试的体系，实现了“双11”每秒钟17.5万笔的订单交易和每秒钟12万笔的订单支付。

京东利用大数据打击黄牛与刷单，通过大数据分析用户画像、用户社交关系网络和交易风险行为，形成一个完整可靠的防刷单技术屏障，其反刷单系统识别准确率已达99%以上。腾讯搭建“互联网+医疗”开放平台，利用自身强大的社交平台和大数据技术为医疗产业提供互联网化的后端服务。奇虎360凭借大数据技术和自有基础设施采集市场主体疑似违法违规信息与社会共享并推送到国家信用信息共享平台。

值得注意的是，开源模式在大数据技术创新中发挥着越来越重要的作用。从大数据的发展历程可以看出，大数据源于开源，并基于开源不断演进发展，自身就已具备了开源基因。经过若干年的发展，开源软件和开源工具已经覆盖到了大数据产业发展的各个环节，基于开源软件企业可以快速构建大数据应用平台，提供丰富的大数据开发和应用工具。当前，从小型初创企业到行业科技巨头，各种规模的企业都在使用开源软件和工具处理大数据处理和基于数据的预测分析。由此可见，开源不仅驱动着大数据技术的创新演进，也推动着大数据产业的不断进步，对繁荣大数据应用生态起到了不可忽视的作用。

（五）行业应用

2016年，大数据在各行业领域的应用进一步深化，金融、电信、政务、电子商务、教育、医疗、能源等诸多行业纷纷利用大数据提升服务能力，取得了明显效果。政务领域，张家港市民公共信息服务平台能够使市民凭借自己的身份证和密码通过平台进行240余项“在线预审”服务、130余项“网上办事”服务，还可通过手机及时查看办事状态，相比于之前，市民办事的时间最少可以节省一半以上。零售领域，苏宁易购通过大数据系统从访客转化率、媒体、地理位置、时段、设备类型、设备号等多个维度建立访客转化率预测模型和商品推荐模型，针对每一个到访访客计算广告点击率和到站转化率，进行实时差异化出价，找回苏宁易购的流失访客9572163次，并促成36748个直接有效订单，最终投资回报率>3。农牧领域，农牧企业广安集团采用单件管理系统，通过一猪一ID对其成长周期进行全过程监控，促使食品安全可追溯，实现饲养流程精细化、集约化管理，每年饲料节约20%左右。金融领域，大数据已经成为构筑信用消费生态、防范金融风险和辅助投资决策的重要手段。百度、阿里、360、同花顺、银联等企业纷纷进军大数据投资领域，广发银行联合百度开发百度100指数系列基金，南方基金携手博时联合蚂蚁金服、嘉实基金挖掘腾讯自选股数据、泰达宏利掘金同花顺数据。

随着《中国制造2025》《关于深化制造业与互联网融合发展的指导意见》等文件发布，工业已经成为大数据应用最活跃的领域。目前，大数据已开始在制造业各环节取得应用，将助推制造业和互联网融合创新迈上新台阶。研发设计环节，大数据推动研发设计模式创新，实现个性化定制。海尔集团沈阳冰箱工厂将用户需求和生产过程无缝对接，用户个性化需求可直接发送到生产线上并随时查到自己冰箱的生产进程，目前，一条生产线可支持500多个型号的柔性化大规模定制，生产时间缩短到10秒一台。生产制造环节，大数据帮助建立先进生产体系，实现智能化生产。新松机器人利用工业大数据感知机器人状态，对机器人状态数据进行分析，最终实现对机器人的预防性维护，大幅提高了维护效率，降低了运行故障率。销售服务环节，大数据促进商业模式创新，推动制造服务化转型。东风风神应用底层行为数据管理平台Action DMP开展全系营销推广活动，实现全网用户行为数据、应用数据、场景数据的实时无损解析，精准捕获各车型目标受众；通过分析用户行为场景，了解他们的触媒习惯，展开品牌与用户定制化沟通，项目最终CPL成本较目标降低40%。

二、发展特点

（一）技术特点

开源技术应用逐步深入。开源是大数据技术创新的主要模式，开源大数据软件是推动大数据技术发展和服务创新的重要基础。根据初步统计，开源软件和开源工具包括计算软件、存储软件、查询软件、基础平台、平台管理、系统工具、数据应用等多个类型，覆盖了大数据服务产业发展的各个环节，基于开源软件企业可以快速构建大数据应用平台，提供多样的大数据服务。2016年，在大数据开源软件领域，Spark 2.0的发布使得基于开源软件的大数据商业服务水平进一步提升，新的开源软件提高了大数据服务平台的稳定性和一致性。根据开源中国的统计，截至2017年1月，数据库、平台管理等领域的开源软件超过1000个，聚焦于企业应用的大数据开源软件接近100个。大数据领域开源软件的不断丰富和创新为大数据服务企业提供了必要的技术支持，是推动大数据服务产业发展的重要力量。

大数据+人工智能成为业界共同选择。大数据服务中的核心环节是数据价值的挖掘，随着数据资源中非结构化数据的快速增长，传统的数据整合和处理方式已经无法满足大数据分析的需求，集合人工智能技术的大数据服务成为产业发展的重要方向。例如滴滴公司发布数据显示，滴滴出行每天处理的数据量达到70TB，必须要借助人工智能算法才能够提高服务效果，满足用户需求。2016年，以百度、阿里巴巴、腾讯为代表的互联网大数据服务领军企业纷纷开启了“大数据+人工智能”战略，利用人工智能技术提高数据挖掘的效率和效果。2016年1月，在云栖大会上阿里巴巴发布了大数据平台“数加”，并于8月集成了人工智能ET，通过人工智能提高语音、图像等数据的分析能力。2016年7月，百度聚焦于人工智能和大数据的融合创新，公开提出了“人工智能、大数据和云计算”三位一体的发展战略。

区块链成为大数据交易的关键技术。区块链是指通过密码学方法产生相关联的一串数据块，以分布式方式实现集体维护可靠数据库的技术方案。本质上来看，区块链是一种点对点分布式账本技术，涉及数据库、安全加密、分布式计算、博弈论、共识机制等多种技术，区块链技术下的数据具有完整性、可靠性、连续性、永久性、可追溯性、精确性与透明性等特点，突出应用于有价值的数据流通方面。区块链技术最初是比特币的底层技术，2016年，区块链技术在智能合约等领域实现了应用突破，成为信息技术创新发展的热点领域。从数据交易、流通的角度来看，数据确权机制缺乏、分级分类管理机制缺失、数据追溯能力不强和数据安全保障体系不完善等突出问题已经严重制约了数据的流通，区块链技术基于其共识机制、非对称加密、分布式存储等特点为破解以上问题提供新的路径。因此，区块链技术可成为大数据交易的重要基础和支撑。2016年11月，京东云旗下京东万象数据服务商城宣布，其大数据交易平台将利用区块链技术来实现数据的溯源与确权，为数据交易提供技术保障。

虚拟化技术成为大数据基础设施建设的首选。随着云计算技术和应用的不断成熟，虚拟化技术成为各国大数据基础设施建设的首要选择。首先，虚拟化技术能够动态调用空闲资源，降低服务器部署规模，显著提升资源利用率。传统 IT 企业服务器部署规模一般需要针对峰值进行配置，服务器处理能力远远大于服务器的平均负载，且大部分时间处于闲置状态。其次，虚拟化能提供相互隔离，安全、高效的应用执行环境。用户可以在同一台计算机上模拟多个系统，且在虚拟系统环境下各个子系统彼此独立，即使某个子系统遭受攻击而崩溃，也不会对其他系统造成影响，被攻击的子系统也可通过备份机制及时恢复。最后，虚拟化技术能更加便捷高效地对资源进行管理和升级。传统 IT 服务器资源是硬件相对独立的个体，需要针对每个资源进行维护和升级，虚拟化系统通过资源整合，进一步优化了管理和升级手段，简化了传统企业需要进行容量规划、定制服务器、安装硬件等一系列工作。

（二）结构特点

数据源服务成为焦点。从大数据产业生态体系角度来看，丰富的数据资源是大数据产业发展的起点，也是构建大数据生态圈的重要基础。发展大数据产业，必须要有丰富的数据资源提供相应支撑，因此，数据资源的开放利用至关重要，数据源服务商在大数据产业发展中处在的核心位置。数据服务商通过对海量数据的采集、整合和预处理，完成了对整个大数据生态圈的建构。在此基础上，推动数据价值的挖掘和应用，并带动服务器等大数据硬件、大数据分析软件等产业的快速发展。从我国大数据产业发展现状来看，以互联网巨头为代表的互联网数据源服务商在产业发展中占据了主导地位，成为构建大数据生态圈的主力军。未来，随着大数据与各行各业业务的融合渗透，拥有海量数据的行业领军企业有望成为新的数据源服务商，带动行业大数据服务产业的快速发展。

初创型公司扎堆大数据清洗和价值挖掘服务。大数据清洗和价值挖掘服务是大数据产业发展的核心环节，也是大数据服务中最具技术含量的领域。近年来，随着大数据技术的不断成熟和市场环境的持续优化，大批初创企业涌入大数据领域，力图在大数据产业发展浪潮中加速成长。但同时，由于大数据公司大多成立时间短，自身业务产生的数据有限，其主要是数据源企业和企业级用户的桥梁，以数据加工、数据价值挖掘业务为主，面向企业用户提供数据支持和服务，在大数据产业发展中处在中间环节。数据显示，硅谷

80%的大数据企业正在从事数据清洗、整理和价值挖掘的工作，随着我国创新创业环境的持续优化，我国从事大数据清洗和价值挖掘服务的初创型公司也在不断涌现。

（三）企业特点

企业致力于构建软硬件相结合的自主产业生态。在自主可控、安全可靠的大背景下，信息技术产业国产化进程稳步推进。2016年，国内整机集成适配取得阶段性进展，自主生态体系初步建成。以中国电子CEC集团为例，其已经有能力完成全套IT设备和生态的构建，能够提供从芯片、整机、网络设备、操作系统到系统集成全套的产品和服务，在其自主生态体系中，芯片是飞腾，终端和服务器整机平台是长城电脑，网络设备是中国软件旗下的迈普通信，操作系统是中国软件旗下的中标软件和麒麟，数据库是武汉达梦，系统集成是中国软件。此外，在系统布局自主可控方面实力较强的单位还包括中国电科CETC、紫光集团、浪潮集团、中科院等央企和科研院所。

大型企业通过构建平台加速拓展数据服务业务。由于数据源在大数据发展中处于基础性关键地位，拥有数据资源的企业在大数据发展中处于优势地位。从我国大数据产业发展现状来看，拥有海量互联网数据资源的百度、腾讯、阿里巴巴，以及拥有电信运营数据的电信运营商在大数据产业发展中处于领先地位。在拥有大量数据资源和大数据关键技术后，2016年，互联网大数据服务巨头纷纷开放大数据服务平台，为企业和个人用户提供丰富的大数据服务应用。百度、腾讯早在2015年就完成了大数据服务平台的开发与上线，阿里巴巴于2016年1月推出了大数据平台“数加”并提供了20余个大数据产品，涵盖数据采集、计算引擎、数据加工、数据分析、机器学习、数据应用等服务。其中，百度凭借深厚的数据积累，在大数据服务领域占据一定的竞争优势，其提供的数据服务和产品包括了行业洞察、营销决策、客群分析、舆情监控、店铺分析、推荐引擎以及数据加油站等。京东等互联网企业也加快了建设大数据服务平台、丰富大数据服务应用的步伐，2016年10月，京东云在北京推出了京东云数知大数据服务平台，其依托京东云服务，以京东行业发展数据资源和计算能力为基础，打造形成面向社会公众的一站式大数据服务平台。其他互联网企业则通过合作的方式推动大数据服务平台的发展，2016 年 1 月，移动开发者服务平台友盟、中文网站统计分析平台 cnzz 以及互联网数据服务平台缔元信网络数据宣布合并，成立新公司“友盟 +”，致力于打造全域数据服务平台，从数据采集、数据资产、数据产品及数据应用等四个层面为用户提供覆盖 PC、无线、线下和 IOT 等领域的数据一体化服务。

第九章　信息安全

2016 年我国信息安全产业收入将首次突破 1000 亿元，达到 1482.3 亿元，连续 2 年保持高速增长。我国信息安全产品种类不断健全，信息安全服务也不断完善，从安全芯片、网络与边界安全产品、数据安全产品、应用安全产品到安全服务的信息安全产业链条逐步建立健全。信息安全产业集聚效应进一步显现，四川、北京、山东、浙江、陕西、广东、江苏、上海分别位居全国信息安全产业业务收入的前 8 位，占全国信息安全产业业务总收入的 90%以上。在组织方面，在国家相关部门以及龙头企业的统筹协调下，各大信息安全产业联盟相继成立，着力加强协调、整合产业链上下游资源，促进产业做大做强。《关于加强网络安全学科建设和人才培养的意见》《中华人民共和国网络安全法》等相关政策和法律法规的出台都为我国信息安全产业的发展奠定了重要的战略基础。

信息安全是指保护信息、信息系统和网络的安全以避免未授权的访问、使用、泄露、破坏、修改或者销毁，以确保信息与信息系统的完整性、保密性和可用性。信息安全技术是指用以保障信息、信息系统和网络安全的技术，包括密码技术、数据安全技术、系统安全和防护技术、网络安全技术等。信息安全产品是保障信息安全的软件、固件或硬件及其组合体，它提供信息安全相关功能且可用于或组合到多种系统中。信息安全服务是指为保障信息安全所需要的服务，包括信息系统安全分析评估、规划设计、测试、实施、运行和维护，以及相关的测评、预防、监测、响应、恢复、咨询和培训等服务内容。信息安全产业是指从事信息安全技术研究开发、产品生产经营以及提供相关服务的产业，涵盖了信息收集、处理、存储、传输和使用等信息生命周期的各个环节。

一、发展概况

（一）产业规模

信息安全产业是保障国家信息安全的战略性核心产业，肩负着为国家信息化基础设施和信息系统安全保障提供信息安全产品及服务的战略任务。2016年，对我国信息安全产业发展是不平凡的一年，4月19日，习近平总书记在网络安全和信息化工作座谈会上的讲话为我国信息安全产业发展指明了方向；11月7日，中华人民共和国网络安全法正式获得全国人大常委会通过，并将于2017年6月1日正式施行，为我国信息安全产业发展奠定了坚实的法律基础。2016年，在政策环境持续向好的大背景下，预计我国信息安全产业收入将首次突破1000亿元，达到1482.3亿元，与2014年相比翻了将近2倍。

表9－1　2014—2016年我国信息安全产业业务收入及增长情况

年份	2014	2015	2016（E）
业务收入（亿元）	746.8	997.5	1482.3
增速	53.4%	33.6%	48.6%

资料来源：赛迪智库整理，2017年2月。

（二）产业结构

2016年，我国信息安全产品种类不断健全，信息安全服务也不断完善。产品覆盖数据传输安全、网络安全、数据安全、应用安全、计算机安全、安全管理中心（SOC）以及云安全等众多领域。从安全芯片、网络与边界安全产品、数据安全产品、应用安全产品到安全服务的信息安全产业链条逐步建立健全。

表9－2　2014—2016年我国信息安全产业结构分布情况

（单位：万元）

	2014年	占比	2015年	占比	2016年	占比
产业业务收入	7468515	100%	9974598	100%	14822253	100%
其中：基础类安全产品	879424	11.8%	1504677	15.1%	2119582	14.3%
终端与数字内容安全产品	1409592	18.9%	1501756	15.0%	1867604	12.6%

续表

	2014年	占比	2015年	占比	2016年	占比
网络与边界安全产品	2347844	31.4%	2191359	22.0%	2801406	18.9%
专用安全产品	1154417	15.5%	2167904	21.7%	3498052	23.6%
安全测试评估与服务产品	277127	3.7%	369978	3.7%	533601	3.6%
安全管理产品	635470	8.5%	1052730	10.6%	1837959	12.4%
其他信息安全产品及相关服务	764640	10.2%	1186194	11.9%	2164049	14.6%

资料来源：赛迪智库，2017年2月。

（三）产业集群

2016年，我国信息安全产业集聚效应进一步显现，四川、北京、山东、浙江、陕西、广东、江苏、上海分别位居全国信息安全产业业务收入的前8位，占全国信息安全产业业务总收入的90%以上。以四川省为例，2015年年底，四川省制定出台了《四川省信息安全产业发展规划（2015—2020年）》，提出了全省信息安全产业发展的具体时间表和路线图以及近远期目标。围绕规划的目标和任务，2016年四川省大力发展安全网络系统及设备、安全信息产品研发和产业化，推动电磁频谱安全系统的发展，打造涵盖网络设施安全、信息安全、数据安全、频谱安全及物理安全的全方位网络信息安全系统；发展安全通信网络芯片、设备、系统的研发和产业化，推动5G安全虚拟专网，安全物联网芯片、设备及系统的发展，打造涵盖基础芯片、安全通信专网、安全软件及安全信息系统的高安全通信系统与应用。2016年4月，中国电科（成都）网络信息安全产业园正式启动建设，项目占地1100多亩，总投资130亿元，计划2018年完成，具体包括网络信息安全、时频通导、电磁空间安全三个产业分园，网络信息安全产业分园将主要依托中国网安在密码、信息安全、物理安全领域的优势，重点拓展信息安全、安全信息系统和安全运营管理等业务。

（四）产业组织

2016年，在国家相关部门以及龙头企业的统筹协调下，各大信息安全产业联盟相继成立，着力加强协调、整合产业链上下游资源，促进产业做大做强。2015 年 12 月，中国网络安全产业联盟正式成立，该联盟是由产业界代表性企业自愿联合、共同发起组建的非营利性组织，当前联盟成员超过 200 家，聚集了国内主流信息安全企业和部分典型行业用户，重点在产业部门与企业对接、安全企业与企业用户对接、产业联盟标准制定等方面开展工作。2016 年 3 月，中国网络空间安全协会正式成立，这是我国首个网络安全领域的全国性社会团体，该协会是由国内从事网络空间安全相关产业、教育、科研、应用的机构、企业及个人共同自愿结成的全国性、行业性、非营利性社会组织，协会发起会员共计 257 个，其中单位会员 190 多个，囊括了国内主要互联网企业和网络安全企业、权威科研机构，具有广泛的代表性。协会将着力促进网络安全行业自律，积极引导网络环境下各类企业履行网络安全责任，积极推动网络安全行业标准建设和学科建设，组织开展各类网络安全专业性群众性活动，积极参与网络安全国际交流合作。2016 年 10 月，由中国电子信息行业联合会指导的中国信息安全技术产业联盟正式成立，重点促进政府部门、行业协会、用户与软件企业间合作交流，积极参与国家行业主管部门组织的规划、政策以及行业标准定制等相关工作。

（五）产业环境

2016 年，信息安全产业发展相关政策相继出台，为产业整体发展营造了良好的发展环境。2016 年 7 月，中央网信办、国家发改委、教育部、科技部、工信部、人力资源和社会保障部等部委联合出台了《关于加强网络安全学科建设和人才培养的意见》，提出了加快网络安全学科专业和院系建设，创新网络安全人才培养机制，加强网络安全教材建设，强化网络安全师资队伍建设，推动高等院校与行业企业合作育人、协同创新，加强网络安全从业人员在职培训，加强全民网络安全意识与技能培养，完善网络安全人才培养配套措施等八大方面意见，为我国信息安全产业发展提供了重要的智力资源保障。2016 年 11 月，全国人大常委会决议通过了《中华人民共和国网络安全法》，并将于 2017 年 6 月正式施行，网络安全法包括总则、网络安全支持与促进、网络运行安全、网络信息安全、监测预警与应急处置、法律责任、附则等七章，共计七十九条，具有六大突出亮点：一是明确了网络空间主权的原则；二是明确了网络产品和服务提供者的安全义务；三是明确了网络运营者的安全义务；四是进一步完善了个人信息保护规则；五是建立了关键信息基础设施安全保护制度；六是确立了关键信息基础设施重要数据跨境传输的规则。网络安全法的正式出台和施行为我国信息安全产业的发展提供了坚实的法律保障。2016 年 12 月，国家互联网信息办公室发布了《国家网络空间安全战略》，成为我国网络安全的战略框架，也是我国网络强国建设的重要战略设计，确立了网络空间的战略地位，明确了网络空间主权是国家主权的重要构成、网络安全是国家安全的核心，倡导合作共治的责任担当，为我国信息安全产业的发展奠定了重要的战略基础。

二、发展特点

（一）规模特点

产业规模继续保持高速增长。2016 年，预计中国信息安全产业业务收入增速将接近 50%，远远高于同期软件和信息技术服务业 15% 左右的增速。同时，信息安全产品服务化、网络化的趋势更加突显，信息安全服务收入的比重将进一步增大。面向政务、电子商务、工业制造等领域，针对信息安全规划咨询、信息安全策略分析、信息安全态势感知、信息安全审计服务、信息安全运维等服务需求更趋强烈，信息安全服务业务收入在产业的比重将进一步扩大，后发优势将更加明显。

（二）结构特点

随着我国信息技术和信息化不断加速发展，信息安全形势也更趋严峻，用户 IT 系统环境愈发复杂，被攻击的脆弱点与日俱增，安全产品简单累加起到的防护效果十分有限，安全服务在构建有效、全面、纵深的安全防护体系方面的地位和作用更加显著，尤其是对信息安全测评、风险评估以及信息安全咨询、集成、运维等方面的服务需求日益增长。在信息安全咨询、集成和运维服务方面，信息系统建设、安全管理、等级保护等方面的信息安全咨询及集成服务专业化程度不断提高。安全运维管理服务已逐渐将应急响应和系统维护、安全加固、安全检查等融为一体，并保持快速增长的发展态势。驻地安全运维服务、周期性巡检服务、渗透评估服务、安全加固服务等已成为安全运维管理服务的主要形式和重点方向。2016 年，以启明星辰、绿盟科技为代表的骨干信息安全企业已经建立了信息安全在线运维服务平台，具备了一定的网络化安全服务能力。以中国软件评测中心为代表的信息安全测试专业机构在移动互联网、工业控制系统、智能网联汽车等领域的信息安全测评服务发展迅速，测试和评估能力显著提升。

（三）市场特点

行业资源整合进程持续推进，资本市场更加青睐初创企业。2016 年，随着国家战略和政策层面的高度关注，信息安全资本市场也依然活跃，企业间的并购重组持续推进，初创企业更受资本青睐。2016 年 6 月，启明星辰以 6.37 亿元收购赛博兴安，赛博兴安核心技术主要包括兴安网络处理平台、线速硬件加解密处理平台、物理级网络安全隔离体系和网络安全数据分析平台，且主要客户是军队和军工企业，启明星辰通过本次收购，将持续加强并扩大在网络传输加密、加密认证及数据安全、军工行业安全管控等领域的影响力，进一步丰富和完善信息安全产品和服务业务体系，能够提供更加完备的信息安全整体解决方案。2016 年 8 月，南阳股份以 57 亿元收购北京天融信公司，天融信作为传统的信息安全厂商，公司已经形成具有核心竞争力的安全产品、服务和集成三条业务主线，并且在政务、金融、能源和电信行业应用广泛，南阳股份通过收购正式涉足信息安全领域，成为兼具先进制造和高端信息产业的双主业公司。此外，海天炜业、信元网安、以太网科等具有一定规模的信息安全企业在新三板挂牌上市，并在各自专业细分领域提升自主创新能力，增强企业核心竞争力。

新兴领域市场空间不断拓展。区块链源自信息安全、反哺信息安全，与信息安全息息相关的是对单个节点的安全加密，同时，区块链的去中心化特征可以消除明确的价值高点，改变传统的信息安全堡垒概念，让对手失去特定的攻击目标，提升攻击成本。在云安全方面，当前针对云管理平台、企业 SaaS、PaaS 平台的攻击日益加剧，这一定程度上提升了对云安全的重视程度，针对云环境下的虚拟化安全产品和服务具有广泛发展前景。在物联网安全方面，随着万物互联时代的来临以及物联网领域各种协议标准失效的问题，物联网设备安全风险剧增，使得面向物联网厂商提供身份认证、可信芯片、加密通信等安全技术、产品和服务的市场需求日益扩大。

工业控制系统安全成为信息安全市场的重要组成。2016 年 4 月 19 日，习近平总书记在网络安全和信息化工作座谈会上对关键信息基础设施保护和网络安全检查工作做了重要论述，指出：“金融、能源、电力、通信、交通等领域的关键信息基础设施是经济社会运行的神经中枢，是网络安全的重中之重，也是可能遭到重点攻击的目标”，“要全面加强网络安全检查，摸清家底，认清风险，找出漏洞，通报结果，督促整改”。此外，网络安全法在关键信息基础设施的运行安全、建立网络安全监测预警与应急处置制度等方面均作出了明确规定。2016 年，中央网信办、公安部分别针对关键信息基础设施和全国工业控制系统进行了安全大检查工作，全面、客观、准确地掌握了被检查单位关键设施和工控系统的安全状况，为完善相关领域法律法规和标准体系提供了科学依据。2016 年 10 月，国家质检总局、国家标准委正式发布了《工业自动化和控制系统网络安全》等 6 项国家标准，为工控安全行业提供了重要标准规范。2016 年 10 月，工信部印发了《工业控制系统信息安全防护指南》，指导我国工业企业开展工控安全防护工作，以当前我国工业控制系统面临的安全问题为着力点，强调防护要求的可执行性，从管理和技术两方面明确工业企业工控安全防护要求，充分体现了《国家网络安全法》中网络安全支持与促进、网络运行安全、网络信息安全、监测预警与应急处置等法规在工控安全领域的要求，是《国家网络安全法》在工业领域的具体应用。同时，该指南重点强调工业控制系统全生命周期的安全防护，涵盖工业控制系统设计、选型、建设、测试、运行、检修、废弃等各个阶段，从安全软件选型、访问控制策略构建、数据安全保护、资产配置管理等方面提出了具体要求。

（四）技术特点

信息安全技术从底层向数据和应用层扩展。随着云计算、大数据、移动互联网等新兴领域技术的不断创新和发展，数据价值逐步释放，信息安全防护重心已经逐步从物理安全、通信安全、主机安全等底层安全向数据安全、业务安全、舆情监控、工控安全等应用层面转移。以云安全、大数据安全、移动安全为代表的新型安全业务成为国内各大信息安全产品和服务厂商的竞争焦点。

信息安全能力由注重单点技术突破向综合解决方案提供转变。在大数据、云计算、物联网的大背景下，信息安全形势日益复杂和严峻，传统的注重单一信息安全技术和产品性能的方式已经无法满足用户的需求，用户更迫切需要的是安全可信的整体信息安全架构和一体化的总体解决方案，既包括核心技术、关键产品，也需要强有力的信息安全服务支撑。2016 年，从信息安全龙头企业发展来看，大多数企业已经利用自身某一方面的优势逐步向提供综合集成、平台服务方面转型。

信息安全技术和产品智能化趋势明显。随着芯片处理能力和架构设计的创新能力逐步提高，网络信息安全产品的集成度和智能化水平也不断提升。信息安全技术创新更侧重于智能驱动的信息安全架构，能够感知安全风险，基于上下文背景灵活抵御未知安全威胁。信息安全产品更多集成身份认证、防火墙、病毒防护和清理、日志智能分析、行为分析等功能。2016 年，以思科、山石网科、深信服等国内外企业纷纷推出下一代智能防火墙产品，其核心就是通过网络行为分析学习重新建立防御模型，帮助用户发现并抵御网络威胁和攻击，全面降低安全风险。

第十章　人工智能

近年来，随着我国科技水平、产业水平的不断提升，在政府、企业、科研机构、行业组织等各方的支持下，我国人工智能产业发展势头良好。2016年我国人工智能市场规模约为98亿元，预计到2020年，我国人工智能市场规模将达到约330亿元，年均增速将达到35%。我国科研机构和高等院校不断深化人工智能领域研究，在人工智能关键技术突破、企业人才输送等方面提供了重要支持。从地域来看，由于人工智能产业属于典型的智力密集型行业，我国人工智能企业主要集中在北京、上海、广东等智力资源丰富的区域。此外，人工智能政策支持力度不断升级，投融资热度持续提升，创业环境加速优化。从应用领域来看，人工智能在安防、金融、汽车等领域融合创新较为突出。

人工智能（Artificial Intelligence）也称机器智能，是指用机器去实现所有目前必须借助人类智慧才能实现的任务，其本质是对人类智能的模拟甚至超越。人工智能是全球公认的尖端领域和创新前沿，有着超乎想象的广阔前景，其能够推动多个领域的变革和跨越式发展，对传统行业产生颠覆性影响，并催生新业态、新模式，引发经济社会发展的重大变革。作为一种通用型的技术领域，人工智能在各个行业中均有广阔的应用空间，涉及的产业领域包括了底层硬件设备如芯片、传感器等，底层软件平台如数据资源平台、计算平台，核心技术产品及服务如机器学习、自然语言理解、视觉识别系统，面向行业应用的产品和服务如智能客服、虚拟助手、行业解决方案等，以及智能终端设备如工业机器人、服务机器人、智能硬件设备等。从产业的视角来看，狭义的人工智能是指基于人工智能算法和技术进行研发和拓展应用的企业，主要提供人工智能核心产品及服务以及行业解决方案；广义的人工智能则包括计算、数据资源、人工智能算法和计算研究、应用服务在内的企业。本书重点聚焦于狭义人工智能产业的发展。

一、发展概况

近年来，随着我国科技水平、产业水平的不断提升，在政府、企业、科研机构、行业组织等各方的支持下，我国人工智能产业发展势头良好，行业应用逐步深入，产业化能力稳步提升。

（一）产业规模

人工智能作为重要的基础性信息技术研究方向，其发展并不是完全独立的，而呈现出与其他信息技术方向协同演进的特征。近年来，一方面，深度学习等人工智能核心技术实现了大幅突破，并在产业化应用中取得了优异的成效，另一方面，移动互联网、物联网、大数据、云计算等新兴信息产业也呈现出快速的发展态势，与人工智能的发展形成了协同进步态势。移动互联网、物联网的发展为人工智能模型形成提供大量的数据资源；云计算的快速发展使得计算能力得到大幅提升，智能模型的生成速度大幅加快；大数据的发展为人工智能提供了更多的应用场景。

在各方的推动下，全球人工智能及其相关产业规模持续提升，根据初步测算，2016 年，全球人工智能市场规模约为 1680 亿元，预计到 2020 年，全球人工智能市场规模将达到 3700 亿元，年均增速将接近 20%。我国人工智能产业发展势头良好，根据初步测算，2016 年我国人工智能市场规模约为 98 亿元，预计到 2020 年，我国人工智能市场规模将达到约 330 亿元，年均增速将达到 35%。其中，语音服务的市场规模将达到 160 亿元，约占到全部市场的一半。

（二）技术创新

近年来，我国科研机构和高等院校结合产业发展现状，不断深化人工智能领域研究，为产业关键技术突破、企业人才输送等方面提供了重要支持。中科院自动化所、清华大学、百度、科大讯飞等科研机构和公司均已经开展深度学习理论算法、建模等方面的研究，并加快在人脑网络结构与认知结构的研究布局。国防科技大学、中航科工、百度、科大讯飞等企业的部分人工智能相关技术开始实现产品化应用。在视觉、语音识别等领域我国人工智能技术已处于国际领先地位。在语音识别领域，2016 年 11 月，作为我国人工智能领军企业，百度、搜狗和科大讯飞相继公布了其在技术创新中的最新成绩：百度语音在“安静条件下”的识别准确率达到了97%；搜狗语音识别的准确率达到了97%，支持最快400字每秒的听写；科大讯飞语音输入识别成功率也达到了97%，离线识别准确率也达到了95%。在图像识别领域，百度人脸识别的准确率高达99.77%，百度地图全流程数据生产自动化程度已超过80%，全景图像的自动化识别提取准确率高达95%，处于行业领跑地位。

根据乌镇智库发布的《2016全球人工智能发展报告》，美国（拥有26891个）、中国（拥有15745个）、日本（拥有14604个）拥有的专利数量占到全球总数的73.85%。从细分领域来看，我国拥有的人工智能专利中排名前五的细分类别分别为机器人（占比38.3%）、神经网络（占比17.9%）、图像识别（10.4%）、语音识别（8.1%）、计算机视觉（5.9%）。

（三）区域分布

从地域来看，由于人工智能产业属于典型的智力密集型行业，我国人工智能企业主要集中在北上广等智力资源丰富的区域。根据乌镇智库发布的《2016全球人工智能发展报告》，我国拥有人工智能企业数量709家，主要集中于北京、广东及长三角（上海、江苏、浙江）一带，该5个省市拥有的人工智能企业数量占到全国总数的约85%。其中北京拥有241家，居于全国首位。从人工智能专利分布来看，北京拥有的专利数最多，达到7841个，紧随其后的依次为江苏（6675个）、广东（5261个）和上海（4222个）。

（四）产业结构

从人工智能产业结构来看，我国人工智能领域有三类企业：一是拥有大量的数据资源，从数据出发，不断强化人工智能核心算法，并率先将人工智能技术应用到其自身业务中。典型企业包括百度、阿里巴巴、腾讯、京东等。例如百度将人工智能技术应用于其O2O业务中，使百度骑士的配送量提高了30%，配送时间下降了25%。京东围绕其核心业务，利用丰富的数据资源研发推出了JIMI智能机器人，主要应用于售前咨询、售后服务和生活伴侣三个场景，已承担超过30%的京东客服任务。二是拥有人工智能核心算法，并依托技术优势不断强化底层数据和计算基础，发展各类面向应用的产品和服务。典型企业包括语音服务领域的科大讯飞，视觉服务领域的旷视科技和格灵深瞳。三是从应用端出发，面向各类应用场景开发相应的智能服务产品和解决方案，并以此为基础不断强化基础储备和技术能力。主要企业以初创企业为主，如优必选、羽智扇等。

根据艾瑞咨询报告，我国人工智能领域创投持续活跃，主要投资企业可分为应用类企业（71%）、技术类企业（26%）和基础资源类企业（3%），其中应用类企业可分为软件服务类（83%）和硬件产品类（17%），技术类企业中主要有计算机视觉（55%）、自然语言处理（13%）、机器学习（9%）等。我国主要的人工智能初创型企业见表 10－1。

表 10－1　主要人工智能初创企业名单

序号	企业名称	核心业务	涉及领域
1	旷视科技	机器视觉软件及技术服务	技术＋产品/服务
2	Sense Time	计算机视觉和深度学习软件及技术服务	技术＋软件服务
3	云知声	智能语音识别及语言处理软件及技术服务	技术＋软件服务
4	优必选	家庭机器人	硬件产品＋技术
5	小 i 机器人	NLP 技术研究、客服、机器人等应用	产品/服务＋技术
6	羽智扇	中文语音搜索、智能手表	产品/服务＋技术
7	地平线机器人	机器人专用芯片	硬件
8	格灵深瞳	机器视觉软件与服务、安防等行业应用	技术＋软件服务
9	捷通华声	语音、手写识别软件及服务	技术＋软件服务
10	智齿科技	基于自然语言处理的客服应用	软件服务＋技术
11	思必驰	语音识别软件与技术服务、智能云服务	软件服务＋技术
12	图灵机器人	语音助手机器人及服务	产品/服务＋技术
13	码隆科技	基于机器视觉的图片处理应用	软件服务＋技术
14	智问软件	基于自然语音处理的客服应用	软件服务＋技术
15	北冥星眸	家用机器人	硬件产品

资料来源：艾瑞咨询赛迪智库整理，2017 年 1 月。

二、发展特点

（一）政策特点

政策方面，人工智能政策支持力度不断升级。我国一直以来高度重视人工智能技术创新和产业发展，当前随着全球人工智能产业的快速成长，全球主要发达国家纷纷出台人工智能相关战略文件，力争在新的科技浪潮中抢占制高点、规避风险。2016 年，美国、英国等国相继出台了《国家人工智能研究发展战略》等报告，不断完善人工智能顶层设计。2016 年，我国从中央到地方，以《中国制造 2025》和《“互联网 +”行动计划》为基础，出台了一系列支持人工智能技术创新和产业发展的政策文件。2016 年 5 月，发改委、工信部、网信办等多部委联合发布了《“互联网 +”人工智能三年行动实施方案》，指出要推动多类型人工智能训练资源库和标准测试数据集的开放共享，建立新型基础资源服务平台，力争到 2018 年，建立形成人工智能的产业体系、创新服务体系和标准化体系，培育若干全球领先的人工智能骨干企业，形成千亿级的人工智能市场应用规模。2016 年 7 月，在国务院印发的《“十三五”国家科技创新规划》中多处提到要加强人工智能核心技术的研究，发展智能机器人等智能产品。2016 年 12 月，国务院发布的《“十三五”国家战略性新兴产业发展规划》中提到要培育人工智能产业生态，促进人工智能在经济社会重点领域推广应用，打造国际领先的技术体系。此外，上海、福建、重庆等地市在其产业政策中也重点强调了对人工智能产业发展的支持，见表 10－2。

表 10－2　2016 年各省市人工智能相关政策

序号	省市	政策文件	相关表述
1	上海	《上海市制造业转型升级“十三五”规划》	必须把握人工智能、虚拟现实等新兴技术，及产业组织、分工体系等发展新趋势，坚持走创新引领、集约高效之路。
2	福建	《积极推进“互联网+”行动实施方案》	大力发展“互联网＋人工智能”：推进重点领域智能产品创新；加快发展智能硬件产业；推进人工智能技术与产品广泛应用。
3	重庆	《重庆市科技创新“十三五规划”》	建立重大科研基础平台，建立人工智能研发创新中心：重点开展面向人工智能应用优化的处理器、智能传感器等核心器件，人工智能处理设备等硬件开发。
4	安徽	《关于推进“电商安徽”建设的指导意见》	积极开发人工智能新技术新服务，鼓励发展移动端电商、个性化定制、体验式营销等新模式。
5	辽宁	《辽宁省推进机器人产业发展实施意见》	在重要工业制造领域推进机器人的规模化示范应用，支撑和推动智能装备产业发展。

续表

序号	省市	政策文件	相关表述
6	江西	《关于培育发展机器人及智能制造装备产业的意见》	以智能制造作为推动产业升级和两化深度融合的重要抓手，大力培育发展机器人及智能制造装备产业。
7	贵州	《“互联网+”人工智能专项行动计划》	深入推进互联网与机器人、智能家居、智能终端、智能监控、智能医疗等领域深度融合，加快人工智能核心技术突破，进一步培育发展人工智能新兴产业，推进重点领域智能产品创新。
8	广东	《关于贯彻落实〈中国制造 2025〉的实施意见》	大力发展机器人产业，重点培育一批智能装备系统集成企业，建设机器人产业发展示范区。推进制造业智能化改造，实施“机器人应用”计划，扶持一批“机器人应用”示范项目。

资料来源：赛迪智库整理，2017 年 1 月。

（二）投融资特点

投融资方面，人工智能投融资热度不断提升，创业环境加速优化。人工智能作为信息产业创新发展的前沿领域，不断吸引国内外投资机构的高度关注。一方面，科技巨头加大了在人工智能领域的布局，投资案例不断涌现。另一方面，社会资本竞相追逐于人工智能领域的优质项目，同企业共同分享行业发展带来的红利。2016 年，我国主要科技巨头百度、腾讯、阿里均加大了在人工智能领域的投资并购。百度在加强人工智能核心技术研发的同时，宣布成立了由李彦宏亲自管理的独立风险投资公司；阿里巴巴则在向机器人公司 SBRH 战略注资 7.32 亿元后，不断强化在电商和对公业务中人工智能技术的应用；腾讯则积极参与收购或投资美国机器学习平台类创业公司，先后投资了美国数据公司 Diffbot 和生命大数据研究公司 iCarbonX（碳云智能）。此外，人工智能已经成为创新创业的重要领域，自 2012 年起，我国人工智能领域投资金额、案例、参与投资机构数量均大幅增加。据初步测算，2016 年，我国人工智能创业公司共获得的投资金额将接近 70 亿元，涉及人工智能核心技术的创业公司将超过 200 家。

（三）应用特点

应用方面，安防、金融、汽车等领域融合创新走在前列。尽管人工智能技术在各个行业领域有着广阔的应用空间和价值，但由于各行业信息化水平存在差异，智能服务的发展层次不尽相同。2016 年，人工智能技术在安防、金融、汽车等领域取得了显著的应用成效。在安防领域，智能技术如人脸识别、图像识别应用场景众多，如车牌识别、车辆视觉特征识别、被动人像卡口、身份证比对、嫌疑人照片检索等应用。一是可利用人工智能技术对图像视频进行自动识别、分析、跟踪、理解和描述，以完成特定的智能任务；二是利用计算机视觉和视频监控分析方法对摄像机拍录的图像序列进行自动分析，在此基础上形成相应的任务信号，从而指导和规划行动；三是通过云端大数据分析进行基于机器学习的价值挖掘，可以综合分析多维度的元数据来进行情报检测。在金融领域，人工智能可用于身份验证、市场分析、商业智能、人力资源管理、客户服务、风险控制、反欺诈、反洗钱、金融分析和交易等。人脸识别技术已应用在柜台人脸识别辅助、ETM 可视化柜台、远程开户等场景；智能视频分析技术应用于 ATM 及自助厅自动报警；语音识别、语义识别技术应用于机器人大堂经理。在汽车领域，围绕智能驾驶汽车人工智能在三个关键环节均有所应用和体现：一是环境感知，二是路径规划与决策，三是高精度定位和地图。在该领域，百度、乐视等企业已经开展了卓有成效的实践。

第十一章　虚拟现实

2016年为我国虚拟现实元年，全行业市场规模为68.2亿元。预计未来5年内，虚拟现实市场规模将保持150%以上的增长，到2020年市场整体规模有望达到1000亿元。我国虚拟现实产业规模呈现快速增长态势，硬件端表现尤为突出。市场对于VR产品认知尚浅，用户使用渗透率偏低，也为VR线下体验模式发展带来较大市场空间。VR资本市场较为活跃，内容制作热度不断提升，衍生模式日渐丰富。VR领域创业企业大量涌现，互联网企业也积极布局全产业链生态，拥有虚拟/增强现实应用背景的传统企业也在结合自身业务优势积极发展VR相关业务。

虚拟现实（Virtual Reality，VR）是以计算机技术为核心，结合相关科学技术，生成的一定范围真实环境在视、听、触感等方面高度近似的数字化环境，用户借助必要的装备与数字化环境中的对象进行交互作用，相互影响，可以产生亲临相应真实环境的感受和体验。其中，虚拟现实中的“虚拟”是指由计算机生成，“现实”则泛指在物理意义上或功能意义上存在于世界上的任何事物或环境。

在虚拟现实的基础上，又出现了增强现实（Augmented Reality，AR）和混合现实（Mixed Reality，MR）两个细分方向。增强现实技术将计算机产生的虚拟信息与用户所观察到的真实环境相融合，真实环境和虚拟物体相互叠加，在同一画面或空间同时存在，有效拓展和增强了用户对周围世界的感知。混合现实在虚拟世界、现实世界以及用户之间搭起一个交互反馈的信息回路，以增强用户体验的真实感，是虚拟现实技术的进一步发展。区别在于，虚拟现实的视觉呈现方式是阻断人眼与现实世界之间的连接，通过设备实时渲染的画面，营造出一个全新的世界；增强现实和混合现实的视觉呈现方式则是在人眼与现实世界保持连接的情况下，通过叠加全息影像，加强其视觉呈现效果。

一、发展概况

（一）产业规模

2016 年为我国虚拟现实元年，随着国内虚拟现实市场教育的普及、内容和应用的进一步丰富、国内头戴式设备的质量的提高，我国虚拟现实产业呈现出快速发展态势。当前，我国虚拟现实产业已经初具规模。据赛迪顾问统计显示，2016 年我国虚拟现实行业市场规模为 68.2 亿元，相比 2015 年的 15.4 亿元同比增长 342.9%。预计 5 年内，虚拟现实市场规模将保持 150% 以上的增长，到 2017 年将达到 170 亿元，到 2020 年市场整体规模有望达到 1000 亿元。硬件设备方面，据 IDC 统计，2016 年我国的虚拟现实头显的出货量超过 60 万台，相比 2015 年的 50 万台，同比增长 20%，预计到 2010 年中国虚拟现实头显的出货量将达到 1550 万台。与硬件设备相比，我国虚拟现实软件领域发展相对缓慢，尚没有形成规模。

（二）产业结构

虚拟现实产业主要由硬件设备、软件系统、应用软件和内容等部分组成。其中，硬件设备包括头盔、眼镜、手柄、摄像头等输出输入设备；软件系统包括驱动硬件设备的系统平台、应用管理和分发平台以及内容开发工具；应用软件和内容主要指游戏、视频等应用服务。

硬件设备是内容和增值服务的载体，是产业发展初期企业开拓市场的切入点。在该领域，我国企业纷纷加大投入力度，并形成初步产品。2016 年，暴风魔镜、HTC、大朋、3Glasses、华为、中兴、小米等企业已经推出了虚拟现实终端设备，其中，暴风魔镜累计出货量已达 100 万台，3Glasses 旗下的蓝珀 S1 作为国产 VR 设备，在与全球领先的虚拟现实厂商 VR 设备对比中，许多性能指标如分辨率、PPI、刷新率、重量等都表现突出。此外，诺亦腾的动作捕捉设备、锋时互动的微动手感控制器、时代拓灵的多镜头全景摄像机、完美幻境的智能全景摄像机以及 Insta360 的 Insta360 相机陆续推出，为我国虚拟现实硬件产品的发展提供了有力支撑。

软件系统是连接底层硬件和上层应用的纽带，是产业生态体系的核心和制高点。在该领域，我国企业主要发力应用和内容平台。阿里数娱与优酷合力打造最大的虚拟现实内容平台；腾讯视频研发的虚拟现实应用“炫境”可以提供360度全景直播；百度视频上线虚拟现实频道，成为国内虚拟现实内容聚合平台的先驱；乐视云成为第一家支持360度全景和VR实时直播的云平台；爱奇艺致力于打造VR内容平台，为用户提供2DiMAX、3D、360全景音视频、游戏和服务体系；暴风魔镜、大鹏VR、3Glasses等硬件厂商也纷纷推出了内容和应用分发平台。

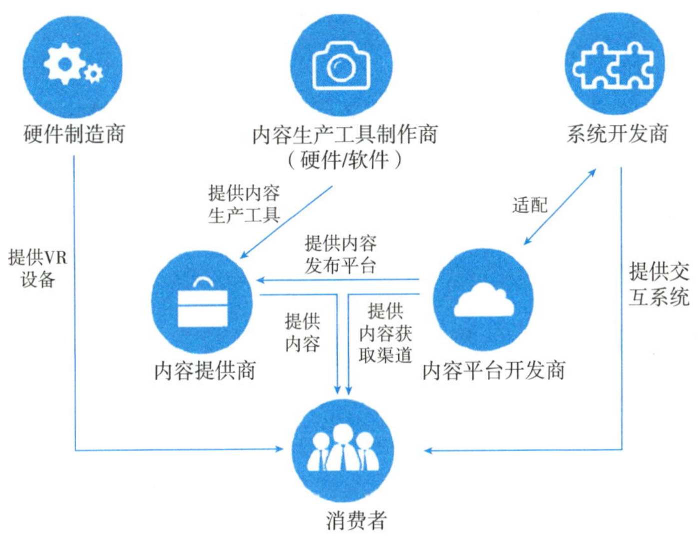

图11－1 虚拟现实产业组成

应用软件和内容是虚拟现实价值实现的重要环节，是开拓市场空间的着力点。在该领域，VR＋游戏、电影、直播、电商、旅游等都受到国内业界的高度关注。VR＋游戏：超凡视幻推出国内第一款虚拟现实游戏“独木桥”以及虚拟现实联网对战游戏《The One》；幻羽科技推出沙盒类动作冒险VR游戏《幻》；成都亿次元科技推出《米米兔大冒险》。此外，TVR、互联星梦、触控科技、完美世界、网易游戏、恺英网络、叮当猫、顽石互动、焰火工坊等都纷纷推出了VR游戏。VR＋影视：爱奇艺、优酷土豆等纷纷制作VR内容，为用户提供VR视频服务；追光动画推出VR动画《小门神》；米粒影业推出VR版《龙之谷2精灵王座小鱼号》和VR版《三只小猪》；兰亭数字创作了中国首部VR电影《活到最后》；幻境梦工场影业、东方时代网络传媒、北京星线国际影视传媒等联合推出全球首部VR长篇惊悚科幻电影《生死门》。此外，华谊兄弟、光线传媒、华策影视三家公司也已在积极布局 VR 影视领域。VR + 直播：乐视视频客户端创新推出 360°全景直播功能；腾讯视频研发的 VR 应用“炫境”对韩国组合 Bigbang 演唱会进行了 360 度全景直播；新华网推出了 VR 频道，并在 2016 年两会期间提供 VR 新闻直播。VR + 购物：阿里巴巴成立虚拟现实研发实验室 GnomeMagic Lab 并启动“Buy +”计划，旨在将虚拟现实集成至电商购物平台；苏宁计划在全国建设 300 个 VR 体验馆。VR + 旅游：赞那度推出了虚拟现实内容平台旅行的 VR App；艺龙发布一批酒店全景视频；空空旅行提供客栈的全景视频体验；汇联皆景完成全国 4000 多家景区的全景数据采集；追梦客打造一款多人在线 VR 时空旅行类产品。此外，目前 VR 内容正在从现有的游戏、影视等领域拓展到医疗、教育、制造等更多行业领域。

二、发展特点

（一）规模特点

我国虚拟现实产业规模呈现快速增长态势，硬件端表现尤为突出。据赛迪顾问统计显示，2016 年我国虚拟现实行业市场规模为 68.2 亿元，相比 2015 年的 15.4 亿元同比增长 342.9%。随着《“十三五”国家科技创新规划》《“十三五”国家信息化规划》《“互联网 +”人工智能三年行动实施方案》《智能硬件产业创新发展专项行动（2016—2018 年）》等国家政策将虚拟现实作为重点鼓励和支持发展的产业，福建、贵州、重庆、南昌、长沙等多个省市虚拟现实产业发展的专项政策的纷纷出台，以及中国·福建 VR 产业基地、数字福建（长乐）产业园、青岛 VR/AR 产业创新创业孵化基地、中国·南昌 VR 产业基地、红谷滩新区 VR 产业园、中国郑州 VR/AR 孵化器、中国西部虚拟现实产业园、贵州省贵安新区 VR 产业基地、北斗湾 VR 小镇、中国·潍坊虚拟与现实文化产业园、光大 We 谷 – 东莞虚拟现实产业基地等虚拟现实科技和产业集聚区的建成，我国虚拟现实产业将保持快速增长。预计 5 年内，虚拟现实市场规模将保持 150% 以上的增长，到 2017 年将达到 170 亿元，到 2020 年市场整体规模有望达到 1000 亿元。硬件设备方面，据 IDC 统计，2016 年我国的虚拟现实头显的出货量超过 60 万台，相比 2015 年的 50 万台，同比增长20%。随着硬件端投融资进一步火热，巨头企业和初创公司在硬件技术上的不断突破，应用市场的创新开拓，以及市场教育的完成，我国虚拟现实硬件出货量将进一步加大。

（二）市场特点

VR产品认知尚浅，用户使用渗透率偏低。虚拟现实行业在国内的发展仍处于初期阶段，国人对VR产品的认知尚浅。据艾媒咨询数据显示，2016年上半年，受访中国手机网民对虚拟现实的知悉度达54.8%，其中39.7%的受访用户体验过VR产品，愿意购买VR产品的用户仅占28.7%。大多用户受优质设备价格昂贵、内容体验刚性需求小、内容匮乏等因素影响不愿意购买。

消费市场中移动虚拟现实硬件比高端PC/游戏机虚拟现实硬件更普及，高端PC虚拟现实头显主要面向企业市场。受价格因素影响，小米、华为、Pico VR、暴风魔镜、Deepoon推出的低端移动虚拟现实设备比高端PC/游戏机虚拟现实设备更受消费者青睐。据天猫商城发布的报告显示，2016年“双11”销售移动虚拟现实头显近30万个，其中大部分都是价格低于30元、简单易用、支持多款智能手机的移动虚拟现实硬件。而对于HTC Vive等高端PC虚拟现实头显，普通消费者购买动力不足。高端PC虚拟现实头显具有更加丰富的功能和更好的性能，能够满足行业级应用的要求，所以在企业市场具有广阔的应用前景。

VR线下体验模式面临较大市场空间。现阶段而言，类似线下体验店、网吧等租赁运营模式或将面临较大市场空间。VR体验馆发挥了其成本低、占地面积小的优势，相比游乐场及电影院，VR体验馆将会是一个更经济更轻便的选择，目前国内已有超过3000家虚拟现实网吧和体验店，此外HTC计划未来在国内开设更多体验店。同样，在单人单次消费情况上来看，VR体验馆定价合理亲民，单人单次平均消费在几十元人民币左右。此外，网吧有希望成为VR进入广泛商业应用的突破口，为VR内容推广提供了另外一个机遇，目前顺网科技已经发布了支持虚拟现实硬件产品的软件版本，并联手HTC共同打造VR线下体验网吧。

（三）企业特点

创业企业大量涌现。据市场研究公司Niko Partners数据显示，2016年年初我国有 200 家虚拟/增强现实创业公司，并且此后几乎每月都有新的企业加入虚拟/增强现实市场。这些初创企业通常在 VR 技术或模式领域具备一技之长，并不断向产业链上下游延伸发展。如诺亦腾专注于动作捕捉技术研究，开发了具有完全自主知识产权的“基于 MEMS 惯性传感器的动作捕捉技术”，并成功将此技术应用于虚拟现实领域；超凡幻视、兰亭数字、创幻科技等企业致力于 VR 影像内容、游戏等的创新与实现，并不断向线上和线下应用平台、解决方案等领域拓展；深圳虚拟现实科技、蚁视、大朋等在虚拟现实硬件产品研发方面表现突出，并不断向应用平台、内容等方向扩展，逐渐形成完整的技术方案。

互联网企业积极布局全产业链生态。互联网厂商从硬件、平台、内容等全产业链各个环节进行全方位布局，积极抢占虚拟现实生态构建话语权。如国内互联网巨头腾讯公布了在 VR 领域的战略规划，推动国内 VR 技术、内容升级，打造资源共生平台，未来生态圈将与 QQ、微信等成熟产品的庞大的用户体系打通，商业模式包括 VR store 中下载及应用内付费，VR 游戏按照下载、时长及道具付费，VR 视频采用广告、PGC 内容点播付费等；阿里巴巴成立 VR 实验室 GM Lab 致力于 VR 技术研发，在内容方面，启动“Buy +”计划，并协同旗下的音乐、影业、视频网站等共同推动 VR 内容产出。国内其他互联网产业巨头也纷纷涉足或进一步完善其虚拟现实战略和产品，百度、奇虎等均先后进入 VR 产业并发布产品，而一些已经发布虚拟现实产品技术的公司也开始获得更多公众的关注。

拥有虚拟/增强现实应用背景的传统企业依据自身业务的软硬件优势向 VR 复制。一是智能手机厂商和其他硬件设备制造商，多从硬件端布局。例如，联想与蚁视合作研发乐檬蚁视 VR 眼镜；魅族与拓视科技 Depth - VR 合作推出手机 VR 头显；小米发布自己的头戴显示设备。二是游戏、动漫制作商以及视频发布平台商，多从软件和内容层面切入。如乐视云成为第一家支持 360 度全景和 VR 实时直播的云平台，乐视视频推出 360 度全景直播功能，成为全国首家上线该功能的视频客户端；爱奇艺致力于打造 VR 内容平台，为用户提供 2DiMAX、3D、360 全景音视频、游戏等服务；优酷土豆发力 VR 内容制作，并在土豆映像节上采用 VR 全景拍摄技术；网易游戏研发了 VR 游戏《末日先锋》，将作为首批产品登陆 Daydream 平台；巨人网络研发了《3D 征途》涉足 VR 技术，将适配 Oculus Rift。

（四）投融资特点

虚拟现实成为资本追捧热点，投资规模突飞猛进。2016 年我国虚拟现实产业投融资爆发式增长，据投中研究院统计，2016 年上半年投资规模达 15.4 亿元，投资案例 38 起。投资主要集中于前端投资，以种子天使轮和 A 轮投资为主。投资机构主要以上市公司为主，其次为 VC/PE 机构。

硬件领域仍是主战场，融资规模占比超一半。从产业细分领域分布来看，总体上，VR 硬件设备方面投资较为集中，包括与个人计算机适配的分离式设备、与移动终端适配的滑配式设备以及集显示和计算能力于一体的一体机。处于第二位的是 VR 内容制作，包括游戏、电影、视频等。根据统计，截至 2016 年上半年，硬件设备方面融资额度达到 265570 万元，占整个虚拟现实行业的 62.6%；内容制作方面融资额度为 104490 万元，占总体 24.6%；分发平台方面融资额度为 54100 万元，占总体 12.8%。

内容制作热度提升，衍生模式日渐活跃。随着硬件设备的迭代步伐逐步放缓和 VR 商业模式的进一步成熟，内容制作作为虚拟现实价值实现的核心环节，投资呈现出增长态势。从投资规模来看，2016 年上半年内容制作投资占比 37%，相比 2015 年的 16% 提高 21%。从案例数量来看，硬件设备方面从 2015 年的 53% 降至 2016 年上半年的 29%，内容制作从 36% 上升至 50%，同时分发平台从 11% 上升至 21%。随着我国虚拟现实产业链不断完善，硬件开发、软件和内容生产逐渐拓展向上下游生态链，衍生出体验场馆、主题公园等线上线下结合模式，受到资本市场关注。

表 11 –1　中国虚拟现实产业企业融资主要案例

企业	类型	主要产品	时间	投资机构	融资金额
暴风魔镜	硬件设备	暴风魔镜	2016 年 1 月	中信资本、天神互动、华谊兄弟等	2.3 亿元
uSens 凌感科技	硬件设备	指感一体机、Impression Pi、“凌指”三维手势识别	2016 年 1 月；2016 年 6 月	晨兴资本、复星昆仲资本；复星昆仲资本、麦星投资、巨本资产等	千万级美元；2000 万美元

续表

企业	类型	主要产品	时间	投资机构	融资金额
乐客 VR	分发平台	VRLe 内容分发平台、VR 线下体验馆	2016 年 1 月；2016 年 3 月；2016 年 10 月	海尔赛富、西部资本、和君资本等；棕榈园林、和君资本、掌趣科技；德同资本	千万级；2500 万元；千万级别
TVR 时光机	内容制作	VR 游戏《再现甲午》《追寻》	2016 年 2 月	奥飞动漫、经纬中国	未披露
融智迅达	分发平台 硬件设备	移动 APP、VR 全景摄像机	2016 年 2 月	国旅联合	900 万元
完美环境	硬件设备	虚拟现实头盔、立体智能相机、全景摄像机 eyeysirTM	2016 年 2 月	未披露	千万级
时代拓灵	硬件设备	360 声场一体录制机	2016 年 2 月	友田资本、启迪之星	千万级
蚁视科技	硬件设备	蚁视头盔、蚁视 VR 相机	2016 年 3 月	昆仑万维	400 万元
睿悦信息	硬件设备 分发平台	VR 游戏中心、“Nibiru 梦镜”	2016 年 3 月	昆仑万维	600 万
Insta360	内容制作 硬件设备	全景直播录播服务、4K 全景相机	2016 年 3 月	迅雷、峰瑞资本、启明创投、IDG	数亿元
兰亭数字	内容制作	air360china VR 电影《活到最后》	2016 年 3 月	华策影视、康得新、百合网	3150 万元
互动视界	内容制作	全景视觉 内容服务	2016 年 3 月	奥飞动漫等	1500 万元
热波科技	内容制作 内容平台	VR 视频内容制作、视频分发平台“VR 热播”	2016 年 3 月	华策影视	640 万元

续表

企业	类型	主要产品	时间	投资机构	融资金额
RGBVR	分发平台 硬件设备	小花看看 VR 播放器、VR 视频直播	2016 年 3 月	未披露	2000 万元
灵犀微光	硬件设备	灵犀 AR 眼镜	2016 年 4 月	东方富海、和君资本、西部资本	千万级
易瞳科技	硬件设备	MR 智能眼镜易瞳 VMG	2016 年 5 月	中科乐创、艾瑞资本	千万级
曼恒数字	硬件设备 分发平台	3D - LED 虚拟现实交互系统、3D 打印系统、3D 数字内容交易平台蔚图网	2016 年 5 月	赛富基金、东方证券、兴业证券等	1.54 亿元
七维科技	内容制作	VR 全景视频制作	2016 年 5 月	光线传媒	4000 万元
北京微视酷科技	内容制作	VR 教育	2016 年 9 月	华融天泽等	千万级
枭龙科技	硬件设备		2016 年 9 月	京东方领投	5000 万
思为软件	内容制作	3D 移动案场、全方位技术供应商，VR 看房解决方案的提供商	2016 年 10 月	朗玛峰领投，芯邦跟投	2500 万
魔视互动	内容制作	VR 游戏《骷髅海》（Heroes of Seven Seas VR）	2016 年 10 月	君联资本	数千万
深圳市虚拟现实	硬件设备	3 Glasses 头盔	2016 年 11 月	欧菲光	6000 万
睇楼科技	内容制作	VR 看房手机应用	2016 年 11 月	霍恩基金和六朝松基金	500 万
思熊科技（上海）	内容制作	VR 游戏	2016 年 11 月	北极光创投	1000 万

资料来源：赛迪智库整理，2017 年 1 月。

第十二章　区块链

2016 年我国区块链核心产品和解决方案的市场规模约为 2000 万元，区块链相关产品交易、教育等衍生产业的规模约为 1 亿元。作为一种新兴的基础性、前沿性技术，区块链不是一种单一技术，而是多种技术的整合，其核心技术主要包括共识机制、P2P 网络传输技术、分布式数据存储、非对称加密算法。区块链的产业结构可以主要可分为区块链核心技术和应用服务、数字货币交易平台和区块链信息服务三个部分。政策环境方面，区块链已成为我国信息产业创新突破的重点前沿领域。企业培育方面，行业巨头纷纷加快区块链领域的布局与发展。市场应用方面，区块链应用中大多数企业仍处在探索阶段，区块链在各行业中大规模应用还有待时日。

区块链（Blockchain）是通过去中心化的方式，由多个网络节点集体维护一个分布式数据库的技术方案。数据存储在区块中，区块按时间顺序先后生成，每个区块中包含了过去一段时间内网络上所有交易信息，区块与区块相连成链条构成区块链。

从技术角度看，区块链是在点对点网络上构建一个分布式数据库系统，利用非对称加密算法对每一个区块进行加密，区块相连形成区块链。从货币角度看，区块链数字货币系统的分布式共享账本系统，一段时间内的账务交易信息被加密打包成一个区块，区块顺序相连形成账本系统。从互联网经济角度看，区块链是网络空间中各类互联网资产的分布式管理系统，一段时间内任何数字化、智能化的资产的注册、存储和交易被加密打包成区块，区块相连形成分布式资产管理系统。

按使用权限和认证方式，区块链可分为公有链、私有链和联盟链三类。公有链是指所有参与节点按照系统规则自由接入网络，节点间通过共识机制参与区块链组织结构。公有链提倡去中心化，用以构建全球价值网络的支撑平台，其极端形态有可能会发展为借鉴区块链思想的下一代互联网。私有链是指只有被授权的部分节点才能参与发布区块的一种组织形式。私有链中每个节点的权限不同，通常建立在某个组织内部，并根据组织要求设定系统运行规则，保留了区块链的部分去中心化特性。联盟链介于公有链和私有链之间，通常由若干机构联合发起，是指只有被验证的节点才被允许发布区块的一种组织形式，被验证后的节点具有完全对等的权限，可在非完全互信的情况下实现数据的可信交换。联盟链可能被应用到未来各个行业，或者在某一行业内部存在多条联盟链。

一、发展概况

区块链技术最初应用在比特币的数据结构与交易信息加密传输上，随后成为很多金融资产的分布式账本系统。按时间划分，区块链发展过程可概括如下：

2008 年，中本聪（化名）发表论文《比特币：一种点对点的电子现金系统》，首次提出区块链的概念。2009 年，作为区块链的首个应用，比特币开始在一个开源的区块链上运行。2012 年，瑞波系统发布利用数字货币和区块链进行跨国转账。2013 年 9 月，美卡币区块链发生断裂，数据更新中断一天后，发布新版本，重新接回一条区块链，艰难复活。2014 年 4 月，奥斯汀·希尔和亚当·贝克开始在比特币区块链的基础上打造侧链；5 月，Storj 宣布将采用区块链技术为客户提供去中心化的存储服务；6 月，搜索引擎 DuckDuckGo 接入区块链查询；8 月，Coinbase 收购区块链信息浏览服务商 Blockr. io，区块链 API 服务提供商 Chain 获 950 万美元 A 轮投资；10 月，Tilecoin 团队发布首个集成区块链技术的物联网实验设备。2015 年，大量银行和传统金融机构开始测试区块链技术，包括在内部系统上使用比特币区块链系统和瑞波币系统。2016 年，国内外区块链技术公司大批涌现，区块链技术联盟成立壮大。

（一）产业规模

从产业发展的角度来看，区块链所涉及的主要产业领域为软件和信息技术服务，大多数的区块链技术提供商可以提供区块链相关的软件产品和信息技术服务如系统集成等。但围绕比特币的产生和交易，可以衍生出包括芯片、信息系统、网络系统、交易服务等诸多产业形态，产业发展的主要模式趋于成熟。本书中主要关注的是区块链底层技术或解决方案及其相关产业类型，根据赛迪智库的初步测算，2016 年我国区块链核心产品和解决方案的市场规模约为 2000 万元，区块链相关产品交易、教育等衍生产业的规模约为 1 亿。预计到 2020 年，区块链核心产品和解决方案的市场规模将达到 100 亿元，此外，除软件和信息技术服务以外，区块链专用硬件设备将成为提升区块链市场规模的重要组成。

（二）技术创新

作为一种新兴的基础性、前沿性技术，区块链不是一种单一技术，而是多种技术的整合，其核心技术主要包括共识机制、P2P 网络传输技术、分布式数据存储、非对称加密算法。

（1）共识机制

区块链技术的共识机制是区块链系统中的所有参与节点达成一致的策略和方法。参与节点对全网交易记录的事件顺序和当前状态建立共识，在不需了解对方基本信息的情况下进行可信任的价值交换。共识机制的建立极大地降低了价值交换过程中的摩擦成本，对分享经济时代具有巨大的应用价值。

（2）P2P 网络传输技术

P2P 网络，也称为对等网络，是通信网络中一种常用的组织架构。在 P2P 网络中，所有节点自由进出网络，并拥有相同的网络权利，通过设定软件协议共享计算机资源。区块链系统利用 P2P 网络传输技术连接网络中各个节点，成为去中心化的分布式系统。

（3）分布式数据存储

区块链一般需根据开源的、去中心化的协议，构建出分布式结构体系。基于该结构体系，价值交换的信息可通过分布式网络发送给全网，进而通过分布式记账确定信息数据内容，盖上时间戳后生成区块数据，再通过分布式传播发送给各个节点，实现分布式存储。

（4）非对称加密算法

区块链系统内所有权验证机制的基础是非对称加密算法，以保证数据库的可信性和安全性。非对称加密算法是指数据存储和传输过程中，分别使用公钥和私钥对其加密和解密。公钥全网可见，任何参与节点均可用公钥加密信息，私钥只有信息拥有者知道，被公钥加密的信息只有使用私钥才能解密。公钥加密保证了信息的真实性和完整性，私钥解密确保了信息的安全性。

从产品的角度来看，2016 年，区块链的应用已经突破了以比特币为代表的区块链 1.0 阶段，以以太坊为代表的区块链 2.0 得到了快速发展，智能合约成为继数字货币之后另一个典型的区块链产品。至 2016 年 3 月，以太坊的总市值已从年初的 7000 万美元增加到了 11.5 亿美元。与比特币相比，以太坊的最大特点是增加了智能合约功能，实现了“合同 + 仲裁者”的统一，并利用比特币的架构特点保证了体系的安全和公平。通过软件定义智能合约，保证了合同条款的强制执行力，同时使得合约的条款一旦确定完成，任何第三方都无法进行篡改。以太坊的智能合约技术，为现实世界中缺乏信任和仲裁的应用场景提供了便捷、安全、公平的开发工具，当前基于以太坊平台的区块链应用已经超过 328 种，涵盖了金融服务、市场预测、电子竞技、彩票等多个行业领域。

（三）产业结构

我国区块链产业发展正处在蓬勃向上的发展阶段，在资本市场的助力下涌现出了一大批的初创企业，同时，专注于金融创新的金融服务机构和力争抢占区块链市场蓝海的传统 IT 企业也纷纷加入到区块链技术和产业发展浪潮中。根据绝大多数区块链相关初创企业的发展方向，区块链的产业结构可以主要分为三个部分。

（1）区块链核心技术和应用服务

区块链核心技术和应用服务是指主要向用户提供区块链基础架构、系统集成和运维服务等。从大型企业来看，主要有两类企业。一类是从应用端出发，以应用为导向利用区块链技术来构建新型的服务架构，创新业务模式，这一类主要以行业企业为主，特别是我国很多互联网金融企业，典型代表包括了乐视金融、蚂蚁金融、微众银行等。另一类主要以 IT 企业为主，利用已有的技术积累和市场优势，积极拓展区块链相关业务，典型代表包括了世纪互联等。此外，大量创新型初创企业致力于发展区块链核心技术，以技术为引领不断探索商业模式，拓展应用市场。我国主要的初创型区块链核心技术和应用服务企业见表 12 - 1。

表 12－1 区块链核心技术和应用服务企业名单

序号	企业名称	主要产品及服务	涉及领域
1	布比	区块链基础设施服务平台	底层＋应用
2	太一云	区块链基础设施及解决方案	底层＋应用
3	onchain	区块链技术服务平台	底层＋应用
4	智能坊	数字货币交易技术支持服务	应用
5	BitSE	区块链基础设施服务平台	底层
6	VeChain	区块链防伪识别和供应链管理平台	应用
7	保全网	区块链数据管理平台	底层＋应用
8	银链科技	区块链基础设施服务平台	底层＋应用
9	区块宝	区块链基础设施及解决方案提供商	底层＋应用
10	ASCH	区块链应用开发平台	底层
11	网录科技	区块链数字存证与资产发行平台	应用
12	OkLink	基于区块链的跨境支付平台	应用
13	信和云	区块链应用解决方案提供商	底层＋应用
14	赛智	区块链解决方案提供商	底层＋应用
15	物链	基于区块链的供应链管理平台	应用

资料来源：赛迪智库整理，2017 年 1 月。

（2）数字货币交易平台

比特币依然是区块链最典型也是最成功的应用案例，围绕比特币的产生、流通等环节，衍生出了一大批相关的服务企业，其中比特币交易平台发展速度最快，业务模式也最为成熟。近年来，随着我国在全球比特币交易中的持续活跃，我国已经成为全球最大的比特币交易市场，培育出了一大批包括比特币在内的数字货币交易平台，代表企业包括：比特币中国（BTCC）、OkCoin、BTC100、火币网、比特币交易网、莱特币、比太钱包、Bitbank、币付宝等。2017 年 1 月，由于比特币价格的暴涨暴跌，监管部门对火币网等三家交易平台进行约谈，要求其根据相关规定开展自查，依法合规经营，显示出比特币交易仍存在较大的市场风险。

（3）区块链信息服务

随着区块链受到政府、市场等各方的高度关注，相关的新闻等咨询服务也不断涌现出来。2016 年，我国部分专注于区块链的新闻网站和咨询服务均得到了快速发展。在区块链新闻网站中，典型代表包括了巴比特、区块链铅笔、区块链中国、比特头条、比特币中文网等。在区块链服务中，典型企业和机构有万向区块链实验室、ViewBTC、赛智区块链、比特坊等，其中在万向集团的支持下，万向区块链已经成为我国最具影响力的区块链研究及应用组织，2016 年 3 月，万向区块链实验室正式发布了“万云区块链云平台”，为创业者提供便捷的区块链开发环境，4 月，万向区块链实验室牵头成立中国分布式总账基础协议联盟，助力区块链产业生态的不断完善。

二、发展特点

（一）政策特点

政策方面，区块链已成为我国信息产业创新突破的重点前沿领域。作为信息技术的创新前沿，我国高度重视区块链的技术和产业发展。面向数据货币应用，2016 年 1 月，中国人民银行提出争取早日推出央行发行的数字货币，其中区块链被认为是理想的货币发行和流通基础技术，表明人民银行已经开始着手从应用端探索区块链的应用。2016 年 10 月，工信部发布了《中国区块链技术和应用发展白皮书》，成为首个落地的区块链官方指导文件。2016 年 12 月，在国务院颁布的《“十三五”国家信息化规划》中，明确将区块链同人工智能、大数据等作为战略性前沿技术。在工信部发布的《软件和信息技术服务业发展规划（2016—2020 年）》中明确提出力争到 2020 年，区块链等领域创新达到国际先进水平。各地方也积极探索发展和应用区块链的有效路径，杭州、苏州、深圳、贵阳、大同等市纷纷成立区块链实验室、研究院，特别是 2016 年年底，贵阳市发布了《贵阳区块链发展和应用》白皮书，明确提出要围绕数字经济、互联网治理和大数据发展中的价值实现推动区块链的政用、民用和商用。

（二）企业特点

企业方面，行业巨头纷纷加快区块链领域的布局与发展。随着区块链技术和应用的不断深入，我国行业企业和 IT 领军企业纷纷加大了对区块链的投资力度，力争抢占区块链创新发展的时代机遇。2016 年，中国平安成为我国首家加入 R3 区块链联盟的企业，正在探索区块链在资产交易和征信等场景中的应用。作为我国最大的企业零部件制造商，万向集团在区块链领域率先发力，不仅成立了万向区块链实验室，还设立了5000万美金的区块链基金。中国银联通过与IBM合作，共同推动研发“基于区块链的跨行积分兑换系统”，以奖励积分的相关服务为切入点逐渐积累区块链的应用经验。作为我国互联网巨头，阿里巴巴、腾讯、百度也加大了在区块链领域的布局力度：阿里巴巴通过蚂蚁金服打造基于区块链的公益服务平台；腾讯推出了基于腾讯云的联盟链云服务；百度与区块链技术公司Circle达成战略合作。此外，乐视、京东、万达网络、众安科技等企业也纷纷推出区块链发展计划，着力开发基于区块链的应用服务。

（三）应用特点

应用方面，区块链行业应用仍处在探索期。尽管区块链备受各方的高度关注，但在实际应用中，除比特币之外尚没有形成具有广泛可借鉴价值的典型应用。2016年，麦肯锡发布的报告《区块链——银行业游戏规则的颠覆者》指出，在金融领域，区块链的典型应用场景包括数字货币、跨境支付与结算、票据与供应链金融、证券发行与结算和客户征信与反欺诈。在我国，区块链的应用也是以金融领域为主，总体上应用发展仍处在探索中，尚未形成典型的成熟案例。中国平安、中国银联、蚂蚁金融等企业在区块链应用探索中仅限于非核心业务，乐视金融等企业在应用中主要聚焦于内部的服务管理，应用能力和经验并没有向外界开放。在布比、世纪互联等典型企业的带动下，当前在政务管理、民生服务、食品溯源、供应链管理等场景中已经形成了一些应用案例，但还有待进一步优化和完善。2016年12月，工信部组织开展了区块链典型应用案例征集活动，仅收集了72份案例，其中部分为区块链产品的设计或介绍，表明在区块链应用中大多数企业仍处在探索阶段，区块链在各行业中大规模应用还有待时日。

区 域 篇

第十三章　环渤海地区软件产业发展状况

2016 年 1—11 月，环渤海地区软件业务收入达到 10557 亿元，保持较为平稳上升的发展势头。软件产业服务化趋势十分明显，信息技术服务收入所占比重最高，达到 56.2%。环渤海地区共聚集 8029 家软件企业，同比增长 7.1%。企业单体规模从 2015 年的 1.21 亿元提高至 2016 年的 1.31 亿元。以北京、山东、天津为代表的重点省市集聚了大量的软件龙头企业，对产业的带动引领作用日趋明显，京津冀区域协同发展格局初现。在云计算、大数据、移动互联网、物联网等发展方面环渤海地区正在积极建设各类大型综合试验区，推动新兴产业的快速发展。

环渤海地区包括北京、天津、河北、山东、山西和内蒙古，是全国软件产业发展的重要集聚区，汇集了全国数量众多的软件百强企业、规划布局内重点软件企业和互联网百强企业，囊括中关村软件园、齐鲁软件园、青岛软件科技城等重要软件产业集聚区，科技资源和综合配套能力突出，软件产业势头良好。

一、整体发展概况

（一）产业收入

2016 年 1—11 月，环渤海地区软件业务收入达到 10557 亿元，相比 2015 年同期 9047 亿元，同比增长 16.69%，保持较为平稳上升的发展势头，高于全国 14.7% 的增速，占全国软件业务收入的比重达到 24.5%，相比 2015 年提高 0.8 个百分点。

从各省市情况看，2016 年 1—11 月，北京市实现软件业务收入为 5385 亿元，同比增长 11.7%；山东省实现软件业务收入 3928 亿元，同比增长 15.6%；天津市实现软件业务收入 1021 亿元，同比增长 11.3%。这三个省市软件业务收入占环渤海地区比重高达97.9%。河北省实现软件业务收入178亿元，同比增长14.1%；山西省实现软件业务收入17.3亿元，扭转软件业务收入下滑的势头，实现同比增长12.2%；内蒙古实现软件业务收入27亿元，同比下降9.8%。2016年1—11月，全国软件业务收入前十位省市中，环渤海地区占了两个席位，即北京和山东，分别位居第三位和第四位。

（二）产业结构

2016年1—11月，环渤海地区软件产品收入为3655亿元，在所有细分领域中占全国比重最高，达到27.4%；信息技术服务收入和嵌入式系统软件收入分别为5937亿元和966亿元，占全国比重分别为26.2%和13.5%。从环渤海地区软件产业整体发展情况来看，软件产业服务化趋势十分明显，信息技术服务收入所占比重最高，为56.2%，软件产品收入和嵌入式系统软件收入占比分别为34.6%和9.1%。

（三）企业情况

截至2016年11月，环渤海地区共聚集8029家软件企业，同比增长7.1%，占全国软件企业总数的19.1%。近年来，环渤海地区软件企业实力逐渐增强，企业单体规模从2015年的1.21亿元提高至2016年的1.31亿元，比全国1.02亿元的平均水平高出27.9%。

二、产业发展特点

（一）龙头骨干企业优势明显

在环渤海地区，以北京、山东、天津为代表的重点省市集聚了大量的软件龙头企业，对产业的带动引领作用日趋明显。从北京来看，全市共有33家企业进入中国软件业务收入前百家企业名单，入选数量位居全国首位，入选企业实现软件业务收入1042.8亿元，占全国软件百家企业总收入的17.4%，占全市软件业务收入的19.2%。全市共有28家企业入选中国互联网企业百强榜单，且榜单前20位中有11家北京企业。国家安全可靠系统集成重点企业6家，占全国的75%。企业投融资十分活跃，并购成为企业扩大业务布局、获取技术和人才资源、降低交易成本、实施品牌战略的重要手段。

（二）京津冀区域协同发展

当前，北京加速迈向国际软件产业创新中心、天津创建投资和贸易便利化综合改革创新区以及河北省加快打造数据服务产业等发展格局，为京津冀软件产业协同发展带来了强劲的发展动力和良好的发展机遇。在京津冀软件产业协同发展中，北京中关村作为核心区域，天津滨海新区和武清将作为重要拓展区，河北张家口、廊坊、承德和秦皇岛将作为四个重点功能区，形成“1+2+4”的产业格局。

北京市围绕京津冀协同发展战略，将推动区域间产业对接合作、合理分工和联动发展，加速产业要素流动，释放出巨大的协同创新活力。北京在软件产业领域将加快构建高精尖经济结构、调整和疏解非首都功能，人力密集型的软件和信息技术服务企业以及能耗较高的数据中心企业将逐步向京外转移，为高端软件产业和云计算、大数据等新一代信息技术产业拓展营造新空间。

天津市以滨海新区为中心，加强软件产业聚集区建设，形成发展合力。面对京津冀协同发展的重大战略机遇，滨海新区出台专项政策措施，吸引人才、资本等软件产业的关键要素，由北京向滨海新区加速流动，成效显著。推动成立了中关村—滨海大数据产业联盟，与清华大学、北京大学等高校合作建设研发和产业化专业机构，并深化与中国电子、航天科工、中国移动等央企的全面战略合作，吸引了58同城、搜狐视频、奇虎360、华胜天成等一批国内知名互联网及软件企业落户，并与北京市软件行业协会、中关村管委会等组织多场专题对接活动，初步形成了“优势互补、合作共赢、京津联动、滨海先行”的良好发展格局。

河北省加快推进产业园区建设，重点推进张北云计算产业基地、石家庄卫星导航基地、秦皇岛数据产业基地、唐山市工业软件应用与产业化基地、保定智能电网产业基地、承德智能仪表基地和廊坊服务外包示范区建设，加强园区公共服务和支撑平台建设，吸引了大批软件企业入驻，聚集效应不断增强。借助国内尤其是京津地区院校、科研机构、软件园区和有关央企优势资源，助推河北软件产业发展，中关村科技园石家庄软件测试平台、中关村秦皇岛数据产业基地大型计算机数据中心以及华为、中兴、航天信息、阿里云数据中心等项目先后落地。

（三）新兴产业集聚效应显现

环渤海地区在云计算、大数据、移动互联网、物联网为代表的新兴产业发展方面拥有区位、经济、信息技术产业基础、科技人才等核心优势。2016年10月，国家发改委、工信部和中央网信办联合批复了第二批7个国家级大数据综合试验区，其中京津冀和内蒙古两大综合试验区均处于环渤海地区，京津冀属于跨区域类综合试验区，内蒙古属于大数据基础设施发展类综合试验区。

京津冀大数据综合试验区重点依托三地各自特色和比较优势，打造以中关村数据研发—张北数据存储—天津数据装备制造互联互通的“京津冀大数据走廊”。充分发挥张家口市、廊坊市等地气候和空间优势，推进数据中心、呼叫中心建设，打造有效衔接的产业链布局。积极运用互联网思维和技术促进产业融合发展，共建网络基础设施、共享要素资源，构建京津冀信息经济发展带。着力加强数据要素流通，以数据流引领技术流、资金流、人才流，支撑跨区域公共服务、社会治理和产业转移，打造三地协同发展和一体化发展的格局。

内蒙古作为当前唯一获批建设的大数据基础设施统筹发展类综合试验区，将重点聚焦大数据基础设施建设，依托区域能源、气候、地质等优势资源，加大资源整合力度，强化绿色集约发展，加强与东、中部产业、人才、应用优势地区合作，实现跨越发展。从2016年起，内蒙古每年将安排5亿元资金，重点支持大数据基础信息资源库、公共服务平台、关键技术攻关、产业链构建、人才培养等项目，并给予企业税费、用地、电价、人才引进等优惠政策扶持。

三、重点省市发展情况

（一）北京

1. 总体情况

作为环渤海地区第一大软件产业主导城市，北京软件业务收入规模稳居全国第三，拥有丰富的科研教育资源和高端人才资源，集聚了大量国内外软件企业总部及核心研发机构，形成了产业各环节协同发展的全产业链式发展模式。近年来，北京软件和信息技术服务业逐步向产业链高端延伸拓展，呈现增长稳中趋缓的发展态势。2016 年 1—11 月，北京市软件和信息技术服务业实现收入 5385 亿元，同比增长 11.7%。其中，软件产品实现收入 1898 亿元，同比增长 11.1%；信息技术服务实现收入 3389 亿元，同比增长 12.2%；运营服务实现收入 1410 亿元，同比增长 20%；集成电路设计实现收入 34.3 亿元，同比增长 12%；嵌入式系统软件实现收入 98.8 亿元，同比增长 7.4%。

2. 发展特点

立足科研教育资源、产业环境等优势，北京市长期高度重视软件产业发展，尤其是面向云计算、大数据、人工智能、移动互联网、区块链等新一代信息技术领域研发创新热度不减，发展势头十分迅猛。

产业结构优化升级，新兴业态增长迅速。产业链优势环节突出，新兴领域全国领先，产业结构以行业应用软件为主升级为行业应用软件和信息技术服务的“双支撑”。行业应用软件和信息技术服务已超过全行业收入的 60%，行业应用软件延伸为以系统集成为核心的信息技术服务产业链。云计算、北斗导航与位置服务、大数据、移动互联网等新兴业态增长速度约 25%，成为产业发展的新引擎。

产业集聚效应显著，区域特色明显。海淀区贡献全市软件和信息服务业收入高达 60%，同时是软件创新创业孵化最为活跃的地区；朝阳区成为跨国总部和通信产业的聚集区；东城区和西城区信息传输业、丰台区嵌入式行业应用软件、石景山区文化创意和游戏动漫产业、亦庄开发区云计算等齐头并进。上下游配套的产业链集聚、龙头企业引领的大中小企业协同发展的生态集聚、专业基地为载体的空间集聚态势突出，形成全市共同发展软件和信息服务业的局面。

龙头企业实力强劲，研发创新持续推进。在 2016 年北京软件和信息服务业综合实力百强榜单中，百度以 139 亿元的软件业务收入位居榜首，软件业务收入规模超 50 亿的企业有 5 家，超 10 亿的企业有 38 家。收入年增长 50% 以上的企业有 13 家，20%—50% 的企业有 21 家。百强企业 2015 年利润总额 274.3 亿元，利润率 20% 以上的企业有 22 家，10%—20% 的企业有 35 家。在企业规模和利润不断提升的同时，企业研发投入力度不断加大，百强企业研发总投入 172.8 亿元，其中百度、金山、京东尚科、小米移动、用友网络、中软、亚信、高德、四维图新和中国航信等 10 家企业的研发投入均超过 5 亿元。2016 年 1—5 月，全市软件和信息技术服务业发明专利数 8319 件，同比增长 16%。

软件向互联网细分领域延伸的特征日趋明显。2016 年全市软件和信息技术服务骨干企业也是互联网各业务板块的领先企业，涉及搜索引擎、在线信息、电子商务、互联网金融、社交软件、在线娱乐及动漫游戏等众多细分领域。在 2016 年中国互联网企业 100 强榜单中，北京市有百度、京东、奇虎等 28 家互联网企业入选，且前 20 位中就有 11 家是北京企业。

（二）山东

1. 总体情况

近年来山东省经济发展势头持续向好，软件产业持续保持快速发展，省内重点城市、园区和龙头企业支撑带动作用显著，产业区域分布合理，全省软件产业“名城、名园、名企、名品”协同发展的良好态势已经形成。2016 年，山东省软件产业继续保持快速发展的良好势头，1—11 月全省软件业务收入 3928 亿元，同比增长 15.6%，较全国平均水平高出 0.8 个百分点。其中，软件产品收入 1446 亿元，同比增长 14.6%；信息技术服务收入 1817 亿元，同比增长 15.5%，其中，运营服务收入 488 亿元，同比增长 15.2%，集成电路设计收入 150 亿元，同比增长 13.7%；嵌入式系统软件收入 665 亿元，同比增长 18.1%。

2. 发展特点

产业综合实力稳步提升。软件产业自主可靠、安全可靠工作稳步推进，浪潮、中创连续多年进入全国自主品牌软件十强，先后承担了多个国家“核高基”科技重大专项。浪潮等 6 家企业入围国家规划布局内重点软件企业。浪潮通软、中创软件、东方电子等 8 家企业通过 CMMI（软件能力成熟度）5 级评估。全省共培育 76 家省级软件工程技术中心。中创中间件排名全国前列，在国家级重大信息化工程中具有替换国际同类产品的能力。

产业集聚发展态势明显。2016 年 1—11 月，济南市共有软件企业 1730 家，实现软件业务收入 1973 亿元，同比增长 10.2%；青岛市共有软件企业

1566 家，实现软件业务收入 1541 亿元，同比增长 22%；两市合计软件企业总数占全省 77.3%，软件业务收入占全省比重高达 89.5%。全省共培育国家级软件园区 2 家（齐鲁软件园、青岛软件园），省级软件园区 12 家。齐鲁软件园、青岛软件园入围全国第一批“国家新型工业化（软件和信息服务）产业示范基地”，入园企业 2000 余家。

新兴业态蓬勃发展。在云计算方面，在全国率先建立了省云计算中心，建设了省云计算平台，成立了省云计算产业联盟。并推动省云计算中心与多个部门、企业合作，加快云计算技术的应用落地。省云计算平台形成了“一个管理中心、多个数据中心”、覆盖全省的资源分布格局。在大数据方面，2016 年 5 月，山东省大数据产业创新联盟正式成立，由浪潮集团作为理事长单位，会员单位 180 余家，涵盖了大数据产业链条产学研用各个方面，联盟通过内部技术创新、资源集成、关键技术联合开发、知识产权互惠共享等方式，解决单个企业无法解决的问题。2016 年 6 月，在济南举办了大数据产业发展高峰论坛，浪潮集团和红领集团分别围绕“大数据与云服务”“大数据驱动下的智能制造应用体系”作专题发言。

第十四章　长江三角洲地区软件产业发展状况

2016 年 1—11 月，长三角地区软件业务收入 13942 亿元，同比增长 16.1%，增速高于全国平均水平。其中，软件产品总收入占全国总收入 29.5%；信息技术服务收入占全国总收入 30.5%；嵌入式系统软件收入占全国总收入的 43.4%。长三角地区拥有软件企业数量达到 12700 家，占全国软件企业总数的 30.2%，产业集聚效应明显、人才智力资源丰富，产业服务化特征明显。2016 年，上海市实现全市软件和信息服务业稳步发展，工业软件创新应用发展不断加速、信息技术服务业蓬勃发展；江苏省软件产业结构不断优化，服务化趋势日益突出，软件产业对“两化融合”的推动作用显著增强；浙江省软件和信息技术服务业继续延续良好发展态势，收入、效益等主要指标增速均高于全国水平，软件出口保持良好发展势头，软件龙头企业引领带动作用更加突显。

长江三角洲地区主要包括上海市、江苏省和浙江省，是中国软件和信息技术服务业最发达的地区之一，新兴的软件产品和新型的软件服务不断涌现，为推动我国软件产业的持续升级和软件向各行各业的融合渗透作出重要贡献。

一、整体发展概况

总体来看，长三角地区软件和信息服务业发展较快，软件和信息服务业发展动力强劲，产业收入不断提升。在长三角地区软件和信息服务业较为成熟，产业格局持续完善，创新动能加速汇集，企业业务实现互补发展。在龙头企业的带动下，大量的中小型创新企业不断成长，为产业持续健康发展提供丰富活力。

（一）产业收入

2016 年 1—11 月，长江三角洲地区软件业务收入 13942 亿元，同比增长

16.1%，增速高于全国平均水平。长三角地区软件业务收入占全国软件业务总收入比例高达32.3%，比2015年同期增长0.9个百分点。南京、上海和杭州作为三大中国软件名城，是长三角地区软件产业最发达的城市，此外，苏州、无锡、宁波、常州等城市也正迅速崛起，发展速度不断加快，已经形成与上海、南京、杭州梯队互补的发展格局。

（二）产业结构

2016年1—11月，长三角地区软件产品总收入为3943亿元，占全国软件产品总收入29.5%，与2015年同期30.6%的占比相比略有下降；信息技术服务收入6899亿元，占全国信息技术服务总收入30.5%，与2015年同期29.4%的占比相比提高1.1个百分点；嵌入式系统软件收入为3099亿元，占全国嵌入式系统软件总收入的43.4%，与2015年同期39.5%的占比相比显著提高将近4个百分点。从软件产业三大细分领域来看，长三角地区信息技术服务收入和嵌入式系统软件收入都出现了不同程度的增长，软件产品的收入则有所下降。

（三）企业情况

2016年1—11月，长三角地区软件企业数量达到12700家，较2015年同期11361家增加了1339家，同比增长11.8%，占全国软件企业总数的30.2%。长三角地区软件企业的单体规模为1.1亿元，较2015年同期1.06亿元略有提升，比全国平均水平1.02亿元提高7.2%。可以看出，长三角地区软件企业整体规模较大，企业综合实力处于全国领先水平。

二、产业发展特点

（一）产业集聚效应明显

长三角地区软件产业集聚度高，重点城市和园区成为产业发展的主力军。从江苏省来看，南京、苏州和无锡三个城市的软件业务收入占全省软件业务总收入80%以上；从浙江省来看，杭州、宁波两个城市的软件业务收入占全省软件业务总收入高达96.4%；从上海市来看，全市4个国家级软件产业基地，6个市级软件产业基地，以及一批特色产业基地，集聚了全市70%的软件企业，形成了“4 +6 + X”的产业发展格局。

（二）人才智力资源丰富

软件产业作为典型智力密集型产业，长三角地区作为中国教育、人才资源最发达的地区之一，发展软件产业具有得天独厚的智力资源优势。以江苏省为例，全省高校人才储备优势全国领先，当前全省拥有134所普通高校，数量位列全国首位。当前全省推进的软件人才“育鹰计划”，通过与清华大学、北京大学等优秀企业家培养机构的多层次合作，形成梯队型企业领军人才的培养模式，共计培训全省各类企业家学员近2000人，成为互联网企业领军人才学习、交流、合作发展的优质平台。2016年，江苏省出台《江苏省“十三五”互联网产业人才发展规划》，提出到2020年，我省将发掘潜力型互联网创新创业团队300个，培养互联网产业高端领军人才1000名，新增互联网相关行业从业人员50万名，建成省级互联网产业人才培训基地20个，开展5万人次以上的互联网产业相关培训。

（三）产业服务化特征明显

从全球软件产业发展来看，软件的基本属性正从产品走向服务，基于软件平台的服务是未来软件产业发展的重要趋势和必然选择。经过多年的发展，长三角地区软件产业规模不断增大，产业格局不断完善，模式演进持续进行，服务化、融合化趋势愈加明显。2016年1—11月，上海市信息技术服务收入占全市软件业务收入比重高达61.9%，远高于全国52.5%的平均水平；浙江省信息技术服务收入占全省软件业务收入比重同样高达60.6%；江苏省信息技术服务收入占全省软件业务收入比重虽然只有39.6%，但嵌入式系统软件收入占比却高达34.5%，远远高于全国16.5%的平均水平。不难看出，长三角地区软件服务化和软硬结合的趋势日趋明显，新的业态和商业模式不断涌现。

三、重点省市发展情况

（一）上海

2016年，上海市以深化建设科创中心为契机，以促进“互联网+”、信息消费、工业互联网为主线，推动全市软件和信息服务业稳步发展。2016 年 1—11 月，全市软件产业实现主营业务收入 3158 亿，同比增长 13%。全市软件产品收入 1085 亿元，同比增长 10%；信息技术服务收入 1954 亿元，同比增长 15%，其中，运营服务收入 997.5 亿元，同比增长 17%；集成电路设计收入 236.5 亿元，同比增长 10%；嵌入式系统软件实现收入 120 亿元，同比增长 9.1%。

基础软件保持平稳发展，自主可控、安全可靠工作稳步推进。当前，上海市自主可控基础软件已经形成了操作系统、中间件、数据库等完整的产业链条，但企业规模普遍不大。2016 年，全市正在配合国家在部分电子政务、金融等核心领域开展试点示范工作，未来有望形成新的经济增长点。

工业软件创新应用发展不断加速。2016 年，全市已经在轨道交通、钢铁和石化等行业形成优势，伴随着传统产业与软件、互联网技术的融合发展催生出了一批新的应用。如和鹰机电通过资源整合及优化，将数字化 3D 技术运用于服装领域，打造服装智能数字化定制服务平台。康耐特将镜片制造及眼镜行业与互联网融合，建设全民眼镜智能服务平台，实现眼镜镜架优选、验光配镜资源的实时互动和按需配置，打造扁平化、高效协同的生产制造。

信息技术服务业保持蓬勃发展。在互联网金融方面，除 P2P 在金融整肃的影响下，增速出现了负增长外，金融咨询、第三方支付等领域仍保持了 30% 左右的增长。同时，各大公司也在积极布局互联网领域，如二三四五拟涉足互联网信用保险领域，国美打造面向于产业和金融生态圈的投融资平台。网络视听方面，占据全国市场约 1/4 份额，全行业利润由亏转盈。东方明珠拟拓展 VR 产业，聚力获得《魔兽》电影中国区独家新媒体版权。互联网接入方面，网宿科技作为国内最大的 CDN 服务提供商，约占国内 CDN 市场份额 50% 左右，同时网宿科技在爱尔兰、印度设立子公司，积极打造全球互联网流量平台。互联网健康领域，医保控费、分级诊疗的推进为互联网医疗提供了完美的政策背景，受到资本市场的追捧。目前，卫宁健康、万达信息在该领域处于优势地位。卫宁健康联手中国人寿，拓展医保市场业务。

（二）江苏

2016 年 1—11 月，全省软件产业实现主营业务收入 7552 亿，同比增长

14.8%，实现利润总额723亿元，同比增长14.6%。产业结构不断优化，软件产品收入稳定增长，软件产业服务化趋势日益突出，软件产业对“两化融合”的推动作用显著增强。2016年1—11月，全省软件产品收入1956亿元，同比增长7.6%；信息技术服务收入2987亿元，同比增长11.9%；其中，运营服务收入471.7亿元，同比增长3.9%；集成电路设计收入477.5亿元，同比增长14.7%；嵌入式系统软件实现收入2609亿元，同比增长24.7%。

苏南地区产业集聚度高，苏中、苏北地区增速加快。从2016年前8个月数据来看，苏南的南京、苏州、无锡、常州、镇江5市合计完成软件收入4534亿元，占全省业务总收入的85.1%，比上年同期下降1.4个百分点；苏中的南通、泰州、扬州3市合计完成软件业务收入241亿元，占全省业务总收入的5.3%，比上年同期上升1.5个百分点；苏北的徐州、连云港、淮安、宿迁、盐城5市合计完成软件收入553亿元，占全省业务总收入的9.6%，比上年同期下降0.1个百分点。

产业政策环境不断优化。2016年1月，苏州市制定《关于推进软件和集成电路产业发展的若干政策》，从财税、投融资、创业创新和人才等方面，加大产业发展的支持力度；南京市制定《南京市促进大数据发展三年行动计划（2016—2018年）》，明确了南京市促进大数据发展的指导思想、总体目标、重点任务、保障措施等。3月，南通市制定《南通市企业互联网化提升计划》，其核心是打造实施两化深度融合、业务流程协同、电商拓市提升、基础设施互联等工程，到“十三五”末，全市基本形成以融合创新、开放共享为特征的企业互联网化运行模式和生态体系。8月，南京市制定了《南京市建设国际软件名城实施方案》，到2020年，南京市将形成产业规模领先、载体布局科学、技术水平先进、企业竞争力突出、人才结构合理、国际化程度高的软件和信息服务业发展格局，软件和信息服务业对全市经济社会的服务和支撑作用进一步增强。

软件企业新一代信息技术融合运用不断加速。从全省49家挂牌新三板的软件企业来看，企业均重点加强对新一代信息技术的集成应用。例如，联著实业致力于智能化中文信息（大数据）云服务技术研究；西屋股份专注于建筑智能化工程设计与施工；凯美瑞德为各类金融机构提供资金交易及风险管理领域的系统集成和运维服务；欣网科技专注于商务管理系统和MSS系统的运营维护；联领智能致力于开发服装自动化生产系统及电子商务发货包装自动化系统；鑫亿软件专注于智慧医疗数字化信息管理系统的开发，科融数据主要从事金融领域信息化建设相关软件的开发；久源软件致力于移动智能终端操作系统的研发，易图地信主要从事地理信息服务与系统的开发；运时数据致力于商业智能（BI）软件的研发等。

园区转型发展进程加速，特色化园区基本形成。2016 年，全省优先发展具有特色产业方向的园区，目前全省共有 6 家国家级软件园和 26 家省级软件园，全省各地以特色园区引领产业发展进入新常态。例如，中国（南京）软件谷、苏州高新区软件园和扬州经济开发区重点规划发展大数据产业，已呈现强劲发展势头；南京徐庄软件园和常州创意产业基地重点发展电子商务产业体系和跨界电商模式的创新，企业集聚效应开始显现；无锡软件园和苏州国际科技园大力培育和扶持以云计算为核心的信息技术产业，“云网”融合发展已经初见端倪；此外，南京软件园着力发展北斗信息服务产业，泰州软件园发展大健康产业，徐州软件园发展矿山信息服务等。

（三）浙江

2016 年 1—11 月，全省软件和信息技术服务业继续延续良好发展态势，收入、效益等主要指标增速均高于全国水平，随着云计算、物联网、移动互联网、大数据等新技术、新模式迅速兴起，跨界融合趋势不断加快，新的服务模式不断涌现，促进了软件和信息技术服务业务快速增长。根据全省 2184 家重点软件企业监测统计显示，2016 年 1—11 月，全省软件产业实现主营业务收入 3231 亿，同比增长 19.4%。全省软件产品收入 902 亿元，同比增长 11.7%；信息技术服务收入 1959 亿元，同比增长 24.6%，其中，运营服务收入 477 亿元，同比增长 12.9%；集成电路设计收入 38.4 亿元，同比增长 7.7%；嵌入式系统软件实现收入 370.3 亿元，同比增长 13.9%。

软件企业效益不断提高，盈利能力全国领先。全省软件企业效益、发展质量和收入规模协同发展，盈利水平和带动作用持续提升。2016 年 1—8 月，全省软件产业实现利税 680.1 亿元，利润总额 524.9 亿元，利润增速和销售利润率分别达到 54.3% 和 21.9%。其中利润增速较上年同期增长 39.7 个百分点，以阿里巴巴、网易为代表的互联网公司利润涨幅较大，拉动全行业盈利水平。2016 年前三季度全省实现利税 765.1 亿元，利润总额 590.5 亿元。

软件出口保持良好发展势头。2016 年 1—8 月，全省完成软件出口 131634 万美元，同比增长 10.8%。软件产品成为出口的重要引擎，占全部出口总量的 77.0%。软件产品外包、网络与数字增值业务服务外包、电信运营服务外包、金融服务外包均已形成规模化发展并在同行具有比较优势。海康威视、华三通信、大华科技、网新科技、士兰微、道富信息等一批重点软件企业成为出口增长的骨干力量。

软件龙头企业引领带动作用更加突显。2016 年 1—8 月，全省软件 10 强企业实现软件业务收入 763.1 亿元，同比增长 37.7%，高于全行业 17.3 个百分点；实现利润总额 393.0 亿元，同比增长 53.5%，增速主要来自淘宝（中国）软件有限公司与银江股份有限公司，分别是上年同期的 181.6% 与 122.6%。10 强企业软件业务收入和利润总额占全省软件行业（2147 家）的 31.8% 和 74.9%，即 0.47% 的企业贡献了 31.8% 的软件业务收入，创造了 74.9% 的利润，龙头企业的带动作用十分明显。

软件主管部门践行"放管服"，产业政策贯彻落实工作成效显著。2016 年，软件产业发展面临软件企业认定和软件产品登记取消等重大审批制度改革，浙江省主动创新工作方法，搭建电子信息平台，提高核查工作的便捷性和高效性，全省依托软件和信息服务公共服务平台为软件企业提供服务支撑，企业可通过线上线下等方式进行材料申报，工信、税务、发展改革等部门实现网上联动及信息共享，并可利用系统对企业备案信息进行统计分析，对下一年度符合相关减免税条件的企业进行自动筛选和提示，大幅提高行政办公效率。同时，浙江省还针对平台使用制定了《浙江省软件和信息服务业公共服务平台使用手册》，从制度层面和操作流程上明确平台使用、各方责任和数据安全。

第十五章　珠江三角洲地区软件产业发展状况

2016 年 1—11 月，广东省软件业务收入 7150. 8 亿元，同比增长 15. 3%。广州、深圳、珠海成为整个珠三角地区的中心辐射区，引领和带动珠三角地区软件产业发展，其中广州、深圳两市软件业务收入占全省比重达 93. 6%。珠三角地区电子政务、智慧城市等方面软硬件企业发展势头良好，创新创业持续活跃，骨干企业整体实力稳步提升，涌现出一批收入超 10 亿元的软件大企业，有 140 多家企业在境内外上市（包括新三板），有 19 家企业入选全国软件百强名单。随着各种优良政策的颁布实施，产业环境持续改良，产业创新体系稳步完善，与其他行业的融合持续加速，软件业在推动广东传统产业提档升级中的作用不断加强。

珠三角地区区位优势突出，创新创业环境良好，一直是中国最重要的软件产业基地之一。珠三角软件业务收入一直保持稳定、快速增长态势，产业集中度高，汇聚了华为、中兴、腾讯等大批知名 IT 企业和 IT 领域的中高端人才，产业链条完善，形成了以广州、深圳、珠海为中心辐射区，以国家级和省级软件和信息服务业园区为重要载体的产业布局，促进了大型软件和信息服务企业以及高端人才的集聚，为产业进一步向集群化、规模化发展奠定了重要基础。

一、整体发展概况

（一）产业收入

近年来，珠三角地区的软件业务收入一直保持稳定、高速增长的态势，占广东全省软件业务收入的比重达 99% 以上，产业集聚效应凸显。2016 年 1—11 月，广东省软件业务收入 7150. 8 亿元，同比增长 15. 3%，增速高于全国平均水平 0. 5 个百分点，占全国软件业务收入的比重为 16. 6%。广州、深圳、珠海成为整个珠三角地区的中心辐射区，引领和带动珠三角地区软件产业发展，其中广州、深圳两市软件业务收入占全省比重达93.6%。

（二）产业结构

珠三角地区强大的电子信息制造业基础、先进的电子政务水平、智慧城市的高水平发展及旺盛的企业用户需求为软件企业的发展提供了广阔的市场空间。2016年1—11月，在智慧城市加快建设，云计算、大数据等新兴领域加速应用落地，通信设备、汽车制造、机械装备、家用电器等优势传统制造业加快转型升级的推动下，珠三角地区信息技术服务增势明显，实现收入超过7000亿元，增速超过15%，占整体软件收入的比重超过48%。受经济新常态下电子信息制造业增速放缓、通信设备和智能手机增速整体下滑的影响，嵌入式系统软件实现业务收入超过2000亿元，同比增长9%左右，低于行业整体增速将近6个百分点。软件产品增势平稳，实现收入超过1500亿元，增速超过16%。

（三）企业情况

骨干企业整体实力稳步提升。珠三角地区电子信息产业发展基础好，创新创业活跃，涌现出一批收入超10亿元的软件大企业，有140多家企业在境内外上市（包括新三板）。2016年，珠三角地区共有19家企业入选全国软件百强名单，比上届增加3家。19家企业共完成软件收入2685.6亿元，占全国软件百家企业软件业务收入总和的44.7%，位列全国第一。其中，华为技术有限公司实现软件业务年收入1786亿元，连续十五年蝉联软件前百家企业之首，率先成为全国唯一一家收入超千亿元软件企业。中兴通讯股份有限公司实现业务收入460亿元，位居全国第二。广州佳都集团有限公司、东莞步步高通信软件有限公司、深圳天源迪科信息技术股份有限公司以及深圳市大疆创新科技有限公司等4家企业首次入选前百家名单，为珠三角地区软件产业发展增添新动力。

表 15－1　2016 年珠三角地区入选全国软件业务收入前百家企业情况

企业名称	软件业务收入（万元）	排名
华为技术有限公司	17861603	1
中兴通讯股份有限公司	4600000	2
金山软件有限公司	567611	14
深圳市华讯方舟科技有限公司	489531	22
广州佳都集团有限公司	421653	30
大族激光科技产业集团股份有限公司	336714	38
广州广电运通金融电子股份有限公司	291857	44
深圳市金证科技股份有限公司	258565	50
深圳市欧珀通信软件有限公司	239114	55
广州海格通信集团股份有限公司	238348	56
平安科技（深圳）有限公司	198138	66
东莞市步步高通信软件有限公司	197269	67
深圳创维数字技术有限公司	195379	68
深圳怡化电脑股份有限公司	170723	76
深圳天源迪科信息技术股份有限公司	167740	78

资料来源：广东省经济和信息化委员会，2016 年 7 月。

二、产业发展特点

（一）政策环境不断优化

近年来，珠三角出台了一系列促进软件产业发展的政策措施，为软件产业发展营造了良好的发展环境。珠三角网络基础设施达到先进国家水平，大众创业万众创新加速推进，信息资源开发利用水平不断提高，公共信息服务平台不断完善。2016 年，广东省发布了《广东省人民政府关于深化制造业与互联网融合发展的实施意见》（粤府〔2016〕107 号）、《广东省工业和信息化领域生产性服务业发展“十三五”规划》（粤经信生产〔2016〕389 号）、《广东省先进制造业发展“十三五”规划》《广东省促进大数据发展行动计划（2016—2020 年）》《政务信息资源共享管理暂行办法》（粤府〔2016〕115

号）等一系列政策文件，为“十三五”期间产业发展提供指引。广州市发布了《信息共享管理规定》（市人民政府令第75号），以规范和促进政务信息资源共享，提高行政效率，提升服务水平。

（二）产业创新体系不断完善

近年来，珠三角地区以建设国家科技产业创新中心为目标，培育和引进引领创新发展的创新型领军企业，带动企业技术水平提升，提升企业自主研发能力，集中开展关键核心技术攻关，大力推广应用新技术、新产品，形成产学研用相互促进的良性循环。加快实施省信息产业发展专项，推动专项资金向云计算、物联网、集成电路设计等重点领域倾斜。以数字家庭公共服务技术支持中心、Linux公共服务技术支持中心、嵌入式软件技术支持中心等为代表的面向特定行业领域的公共技术开发平台建设为软件产业发展提供了良好的基础技术支撑。

为贯彻创新驱动发展战略，强化企业技术创新主体地位，引导和支持企业增强技术创新能力，深圳市在已出台的《深圳市企业技术中心认定管理办法》（深经贸信息规〔2016〕2号）基础上，制定了《深圳市企业技术中心认定工作指南（征求意见稿）》，加快企业技术中心建设。广东省制定出台《广东省科技创新平台体系建设方案》，加快科技创新平台的建设。

（三）与各行业领域加速融合渗透

随着软件产业快速发展，产业对传统产业的应用渗透力度不断增强，越来越多的信息技术、产品和服务融入经济社会各领域，在企业管理、教育医疗、社会保障、电子商务、金融服务、城市交通、市政服务等领域得到广泛应用，成为不可或缺的支撑基础。2016年，广东省组织开展广东省互联网与工业融合创新试点，确定100个互联网与工业融合创新试点名单，有力带动软件与工业生产制造、研发设计、经营管理等各流程的融合。同时，软件作为信息技术的核心，在产业结构调整和传统企业改造过程中发挥着积极的作用，日益成为广东省各大支柱行业的新型竞争力，促进传统产业发展提档升级。

三、主要行业发展情况

（一）行业应用软件

珠三角地区行业应用软件和解决方案实力较为突出，强大的电子信息制造业基础为行业应用软件的发展提供强大的发展后劲。此外，珠三角作为国家级“两化融合”试验区，其集成电路设计（IC）、嵌入式系统软件、行业应用软件等均处于全国领先水平，行业应用软件和解决方案对传统产业融合和渗透能力较强，有力推动通信设备、汽车制造、机械装备、家用电器等优势传统制造业的核心竞争力快速提升。

（二）云计算

珠三角地区云计算发展程度仅次于北京，位居全国第二。自广东省发布实施《关于加快推进我省云计算发展的意见》和《广东省云计算发展规划（2014—2020 年）》以来，积极开展实施云计算应用示范工程。2016 年，组织了 2016 年度云计算应用试点项目的申报工作，确定了 28 个广东省 2016 年度云计算应用试点项目。目前在全省网上办事大厅、电子政务、智能交通、智能制造、健康管理等领域探索了一批较为成熟的云计算应用。除腾讯、网易、唯品会、欢聚时代等龙头企业外，金证、银之杰、全通教育、科陆电子等企业积极拓展互联网金融、互联网教育、互联网能源等新业务。云计算服务快速推进，软件即服务（SaaS）在中小企业逐步推广，移动电子商务和数字家庭应用水平居全国前列。

（三）大数据

珠三角依托广州、深圳在电子信息领域的突出优势，发挥广州和深圳两个国家超级计算中心的集聚作用，已形成较为完备的大数据产业链，在多个领域开展了大量的大数据运用，有力促进了创新创业与经济社会发展的融合。在腾讯、华为、中兴等一批骨干企业的带动下，逐渐形成大数据集聚发展的趋势。在这样的优势利好下，形成一批大数据优秀产品、服务和应用解决方案。广东省大数据管理局开展 2016 年工业大数据应用示范项目，发挥大数据在工业转型升级中的重要作用。制定出台了《广东省政务服务大数据库建设方案（2016—2017 年）》，并开展第一批省级大数据产业园、大数据创业创新孵化园培育工作，促进大数据产业集聚化、规模化发展。

四、重点省市发展情况

（一）广州

产业规模不断扩大。广州市作为中国软件名城，同时又是国家级软件产业基地和国家级软件出口创新基地，软件产业具有良好的发展基础和核心竞争力。据统计，2016 年 1—11 月广州市软件业务收入 2213. 8 亿元，同比增长 15. 3%，高于全国平均增速 0. 5 个百分点。其中软件产品收入 653. 6 亿元，同比增长 15. 2%，信息技术服务收入 1508 亿元，同比增长 15. 3%，嵌入式系统软件收入 52. 2 亿元，同比增长 15. 2%。

大数据等新兴领域快速发展。广州市非常重视战略性新兴产业发展，加快推动云计算、大数据、物联网等新兴领域的创新应用，集聚了广东省 83% 的信息技术咨询服务和 47% 的数据处理运营服务，移动互联网、数字内容创意产业、云计算、工业软件、卫星导航等信息服务业高端领域和新兴领域不断涌现新亮点。大数据领域，广州市率先出台《广州市政府信息共享管理规定实施细则》，推进政府信息共享的部署，探索发展共享经济。拥有国家超级计算广州中心、广州亚太信息引擎、中国电信沙溪云计算中心、广州云谷南沙数据中心等一批大型数据中心，是贸易物流数据集散地。涌现大数据企业珠江数码、智能科技等大数据企业。数据流通方面，“广数 Datahub”正式上线运营，成为华南首个数据交易服务平台。该平台是目前国内首批具备数据交易、大数据流通和共享交易功能的线上平台之一，能为大数据产业链上相关企业实现数据变现提供需求发布、数据导航、数据订购等九大服务。应用方面，利用大数据驱动智能制造加快发展，推动互联网与制造业融合发展，并推动大数据在政务、医疗、交通、教育等领域应用，提高社会治理能力。

（二）深圳

产业保持平稳较快发展。2016 年 1—11 月，深圳市累计实现软件业务收入 4482. 5 亿元，同比增长 15. 2%，其中软件产品收入 777. 8 亿元，同比增长 12. 2%，信息技术服务收入 1859. 1 亿元，同比增长 22. 3%，嵌入式系统软件收入1845.6亿元，同比增长10.1%。

龙头骨干企业持续壮大，技术创新能力不断增强。2016年，深圳共有10家软件企业入选中国软件业务收入前百家企业，其中华为技术公司连续十五年居首位。骨干企业总体发展态势良好，以华为、中兴、华讯方舟、金证科技等为代表的龙头企业在4G业务、云计算、大数据、移动智能终端等方面业务发展良好。全市软件著作权登记量大幅增长，居全国大中城市前列。建设企业工程中心、重点实验室和产业联盟等创新平台，形成较为完整的技术创新体系。

云计算等新兴领域快速发展。深圳市通过打造南山云谷、天安云谷新一代云技术产业基地，培育和形成一批具有自主研发实力和国际竞争力的云计算骨干企业。《深圳市推进云计算发展行动计划（2016—2017年）》提出，到2017年，云服务产业规模超过400亿元，云计算企业超过500家。

第十六章　东北地区软件产业发展状况

2016 年 1—11 月，东北三省实现软件和信息技术服务业务收入 2629 亿元，增长速度略有下降，在全国所占比重也略有降低。其中，软件产品收入达 957 亿元，占软件产业收入比重为 36.4%；信息技术服务收入达 1460 亿元，占比为 56%；嵌入式系统软件收入达 212 亿元，占比为 8%。东北地区的软件与信息服务产业呈现出整体增势平稳，集聚效应进一步增强，云计算等新兴业态快速发展的态势。其中，大连市积极参与信息技术服务标准建设，工业软件发展优势明显，成为东北地区软件产业最发达的城市之一。2016 年 1—11 月，大连市实现软件和信息技术服务业务收入 1093 亿元，同比增长了 4%，占东北地区软件产业收入比重达 53%。沈阳市完成软件业务收入 937 亿元，同比增长 3.5%，作为东北地区唯一、副省级城市唯一的国家大数据综合试验区，沈阳市大数据产业发展正进入黄金期。

东北地区包括辽宁、吉林和黑龙江，是中国传统工业的聚集区，发展软件和信息服务业具有一定的基础。在"互联网 +""中国制造 2025"等战略的推动下，软件和信息服务在制造业、金融、能源等传统行业的应用越来越深入，尤其是云计算和大数据快速发展带来的影响，东北地区软件产业进一步发展，并在工业软件、嵌入式软件、云计算、大数据等领域，走出了独具特色的发展道路。

一、整体发展概况

（一）产业收入

2016 年，东北地区软件与信息服务业继续保持平稳的发展势头。2016 年 1—11 月，东北三省实现软件和信息技术服务业务收入 2629 亿元，同比增长 5.8%，增速同比下降 5 个百分点。在经济增长新常态和传统产业加速转型调整的背景下，东北地区增长速度略有下降，在全国所占比重也略有降低。

从各省情况来看，2016年1—11月，辽宁省软件和信息技术服务业务收入为2066亿元，同比增长3.8%；吉林省软件和信息技术服务业务收入为420亿元，同比增长15.6%；黑龙江省软件和信息技术服务业务收入为143亿元，同比增长9.9%。在全国软件产业前十位省市中，辽宁省排在第九位，排在江苏、广东、北京、山东、浙江、上海、四川、福建之后，处于我国软件产业发达省市的行列。

（二）产业结构

2016年1—11月，东北地区软件产业收入2629亿元中，软件产品收入达957亿元，占软件产业收入比重为36.4%；信息技术服务收入达1460亿元，占比为56%；嵌入式系统软件收入达212亿元，占比为8%。信息技术服务收入中，运营服务收入达249亿元，占东北地区软件总收入的9%。集成电路设计收入达10亿元，占比为4%。

从各省情况来看，辽宁省是东北地区软件产业发展的龙头，实现软件业务收入2066亿元，信息技术服务收入达1151亿元，在总收入中占比最高，占软件业务总收入的一半以上，同比增长3.6%，其中运营服务收入为210亿元，同比增长3.7%；集成电路设计收入为10亿元，集成电路设计收入约占东北地区集成电路设计总收入的99%以上，同比增长1.9%。其次为软件产品收入，销售额为811亿元，占全省软件业务的三分之一，同比增长4.2%。嵌入式系统收入为105亿元，占软件业务总收入的5%，同比增长1.7%。

吉林省2016年1—11月软件业务收入为420亿元，主体是软件产品和信息技术服务，收入分别为94亿元和232亿元，两项业务合占业务总收入的78%，同比增速分别为15.8%和15.6%。嵌入式系统软件实现收入93亿元，同比增长15.3%。黑龙江省软件产品及信息技术服务销售额分别为52亿元和77亿元，合占软件业务总收入的90%，同比增速分别为15.2%和7.5%。嵌入式软件的销售额分别为14亿元，占软件业务总收入的11%。

二、产业发展特点

（一）产业整体增势平稳

东北三省软件和信息技术服务业保持平稳增长，截至2016年年末，本地区纳入国家统计范畴的软件企业达到4385家。2016年1—11月，东北三省实现软件和信息技术服务业务收入2629亿元，同比增长了5.8%，这一增速比2015年同期低5个百分点。从各省情况来看，吉林省和黑龙江省增速分别为15.6%和9.9%，相比2015年增速变化较小。

（二）产业集聚效应进一步增强

2016年，东北地区软件和信息技术服务业集中在沈阳、大连等发达城市，形成了沈阳国际软件园、大连软件园、哈尔滨软件园等发展载体，呈现优势明显、集群发展的格局。

辽宁省软件和信息技术服务业形成以沈阳、大连为核心的发展格局，沈阳、大连两市软件业务收入占全省收入比重达到97%以上。全省形成了浑南软件及电子信息、大连软件和信息技术服务等2个重点产业集群，沈阳国际软件园、大连软件园等产业园区定位清晰、特色鲜明，日益成为产业、技术和人才、企业集聚的坚实平台和有效载体。大连高新区软件和信息技术服务产业园区被国家授予新型工业化产业示范基地，沈阳国际软件园与中关村软件园、上海浦东软件园、成都天府软件园、沈阳国际软件园等13家软件园一起被评为“2016创新创业优秀园区”奖。

黑龙江省软件企业主要聚集在哈尔滨、大庆两地，其软件业务收入之和占全省比重为99%。哈尔滨软件园、大庆软件园、黑龙江省地理信息产业园、黑龙江省动漫产业基地等日益壮大，在企业孵化创业、软件研发、教育培训科技产品交易、投融资、软件人才培养、离岸外包等各具特色，吸引大量软件企业入驻。

吉林省80%软件企业，85%的软件收入都集中在这3家软件园区，聚集效应明显。长春软件园主要发展企业管理软件、人口信息管理软件、汽车软件、教育软件和信息安全软件等；吉林软件园主要发展嵌入式软件和电力、石化、冶金等工业行业应用软件；延边中韩软件园面向韩国、日本发展软件外包和信息服务。

（三）云计算等新兴业态快速发展

云计算、物联网、移动互联网、大数据等新技术、新业态、新模式迅速兴起，带动物联网、智能制造、机器人等新业态的蓬勃发展，商业模式、服务模式不断创新，企业加速转型，迫切需要云化、服务化和智能化的软件，对软件产业提出新的要求。华为发布了软件开发云平台，面向软件企业、高校和开发者提供云端研发工具服务，适应软件研发轻量化、服务化、云化、社交化、智能化的需求。该软件开发云是华为企业云面向软件开发团队提供的智能化软件研发管理平台，将帮助软件企业、开发者、高校等提升研发效率，提升竞争能力，丰富软件产业生态，加速软件产业的转型升级。锦州市民政局社会救助综合信息平台打造了锦州市社会救助业务网上办理，实现了城乡低保、居民家庭经济状况核对、医疗救助系统三网合一，同时集成了 10 余套社会救助相关的业务系统，实现了应用和数据的双整合。

三、主要行业发展情况

（一）工业软件与行业解决方案

东北地区三省是我国传统老工业基地，拥有雄厚的工业基础和众多大型工业企业，工业软件和行业解决方案面临广泛的市场需求。2016 年，随着东北工业强省战略的深化实施，加快工业转型升级、促进信息化和工业化深度融合的需求不断增强，工业软件和行业解决方案的地位和作用更加突出。2016 年，为深入贯彻落实《中国制造 2025》和军民融合国家战略，搭建企业与信息化厂商相互深入了解和交流的开放平台，促进工业企业与软件企业的技术交流和军民两用技术成果转化，组织召开国产工业软件优秀解决方案展示暨辽宁省军民融合对接会，东软集团股份有限公司、用友网络科技股份有限公司、广州中望龙腾软件股份有限公司、英特工程仿真技术（大连）有限公司等 IT 企业参与演示。

辽宁省实施工业软件振兴工程，制定了《辽宁省工业互联网发展行动计划（2016—2020 年）》。东软集团股份有限公司的医疗产品、沈阳新松机器人自动化股份有限公司的工业机器人、大连光洋科技集团有限公司的数控系统、聚龙股份有限公司的金融机具产品等已国内领先并达到国际先进水平，沈阳创新设计服务有限公司被工业和信息化部评为首批国家级工业设计企业。吉林省发布《吉林省人民政府办公厅关于深化制造业与互联网融合发展的实施意见》，进一步发挥工业软件和解决方案在两化深入融合中的作用。黑龙江省工业软件是软件产业主要增长点，在石油石化、电力、电信、铁路、交通、制造业等方面发挥重要支撑作用。

（二）嵌入式软件

东北嵌入式软件形成较好的发展基础，在通信设备、汽车电子、医疗电子、石油化工、装备制造、智能交通、智能电网、航天航空、船舶与海洋等领域形成一批自主可控的嵌入式系统研发平台与工业软件解决方案，并在“互联网＋制造”、工业大数据等高端工业软件核心技术领域取得突破。东软集团与四维图新在地图、交通信息、车联网等方面开展深度合作，在地图数据和动态交通信息、无人驾驶技术、车联网应用服务体系、手机车机互联技术、OEMNAVI及后装导航、地图数据Compiler、全球范围的业务拓展等6个方向逐渐布局，推进“互联网＋”战略的实施。辽宁物联网产业联盟在沈阳成立，加快物联网产业发展，推动产业调整和经济转型升级，带动辽宁老工业基地产业优化升级，推动实现新一轮东北全面振兴。

（三）行业应用软件优势突出

2016年，随着东北地区经济加速转型发展，软件和信息服务向经济社会各个领域的融合渗透不断增强，行业应用需求增长强劲，东北地区行业应用软件规模迅速成长，创新能力和应用水平也稳步提升，一批具有自主知识产权的软件产品应用在装备制造、交通、医疗、金融等领域取得了良好社会效益和经济效益。吉林省行业应用软件优势明显，其汽车、信息安全、教育、政府、农业等行业应用软件在市场占有率、技术水平和知名度等方面都处于全国领先水平。

四、重点城市

（一）沈阳

截至2016年11月，沈阳市软件产业完成软件业务收入937亿元，同比增长3.5%，产业规模在东北地区仅次于大连居第二位，在全国也属前列。软件产业发展空间全面拉开，建设了一批定位清晰、特色鲜明的产业园区。产业基地方面，软件产业的快速发展，有力促进了全市经济结构调整和发展方式转变，为稳增长、调结构、转方式提供了有力支撑。

集群效应显著，拥有东软软件园、沈阳国际软件园、昂立信息园、天久智能交通产业园、工业大学科技园等15个软件产业示范基地，形成了以浑南新区为核心，沈北、和平、皇姑、沈河、大东共同发展的良好格局。其中，沈阳国际软件园在支撑软件产业集群发展、强化软件产业载体建设、探索软件园区差异化发展路径等方面发挥重要作用，与中关村软件园、上海浦东软件园、成都天府软件园等软件园一起获得“2016创新创业优秀园区”奖。

大数据发展迎来重要机遇。沈阳市作为国家全面创新改革试验区、国家级两化融合试验区、国家电子商务示范城市、东北地区中心城市和沈阳经济区核心城市，区位优势明显，并且已经积累了丰富的改革创新经验，形成了较雄厚的产业基础和较完善的基础设施。沈阳市政府高度重视大数据产业发展，将大数据发展列为沈阳市的“一号工程”，并率先组建了“沈阳市大数据管理局”，确定了以大数据发展为主体、智慧城市建设和传统产业转型升级为两翼的智慧产业“一体两翼”发展思路，组建了以市政府控股、专业公司参股的沈阳大数据运营有限公司，于2016年2月发布了《沈阳市促进大数据发展三年行动计划（2016—2018年）》，为大数据产业发展奠定了坚实基础。2016年10月，沈阳市成为东北地区唯一、副省级城市唯一的国家大数据综合试验区，沈阳市的大数据产业将进入黄金发展期。

（二）大连

大连市软件和信息服务业迅速发展，成为东北地区软件产业最发达的城市之一，先后被授予“国家软件产业基地”“国家软件出口基地”“中国服务外包示范城市”“国家软件版权保护示范城市”“信息技术服务外包行业个人信息保护试点城市”等称号。全市软件和信息技术服务业已形成软件研发、系统集成、信息技术服务、数字内容、业务流程外包、互联网服务、集成电路设计、工业设计等多类别、多业态互动发展的良好格局。2016年1—11月，大连市实现软件和信息技术服务业务收入1093亿元，同比增长了4%，占东北地区软件产业收入比重达53%。至2016年11月，大连市软件企业数量超过1885家。

工业软件发展优势明显。在装备制造、石油化工、船舶交通等行业，开展智能制造、数字控制、模拟仿真、检测监控等技术研发，产生了一批具有行业特色和市场竞争力的工业软件产品，有力推动了工业转型升级和经济转型调整。英特仿真是“大连仿真产业园”的发起单位和国内CAE软件自主研发领军企业，核心产品包括工程多物理场耦合分析软件，通用前后处理平台、基于可靠度优化设计软件、基于可靠度寿命评估软件等。目前，英特仿真的产品已被广泛应用到了汽车、航空航天、新能源、电子制造、国防工业等各个行业。另外大连高新区互联网+机床创新创业项目——皿智智慧制造项目团队的机床改造和虚拟仿真机床项目走上国际高峰论坛。该项目划分为云服务平台、智慧制造社区、智慧制造教育培训体系三大部分，为中小型制造业企业立足现有设备转型升级提供了一套技术落地可执行、成本优势突出的智能化升级体系。

积极参与信息技术服务标准建设。大连市将标准化工作与软件行业相结合，通过标准体系的合理搭建，促进了全省软件和信息技术服务业创新发展。参与工业和信息化部ITSS系列标准编制，完成国家标准、行业标准、地方标准和团体标准70余项，对110余家企业开展对日外包认证——个人信息保护评价，并通过门户网站、微信等手段开展“标准化工作建设”满意度测评，满意度始终保持在99.7%以上。

第十七章　中西部地区软件产业发展状况

2016年1—11月，中西部地区共完成软件业务收入6714亿元，同比增长19.9%，在全国所占比重为15.6%。软件名城及软件名城创建试点城市对整个地区软件产业发展的带动作用尤为明显，2016年，成都与武汉共完成软件业务收入3228亿元，占中西部地区软件业务总收入的48%。中西部地区软件产业分布继续向高度集聚状态发展，成都、武汉、西安成为中西部软件产业发展的中心城市。中西部地区软件业主要发展方向为服务外包、网络和信息安全产业以及新兴信息技术服务业。此外，工业软件和产业服务平台在推动中西部地区工业转型升级、促进工业和信息化的深度融合、提升工业制造业的智能化水平中发挥了重要作用。

一、整体发展概况

中西部地区是我国覆盖面积最大，包含省市最多的区域，包括河南、陕西、山西、内蒙古、湖南、湖北、四川、重庆、安徽、江西、云南、贵州、广西、宁夏、甘肃、青海、西藏、新疆18个省市。相对其他地区，中西部地区的软件产业发展基础较为薄弱，产业规模和发展层次与东部地区差距较大。其中，中西部偏远地区软件产业发展依旧比较缓慢，但武汉、重庆、成都、西安等区域中心城市经济发展带动性、辐射性强，人才、科技、资金等要素资源丰富，地域、文化优势明显，对软件产业发展要素的吸引力不断增强，并且与东部沿海地区相比拥有生产要素低的成本优势，为软件产业的快速发展提供了有力的支撑。

（一）产业收入

2016年1—11月，中西部地区共完成软件业务收入6714亿元，同比增长19.9%，增速高于全国水平5.1个百分点，在全国所占比重为15.6%，比

2015 年增加了 0. 7 个百分点。其中，中部地区完成软件业务收入 2066 亿元，增长 20. 7%，增速同比增长 1. 8 个百分点；西部地区完成软件业务收入 4648 亿元，增长 17. 1%，增速与2015 年同期持平；总体来看，2016 年中西地区的软件产业增长速度较快，高于全国平均速度，处于较快增加产值的过程中。

（二）产业结构

2016 年 1—11 月，中西部地区软件与信息服务业增速保持较快增长趋势。信息技术服务成为占比最大和增速最快的细分领域，实现收入 3748 亿元，同比增长 19. 2%，相比 2015 年增长了 9. 2 个百分点；软件产品收入增长平稳，实现收入 2437 亿元，同比增长 17. 6%，增速有所放缓，较 2015 年同期增速回落 2. 4 个百分点；嵌入式系统软件在 2015 年的高速增长之后增速逐步放缓，实现收入 530 亿元，同比增长 12. 1%，增速回落 21. 5 个百分点。在各个细分领域所占比重方面，信息技术服务收入占比超过一半，达到 55. 8%；软件产品收入占比 36. 3%，与 2015 年基本持平；嵌入式系统软件收入占比 7. 9%，较 2015 年稍有降低。

二、产业发展特点

（一）软件名城对中西部软件产业带动明显

软件名城及软件名城创建试点城市对整个地区软件产业发展的带动作用在中西部地区表现尤为明显，2016 年，成都与武汉共完成软件业务收入 3228 亿元，占中西部地区软件业务总收入的 48%。截至 2016 年 11 月，成都实现软件和信息技术服务业主营业务收入 2073 亿元，同比增长 14. 1%。其中，软件业务收入 783 亿元，同比增长 12. 4%；信息技术服务业收入 1256 亿元，同比增长 15. 3%；嵌入式系统软件收入 33. 9 亿元，同比增长 8. 3%。成都软件业务收入占中西部地区软件业务总收入的 31%，产业规模位列中西部之首，居 15 个副省级城市第 5 位。在软件名城及软件名城创建试点城市的带动下，中西部地区的软件产业保持快速增长态势，并在数字新媒体和信息安全等领域达到全国领先，涌现出一大批优秀企业。

（二）服务外包产业成为中西部软件产业发展的重要支柱

中西部地区依托资源丰富、人力成本低、市场潜力大的优势，在服务外包领域不断发力，服务外包产业逐步成为中西部软件产业发展的重要支柱。2016 年，西安服务外包的合同金额高达 18.64 亿美元，同比增长 23.63%，相比 2007 年合同金额增长了 33 倍；服务外包合同执行金额首次突破 10 亿美元，同比增长 28.17%，标志着西安服务外包产业进入高速发展阶段。2016 年，湖北省服务外包行业接包来源涉及 70 多个国家和地区，执行额过亿元的国家有 2 个，市场主体进一步增多，工程设计产业国际服务外包额不断升高，武汉、襄阳、宜昌三大城市继续发挥示范作用，其中，武汉软件新城作为"世界 IT 软件服务基地"吸引了大量领军型和成长型企业以及高新技术人员入驻，为湖北服务外包业务的提档升级提供了平台。

（三）产业分布继续向高度集聚状态发展

中西部地区软件产业分布继续向高度集聚状态发展，成都、武汉、西安成为中西部软件产业发展的中心城市。2016 年 1—11 月，成都、武汉、西安共实现软件产业收入 4481 亿元，占整个中西部地区软件总收入的 67%。其中，四川省软件产业分布主要以成都、绵阳为中心集聚。2016 年 1—11 月，成都软件业务收入占全省软件收入的 97%，绵阳软件业务收入占全省软件收入的 2.6%，其他市（州）有零星分布。2016 年 1—11 月，武汉市完成软件业务收入 1155 亿元，占全省软件业务收入的 99.4%，虽然，襄阳、宜昌、荆州等市州软件业务收入增长较快，但武汉以外 11 个市州完成全省软件业务收入的 0.6%。

三、主要行业发展情况

（一）大力发展网络与信息安全产业

网络与信息安全一直是中西部地区软件产业发展的优势领域。2016 年，四川省成立集成电路和信息安全产业投资基金和成都网络空间安全与信息产业研究院，大力发展安全网络系统及设备、安全信息产品研发和产业化，推动电磁频谱安全系统的发展，打造涵盖网络设施安全、信息安全、数据安全、频谱安全及物理安全的全方位网络信息安全系统；发展安全通信网络芯片、设备、系统的研发和产业化，推动 5G 安全虚拟专网，安全物联网芯片、设备及系统的发展，打造涵盖基础芯片、安全通信专网、安全软件及安全信息系统的高安全通信系统与应用，逐步形成成都、绵阳、遂宁、内江四个信息安全产业集聚区。西安市投资150亿元，建设全国最大的信息安全产业园。2016年，产业园年产值预计超百亿元，入园信息安全企业达300家，从业人员达到12万人。湖北省信息安全产业高速发展，据光谷互联网+办公室初步统计，截至2016年9月，武汉已集聚从事研发、应用、销售等各领域网络信息安全企业100多家，产业集群效应初显，在通信安全、手机安全软件、安全数据库管理、金融卡、操作系统等领域具有显著优势，拥有安天信息、深之度科技等一批网络与信息安全优秀企业，以及精伦电子、烽火通信和天喻信息3家信息安全上市公司。其中一些企业的信息安全产品已经达到了国际领先水平，例如安天信息开发的移动反病毒引擎，目前已经覆盖全球超过4亿部手机。2016年9月，武汉市政府、奇虎360公司以及武汉大学达成三方战略合作协议，共同建设国家网络安全研究院。此外，武汉市信息安全人才储备和培养能力逐步提升，截至2016年年底，武汉大学、华中科技大学、中国地质大学、海军工程大学、武汉科技大学、湖北大学、湖北警官学院、湖北工业大学等多所高校都设立了信息安全本科专业，武汉大学与华中科技大学获批“网络空间安全”一级学科博士学位授权点。同时，武汉市计划在东西湖临空港经济区建设国家网络安全人才与创新基地，并计划以最高1亿元资金，面向全球招募网络与信息安全领域顶尖人才与团队，将武汉打造成“中国网络安全谷”。

（二）抓紧布局新兴信息技术服务业

借力国家全面实施网络强国战略和国家大数据战略，中西部地区抓住大数据、云计算、物联网、移动互联网、智慧城市等新兴领域的发展契机，大力发展新兴信息技术服务业。2016年，湖北省出台了《湖北省大数据发展行动计划（2016—2020年）》《加快促进云计算创新发展培育信息产业新业态的实施意见》《运用大数据加强对市场主体服务和监管的实施意见》《加快推进“互联网+”行动的实施意见》等政策文件，推动新兴信息技术产业成为新的经济增长点。四川省大力发展大数据、云计算、移动互联网和物联网等产业，以及5G、VR/AR、AI等技术，并逐步形成产业化。陕西沣西大数据产业基地吸引了9大部委和4大运营商的数据中心落地，美林数据、银河数据、时代运筹、万盛达、西部资信、云基华海等为代表的本土大数据企业也开始崛起，逐步形成了产业聚集。

（三）重点发展工业软件及产业服务平台

随着《中国制造2025》的贯彻实施，为推动中西部地区工业转型升级，促进工业和信息化的深度融合，中西部地区各省市重点发展面向工业领域的平台及服务，提升工业制造业的智能化水平。2016年，湖北省积极推动《中国制造2025湖北行动纲要》贯彻落实，并与工信部签署了《加快推进湖北制造强省建设战略合作协议》。此外，西门子在中国提出了“西门子中国创新中心计划”，加快建设武汉西门子工业众创空间，专注开展工业数字化领域的研究，并计划在2017财年投入研发费用50亿欧元。四川省人民政府印发《四川省科技服务业发展规划（2016—2020年）》，提出重点发展工业软件和嵌入式软件，鼓励嵌入式软件企业与制造业企业加强合作，加快嵌入式软件在移动互联网、下一代通信网、智能终端网和物联网行业等领域的产业化应用。建设支撑产业链业务协同与科技资源共享的科技云服务平台，促进云服务、大数据在研发设计、生产制造、经营管理、销售服务等全流程和全产业链的综合集成应用。鼓励软件企业积极研发具有行业特色的工业软件，加快工业软件应用和产业化进程，促进传统产业优化升级，重点支持电力、物流、交通、旅游、金融等行业软件的开发与应用，形成“互联网+”能源、智慧城市、智慧村庄、智慧医疗、智慧家庭等示范建设。

四、重点省市发展概况

中西部地区软件和信息技术服务业虽然2016年增速较快，但发展水平整体偏弱，产业主要集中在少部分城市中。成都、西安和武汉是中西部软件和信息技术服务产业发展的中心城市，凭借雄厚的人力资源、智力资本和较快的经济发展速度，实现了软件产业的快速成长，带动中西部地区软件产业从无到有、从追赶到个别领域处于领先。其中，成都在西部地区城市中排名第一，武汉在中部地区城市中排名第一。

（一）四川省

2016年1—11月，四川省软件和信息技术服务业增长态势良好，实现产业收入 2135 亿元，位于中西部首位，同比增长 13.9%，收入增速略低于全国平均水平。2016 年 1—11 月，四川省软件产品实现收入 794 亿元，同比增长 12.3%；信息技术服务业实现收入 1294 亿元，同比增长 14.4%；其中，运营相关服务实现收入 96.8 亿元，同比增长 10.7%；集成电路设计实现收入 67.4 亿元，同比持平；嵌入式系统软件实现收入 47.8 亿元，同比增长 30.2%。截至 2016 年 11 月，四川省共有软件和信息技术服务业企业 1726 家，比 2015 年同期增加 99 家。

成都是我国软件产业的战略性和功能性部署区，是全国 8 大软件名城之一，也是中西部地区唯一的中国软件名城，拥有基础软件、应用软件、软件服务外包和集成电路设计、移动通信、终端制造、信息安全、数字媒体和动漫游戏等 12 个国家级产业基地。2016 年 1—11 月，成都市软件和信息技术服务业实现收入 2073 亿元，同比增长 14.1%。其中，软件产品实现收入 783 亿元，同比增长 12.4%；信息技术服务业实现收入 1256 亿元，同比增长 15.3%；其中，运营相关服务实现收入 96.1 亿元，同比增长 10.8%；集成电路设计实现收入 53.8 亿元，同比增长 2.1%；嵌入式系统软件实现收入 33.9 亿元，同比增长 8.3%。截至 2016 年 11 月，成都市共有软件和信息技术服务业企业 1685 家，大量的中小型企业使成都软件产业发展充满了活力。2016 年 7 月，成都市印发了《成都市建设世界软件名城规划纲要（2016—2025 年）》，提出到 2025 年全市软件产业营业收入力争突破万亿元大关，年均增长达到 12%。

（二）陕西省

2016 年 1—11 月，陕西省软件和信息技术服务业保持快速增长态势，实现收入 1253 亿元，同比增长 21.8%，较全国平均水平增加了 7 个百分点。产业服务化特征明显，2016 年 1—11 月，陕西省软件产品实现收入 361.8 亿元，同比增长 22.9%；信息技术服务业实现收入 764.9 亿元，同比增长 20.6%；其中，运营相关服务实现收入 48.2 亿元，同比增长 25.4%；集成电路设计实现收入 54.8 亿元，同比增长 19.2%；嵌入式系统软件实现收入 126 亿元，同比增长 26.1%。截至 2016 年 11 月，陕西省共有软件和信息技术服务业企业 2031 家，比 2015 年同期增加 181 家。

西安是我国西部地区软件产业的重要基地，2016 年 1—11 月，西安市软件和信息技术服务业收入情况与陕西省基本一致。

（三）湖北省

2016 年 1—11 月，湖北省软件和信息技术服务业保持快速增长，实现收入 1162 亿元，同比增长 25.7%，收入位列中部地区首位，收入增速高出全国平均水平 10.9 个百分点。2016 年 1—11 月，湖北省软件产品实现收入 594.4 亿元，同比增长 24.9%；信息技术服务业实现收入 505.3 亿元，同比增长 27.4%；其中，运营相关服务实现收入 77.1 亿元，同比增长 17.7%；集成电路设计实现收入 8.6 亿元，同比增长 16.8%；嵌入式系统软件实现收入 62.4 亿元，同比增长 20%。截至 2016 年 11 月，湖北省共有软件和信息技术服务业企业 2508 家，比 2015 年同期减少 8 家。

武汉市的软件业务收入、企业数量以及从业人员均占湖北省对应各项的 95%以上，是我国中部地区首个“中国软件名城”创建城市。2016 年 1—11 月，武汉市软件和信息技术服务业实现收入 1155 亿元，同比增长 25.9%。2016 年 1—11 月，武汉市软件产品实现收入 591 亿元，同比增长 25.1%；信息技术服务业实现收入 503.2 亿元，同比增长 27.5%；其中，运营相关服务实现收入 76.2 亿元，同比增长 18%；集成电路设计实现收入 8.6 亿元，同比增长 17.8%；嵌入式系统软件实现收入 61.2 亿元，同比增长 20%。截至 2016 年 11 月，武汉市共有软件和信息技术服务业企业 2420 家。经过多年的培育和发展，武汉市形成了以光通信、嵌入式软件、地球空间信息、工业软件等产业为重点，以武汉天喻信息产业股份有限公司、武汉邮电科学研究院等全国软件百强、软件和信息技术服务综合竞争力百强企业为龙头，大批中小型企业为补充，以光谷软件园、花山软件新城以及洪山国家新型工业化产业示范基地等园区为载体的软件产业发展格局。

园区篇

第十八章　中关村科技园区海淀园

2016年，海淀园区经济发展稳步提升，预计全年园区总收入将超过1.8万亿元，同比增长11%。中关村软件园作为海淀园区内最重要的软件产业发展基地，紧密围绕软件领域的创新创业，结合园区产业基础和发展优势，构筑双创载体、激活双创主体，强化服务职能、激发双创活力，在引领创新和服务创业方面取得了丰硕成果。

一、园区概况

中关村科技园区海淀园是中关村国家自主创新示范区“一区十六园”总体布局的核心区，是中关村科技园区的发源地，也是中关村战略性新兴产业策源地，更是中关村人才特区、国家级科技与文化融合示范基地、国家级科技金融创新中心。其前身是中关村“电子一条街”，至1988年，国务院批准成立了北京市新技术产业开发实验区，自此中关村成为国内首个国家级高新技术产业开发区和中国经济、科技、教育体制改革实验区。多年来，在各级政府的关怀下，海淀区产值持续提升，产业资源汇集能力不断增强，其发展目标是到2020年，全面建成具有全球影响力的科技创新中心。

海淀园原规划面积133.06平方公里，由112.24平方公里的城市建成核心区以及20.82平方公里的海淀山后新建区组成，占中关村科技园区总规划面积的57.2%。2012年起，海淀园规划面积扩容至174.06平方公里，占中关村“一区十六园”三分之一强。海淀园现拥有专业园区10个，大学科技园20个，其中国家级12个，占北京市14家国家大学科技园的85.7%，占全国的14%；拥有以联想、百度等为代表的国家高新技术企业5315家，约占一区十六园的55%，占全国的十分之一，中关村高新技术企业达12000余家，占全区企业存量的十一分之一；上市公司（含挂牌）500余家，形成了“中关村板块”。2016 年，海淀园区经济发展稳步提升，预计全年园区总收入将超过 1.8 万亿元，同比增长 11%。

中关村软件园是海淀园中的重要园区，其是国内规模最大、层次最高的专业软件园区，被列为“国家软件产业基地”和“国家软件出口基地”。产业规模方面。2016 年园区总产值 1819.4 亿元，同比增长 13.5%。园区每平方公里收入 699.8 亿元，比 2015 年每平方公里增加 83.8 亿元。驻园企业总数为 532 家，总利润 177.3 亿元，同比增长 9.7%。有 23 家企业被认定为国家规划布局内重点软件企业，47 家企业已成功上市，销售收入过亿的企业 60 家。创新发展方面。2016 年企业共投入研发经费 205 亿元，比 2015 年增长 17.1%，研发投入经费占总收入的比重为 11.3%，为近五年的最高值。园区企业知识产权数量达 32320 项，比 2015 年增长 8237 项，其中专利 19250 项，注册商标 9090 项，软件著作权 3980 项。园区企业发布新产品新技术 236 项，创新成果产业化进程加快。人才集聚方面。2016 年园区企业从业人员 6.4 万，学士及以上学位员工占 80.2%；高端人才 93 人，其中享受国务院特殊津贴 15 人，千人计划 21 人，青年千人 16 人，长江学者 1 人，海聚工程 23 人，高聚工程 18 人，“科技北京”领军人才 7 人，院士 5 人。国际合作方面。2016 年园区国际业务总收入 107.8 亿元，同比增长 10%。园区企业共拥有分支机构 825 家，其中大陆分支机构 587 家，港澳台分支机构 26 家，国外分支机构 212 家。园区外籍员工有 3563 人，比 2015 年增加 324 人。投融资方面。2016 年园区企业共完成融资 253 亿元，其中新上市和新三板增发融资金额共 25.8 亿元。园区企业共发起或参与 18 只基金，披露投资规模达 110 多亿元。园区 47 家上市企业中，2016 年参与投资、并购的有 15 家，上市企业涉及投资案例超过 107 件。

二、重点行业发展情况

2016 年，作为海淀园区内最重要的软件产业发展基地——中关村软件园紧密围绕软件领域的创新创业，结合园区产业基础和发展优势，正在探索具有中关村软件园特色的创新创业引领发展之道。

（1）构筑双创载体，激活双创主体

在中关村园区内，有三类主要的双创主体：一是来自联想、网易、百度等大企业的内部创业者，神奇工场、ZUK 均来自联想内部创业者，春雨医生、陌陌、YY 语音的主要创始人则曾供职于网易，百度内部创业者创办了酷我音乐、爱帮网；二是大量 90 后大学生涌入创业浪潮，代表人物有原中软高科、现创办开网科技的唐勇，原钱粮科技、现创办上世科技的康睿，原北测教育、现创办中鑫创投的曹凯峰。三是拥有海外留学经验的归国人才，如从英国归国的李兴斌（创办谛力泰克），从美国归国的王晗（创办仪通微感）和杨爵（创办优盛科技），目前中关村软件园聚集的海外归国人员创办的企业数量超过 200 家。伴随着创业群体的兴起，中关村软件园在也在加快建设各类新型的众创空间，适应创业者多样化、个性化的需求。如今在中关村软件园，“双创”载体面积累计达到近 12 万平米。代表孵化器或双创平台包括国家级科技企业孵化器、雷雷伙伴孵化器、腾讯众创空间、北京市大学生创业园（软件园）、InnoHub 孵化器等。

（2）强化服务职能，激发双创活力

中关村软件园在完善产业发展生态环境中，针对双创的特点，打造多元化的“双创”服务体系。一是强化政策引导。园区拥有产业政策、人才政策、创新政策、创业政策、国际化政策、科技政策等多项事关创新创业的一揽子政策体系和框架，是国家、北京市、中关村、海淀区等创新创业政策密集覆盖区。为配合相关政策的实施，园区先后建设基础通信平台、数据灾备中心、中小企业公共服务平台、服务贸易促进平台、信息安全服务平台、人才培训与服务平台等公共服务平台 20 多个。二是发展产业集群。园区已经形成云计算、大数据、新型 IT 服务和“互联网 +”等四个高端特色产业集群，汇集了联想全球总部、新浪总部、百度全球研发总部以及腾讯北方总部等众多国内外新一代软件和信息服务业的领军企业。三是完善创新平台。中关村软件园长期以来致力于构建全方位创新系统，包括以行业领军企业、跨国企业、大型央企为代表的研发型实验室，以园区内中小企业、大学及科研院所等为代表的创新源头，以对外交流、技术沙龙、实训基地、软件园大讲堂为代表的公共创新实验平台等。四是发展科技金融。集聚“科技金融超市”的运营理念，着力推动天使投资、风险投资、私募基金、风险基金，各类资金的有效利用，园区目前累计有近 40 家上市公司，覆盖美国纽交所、纳斯达克，中国主板、创业板和新三板等。五是放眼国际化发展。园区越来越多的创业企业，以全球市场为目标，特别是海外留学归国的创业群体，很好地围绕人才、技术、产业，包括资本来组合国际化团队，充实创业项目。六是构建创业孵化服务体系。园区紧密围绕企业从成立、孵化、加速到成熟的不同发展阶段和需求特点，积极围绕产业链打造创新链，围绕创新链布局资金链，构建了专业化、特色化、国际化、品牌化和创新性的产业生态服务体系。该体系包括人才培养与定制、信用园区服务、知识产权服务、市场与品牌服务等一系列产业促进服务，人才培养与定制有双创学院、高校专业共建、双创培训、高端人才评定等服务，市场与品牌服务覆盖中关村软件园大讲堂、e起飞翔、创e堂、软交会、软博会、京交会、上交会，以及园区《家园》、微博、微信、网站及百余家各类合作媒体，全面服务双创。

经过不断的努力，中关村软件园在引领创新和服务创业方面取得了丰硕成果。据初步统计，在园区2.6平方公里的土地上已经聚集了企业400多家，总产值预计将超过1800亿元，研发投入175亿元（占比10.9%），博士后科研工作站10家，共计获得38项国家科技进步奖、24000多件知识产权，科技成果转化334项，制定了200余项国家国际行业标准。园区累计孵化企业近650家，吸引留创企业150家。获得政府创新创业类授牌20余项，建立创业支撑类公共服务平台25个，线上聚集100多家各类投融资机构。

第十九章　上海浦东软件园

上海浦东软件园是全国最早的软件园之一，是上海乃至全国的软件产品、技术和人才的集散地，产值规模快速增长。园区主导产业涵盖服务外包、移动互联、芯片设计、电子商务及互联网、文化创意和行业应用等多个领域，示范和引领作用日渐显著。园区以“创新驱动、转型发展”为主线，不断汇聚创新资源、推进创新应用、加快辐射带动，积极布局3D打印、互联网金融、大数据等软件产业和信息服务业新兴领域，建立了以龙头企业为主体、产学研相联合的发展机制，形成需求牵引、创新应用的发展模式。

一、园区概况

上海浦东软件园是全国最早的软件园之一，是原信息产业部和上海市人民政府共同组建的“国家软件产业基地”和“国家软件出口基地”，也是国家新型工业化示范基地、国家级科技企业孵化器和智慧软件园试点园区。上海市政府高度重视浦东软件园的发展，将其列为国家服务外包平台上海中心、上海市软件出口（创新）园区和上海市数字园区。2000年3月18日，上海浦东软件园的郭守敬园正式对外开园。随后，祖冲之园于2006年3月开园；三林世博分园于2008年10月开园；昆山浦东软件园于2009年8月开园。2014年1月，川沙园启动建设中，园区规划总建筑面积为93万平方米，总投资额达到74亿元。2016年4月，上海浦东软件园三林园项目正式开工，将形成六大园区联动发展的新格局。园区规划占地面积270亩（约18万平方米），地上建筑面积近37万平方米，投资总额将达50亿元，拥有多样办公空间供选择，并配备健身、餐饮等齐全配套设施。三林园项目建成后，预计将吸引超过200家软件企业入驻，每年实现营业收入超过100亿元。

浦东软件园是上海乃至全国的软件产品、技术和人才的集散地，吸引了大批国内外软件及信息服务外包企业的进驻，产值和规模快速增长。2000 年开园以来，上海浦东软件园的入驻企业数、就业人数、产值规模以及上缴税收也都呈现出持续快速增长的态势，形成了近千种软件产品与服务，集聚效应不断凸显，已经成为我国发展软件和信息服务业的重要集聚地。据不完全统计，园区内共有超过 1500 家的软件企业，其中入驻企业已经超过 600 家，从业人员 40000 人，园区的软件和信息服务业经营收入近千亿元。2016 年 8 月，上海浦东软件园制定实施浦软“互联网 + 服务”战略，以互联网技术和平台作为载体，转变园区传统的单一服务方式，推动转变为社区信息资源的连接分享，促进园区企业相互之间成为彼此服务对象，共同打造智慧新社区。经过二十多年的发展，上海浦东软件园已经形成了比较完整的上下游产业链，园区产业特征清晰、技术创新活跃、人力资源优秀、服务功能完善、辐射范围广泛、集聚效应显著。

二、重点行业发展情况

（一）主导产业

园区积极加快创新价值体系建设，围绕产业核心环节重点布局，打造产业链成长引擎，构建产业链重要支撑体系。经过多年快速发展，园区主导产业涵盖服务外包、移动互联、芯片设计、电子商务及互联网、文化创意和行业应用等多个领域，示范和引领作用日渐显著。园区积极引进业界领先的战略客户，不断加大战略选商力度，不断优化调整产业结构。

服务外包领域，产业保持稳定增长，园区聚集了花旗金融、群硕软件、塔塔信息等大批业界领先的服务外包及软件出口企业，为客户提供覆盖 ITO、BPO 和 KPO 业务的全方位服务。园区移动互联领域的产业发展迅猛，其中手机游戏、操作系统、位置服务、移动广告等领域的企业发展态势良好，魔迅、乐蛙等多家企业已经获得业界投资。2016 年，园区在服务外包领域积极开展合作，上海服务外包交易促进中心与河南外包产业园签署了互利合作协议，共同建设高素质服务外包人才池。另外，上海服务外包交易促进中心青岛分中心落户高新区，为青岛软件和服务外包企业提供外包项目信息发布、项目管理、咨询及培训认证项目等一站式服务平台。

芯片设计领域的产业规模持续保持领先。园区内不仅拥有高通、美满电子、德州仪器等国际领先企业，还拥有众多像海斐圣、迦美信芯等拥有自主核心技术的创业型企业。电子商务领域，创新模式不断涌现，包括东方电子支付、二三四五、洋码头等企业在电子支付、网址导航、海外代购和物流优化等模式下持续创新，在商贸流通、工农业、交通运输和旅游等众多领域的应用不断拓展。行业应用方面，产业深耕市场做精做强，SAP、思华科技、达梦数据库等企业产品已经覆盖到了政府、金融、电信、能源、教育和制造业等诸多领域的专业解决方案。

（二）新兴产业

园区以“创新驱动、转型发展”为主线，不断汇聚创新资源、推进创新应用、加快辐射带动，积极布局软件产业和信息服务业新兴领域，建立以龙头企业为主体、产学研相联合的发展机制，形成需求牵引、创新应用的发展模式。

3D 打印领域，园区拥有大批后端从事应用服务开发的企业，已经具备了有利的区位竞争优势。特别是由园区内智位机器人公司研发的 DreamMaker 桌面型 3D 打印机目前已经成功面市，此款产品是市面上同类产品中打印尺寸、打印速度和打印精度最高的，而该产品的售价只有国外同类产品的三分之一。

互联网金融领域，园区内的花旗金融、胜科金仕达等国际一流的金融信息服务厂商不断发展壮大，为园区金融信息服务领域的进一步发展打下了坚实的基础。而从事金融软件应用系统的天用唯勤和棠棣信息以及从事金融交易工具及量化模型开发的无花果信息等优秀企业，也都紧紧围绕金融和软件的核心技术不断努力。特别是上海市的拍拍贷金融信息服务有限公司，如今已经发展成为国内首个 P2P 网络信用借贷平台，成为国内最大的 P2P 人群聚集地，同时该公司也是第一家由工商部门特批并获得政府认可的互联网金融平台。

大数据领域，自开园以来，友邦保险、花旗银行和高通公司等知名企业就把数据中心建在园内，近年来，园区还涌现出诸如从事云平台开发建设的汇智软件，从事数据挖掘业务的锦融决策，从事云存储业务的七牛云存储，从事数据管理和数据驱动业务的信核数据，从事数据库精准营销的运筹信息，从事自主创新数据库系统的达梦数据库，从事商业智能应用系统开发的伟凡数据等一大批优秀企业，并集聚了基础设施、公共研发平台等综合优势，这些都将成为推动园区大数据产业发展的坚强动力。

第二十章　辽宁大连高新技术产业园

大连高新区是全国首个千亿级软件和服务外包产业集群，软件服务外包业务处于全国领先地位。园区信息技术服务业发展迅速，汇聚了 IBM、埃森哲、惠普、戴尔等国际 IT 巨头。同时，大连作为重要的东北老工业基地，机床、起重、汽车、轴承等装备制造业产业基础雄厚，工业软件发展空间巨大，正成为新的增长点。

一、园区概况

大连高新技术产业园成立于 1991 年，是首批国家级高新技术产业园区，也是东北地区一个国家级自主创新示范区。大连高新区发展以软件和信息技术服务外包为主导，以网络及电子商务、动漫游戏及文化创业、生命科学、设计、新材料和新能源、智能制造、科技金融为特色的现代服务业。先后被授予中国唯一的“国家软件产业国际化示范城市”和“国家创新型软件产业集群”，中国首家“国家创新型特色园区”，以及中国“国家软件产业基地”和“国家软件版权保护示范城市”“国家级文化和科技融合示范基地”等荣誉。

大连高新区是软件和服务外包产业的核心区，全大连市 95% 以上的 IT 及信息服务企业均集中在高新区。规划建设有大连软件园、七贤岭现代服务业核心功能区、河口国际软件园、黄泥川・天地软件园和华信软件园等多个专业软件园，软件和服务外包产业呈高端化、规模化、集群化发展，规模和实力位居全国前列。目前，以软件和信息技术服务业为主导的特色产业增势平稳，软件和服务外包产业规模超过 1600 亿元，已经成为城市经济新的增长点和推动高新区加快产业转型升级的重要力量。楼兰科技、腾讯、新锐天地等大批重点软件企业业务收入增长快速，文思海辉、东软、华信等龙头企业收入保持两位数的增长，大多数企业保持旺盛的用人需求，新三板挂牌企业总数占全市的51%。高新区汇聚了大量创新型企业、创新机构和高端人才，吸引了一批国际行业领军企业项目，形成了千亿级软件和服务外包产业集群。拥有企业5000多家，其中国家认定的高新技术企业187家，技术先进型企业121家，IBM、惠普、花旗、英特尔等世界500强企业项目和行业领军企业项目112多家。

技术创新加速推进，自主创新成果不断涌现。“十二五”时期，大连高新区有效发明专利拥有量2192件，占大连市总量的34%，专利申请总量和专利授权总量连续多年位列全市第一。已经获批的高新技术企业和技术先进型服务企业分别占全市认定企业总数的35%和96%。拥有获批建设的国家、省市级工程技术中心及实验室121个，其中企业自主建设的国家级技术中心及实验室达到8个，船舶设计、大飞机焊接数控系统等多项技术和产品填补了国内空白。

“众创空间”模式创新发展，有力推动创新创业。为了激发创新创业活力，高新区于2015年提出“创业大连·高新区示范引领工程”，相继出台了《有关于推进“创业大连高新区示范引领工程”的实施意见》和《关于发展众创空间推进大众创新创业的若干意见（试行）》政策，通过政策引导构建人人参与的众创空间，由点及面打造覆盖整个高新区的众创群落。通过发挥官助民办模式的优势，从办公场地、创业服务、人才引进、绩效奖励等四个方面对创新型孵化器和创业企业给予引导和支持，推动创新型孵化器建设。如建立一站式创业公共服务平台“天使会客厅”，为创业企业提供整体解决方案。设立了总规模5亿元的新兴产业创业投资引导基金，采取阶段参股和风险补贴方式，支持天使投资和创业投资机构投资园区种子期、初创期创新创业企业和新兴产业。目前高新区的创新创业活动异常活跃，众创空间累计超过30家，聚集创业团队和企业430多个，70余家创业企业获得各类投资3.65亿元，11家众创机构被科技部认定为国家级众创空间。

基础设施不断完善。大连高新区全面加快推进基础设施建设，相继建成瑞安天地软件园、华信软件园等一批高科技产业园。大连高新区是科技创新的平台，拥有近百个国家级研发中心和企业研发中心，8个公共技术服务平台。随着南部滨海公路——星海湾跨海大桥投入使用，凌水湾区域的基础配套设施及周边环境得到大幅改善和品质提升，万达广场、锦辉商城（高新区店）等商业设施正式营业，推动高新区成为大连市西部重要的商业中心。

二、重点行业发展情况

（一）服务外包

大连高新区软件服务外包业务全国领先，全球 10 大服务外包企业有 7 家在高新区落户，华信、东软、文思海辉 3 家本土企业对日软件出口额连续多年位列全国前三，成为全国首个千亿级软件和服务外包产业集群。华信于 1996 年开始承揽日本 NTTDATA、NEC 等企业的软件开发业务，现已成长为一家拥有近 8000 名员工的企业，软件出口连续 10 年位居中国第二名。大连海辉软件公司成立于 1996 年，以对日软件开发业务作为公司主营业务，现经与文思信息技术有限公司合并重组，已经成为拥有 2. 5 万名员工的中国最大的服务外包公司。

对日外包服务成为主体。大连高新区依托在交通、历史文化特别是日语人才、日语教育等领域的独特优势，自成立以来就得到了众多日资企业的青睐，对日外包服务快速发展。大连高新区现在有外资企业 1200 余家，其中日资企业占比达 40% 以上，其余外资企业都开展对日业务。园区 112 家世界 500 强企业中有约 40 家是日资企业。NEC 信息系统（中国）有限公司于 2001 年在大连设立了面向日本应用软件开发的分公司。松下公司在 2004 年在大连设立了软件研发中心，目前已拥有员工 1200 人。软银在 2009 年设立大连 BPO、ITO 及技术研发中心，目前拥有员工超过 2000 人。

（二）信息技术服务

大连高新区信息技术服务发展迅速，汇聚了 IBM、埃森哲、惠普、戴尔等国际 IT 巨头。高新区软件企业不断加强与装备制造、金融、能源、电信、物流航运等行业企业合作，提供高端化的信息技术产品设计开发服务，逐步向产业价值链的高端发展。目前软件研发中高端设计及整体解决方案提供业务占比达 30% 以上，包括与传统行业相关联的设计、数据分析、营销、人力资源管理、金融分析、医药分析等 KPO 业务，以及部分 BMP（业务流程管理）业务。

（三）工业软件

大连作为重要的东北老工业基地，机床、起重、汽车、轴承等装备制造业产业基础雄厚，工业软件产业链的上游产业基础雄厚，工业软件发展空间巨大，正成为新的增长点。集聚了中国华录、大森数控、华冶联、阿尔派电子、四达高技术等知名企业，在数控机床、自动生产线控制、数字化车间、工业机器人等领域形成一批国际先进、国内领先、填补空白或替代国外产品的自主知识产权产品，并在国家重点项目、国有大中型工业企业中取得较好应用成效。英特仿真公司面向工业制造设计的仿真优化平台在一汽集团获得应用；四达高技术公司的机器人在沈飞西飞的飞机数字化装配中得到较好应用；圣力来公司的动态设备监控系统为中石油集团远程检测中心搭建起所辖炼油厂设备运转实时安全检测平台；大连美恒公司开发的电机调速调压控制系统替代西门子、ABB 产品，在冶炼、矿山和航天发射基地得到广泛使用。奥拓公司的白车身焊装自动生产线在北京奔驰、华晨宝马、一汽奥迪、上海通用等生产厂得到广泛应用。

第二十一章　江苏南京软件谷

2016年，江苏南京软件谷加快建设和发展，产业的集聚规模、结构层次、综合实力不断提升。软件谷在北园建设具有全球竞争力的中国通信软件产业第一基地，进一步巩固和强化通信软件产业优势，提升在大型交换系统、数据网络、增值业务、下一代网络核心技术、通信解决方案等领域的核心价值。在南园建设国内一流的超级云计算技术研发中心、产业拓展基地和服务示范窗口，重点建设超级云计算服务产业园。在西园建设全国一流的数字服务产业基地，打造适合中小软件企业创业孵化、创新技术、创意发展的产业集聚区。

一、园区概况

中国（南京）软件谷成立于2011年8月，位于南京主城的西南部，是全国最大的通信软件产业研发基地，全国首批、江苏唯一的国家新型工业化（软件和信息服务业）示范基地。自成立以来，园区先后获得中国服务外包基地城市示范区、国家火炬计划现代通信软件产业基地、国家级服务业标准化试点园区、国家数字出版基地、国家级博士后工作站等多项国家级荣誉。

近年来，软件谷加快建设和发展，产业的集聚规模、结构层次、综合实力不断提升，成为“千亿级软件产业基地”。“十二五”期间，软件谷的软件和信息服务业收入、地区生产总值、一般公共预算收入年均增幅分别达到33.3%、28.2%和30.7%。2016年1—11月全区预计实现软件和信息服务业收入1680亿元，同比增长15%；新增软件产业建筑面积55万平方米，总量达到660.41万平方米；新增涉软企业120家，总数达到894家，新增涉软从业人员24000人，总数达到20.4万人。集聚各类软件企业近1000家，其中世界500强及世界软件500强企业9家，中国软件百强企业15家。集聚院士1

名（企业创始成员）、千人计划 15 人（其中自主培养 5 人、外部集聚 10 人），集聚南京市领军型科技创业人才 166 人，集聚“创业南京”高层次人才 32 人。

软件谷注重以知识要素为牵引开展科技服务，着力建设创新设施，促进企业创新创业。现已建有国家级重点实验室 1 家（国家天线与微波技术重点实验室）、国家级工程技术研究中心 1 家（国家信息安全工程技术研究中心江苏分中心）、国家级博士后科研工作站 3 家、省级重点实验室 1 家、省级工程技术研究中心 13 家、市级工程技术研究中心 29 家；建有国家软件产品质量监督检验中心、南京超级云计算中心、江苏软件产品检测中心等公共技术平台；建有北京大学南京创新研究院、南京大学软件学院软件谷分院、东南大学光传感/通信综合网络国家地方联合工程中心等产学研联合创新载体。

软件谷分为北园、南园、西园三大园区。北园打造具有全球竞争力的中国通信软件产业第一基地和全省乃至全国最重要的软件产业公共服务平台。南园引进国际软件产业研发总部，打造国内一流的技术研发中心和产业拓展基地、国际软件企业研发总部集聚区。西园打造全国一流的数字服务产业基地和适合中小软件企业创业孵化、创新技术、创意发展的集聚区。现已形成了多个产业集群，包括以华为、中兴、亚信等为龙头的通信及智能终端产业集群；以 SAP、欧朋、趋势等为引领的云计算、大数据及移动互联网产业集群；以京东、苏宁等为支柱的电子商务及互联网金融产业集群；以美满、润和等为核心的物联网及芯片设计产业集群；以中电十四所、宏图三胞、舜天、苏豪等为平台的旗舰经济。

二、重点行业发展情况

（一）通信软件

软件谷在北园建设具有全球竞争力的中国通信软件产业第一基地，依托华为、中兴、江苏润和、文思海辉等重点企业，以江苏赛联信息产业研究院、江苏虚拟软件园、江苏省软件检测中心等省级软件产业公共服务平台为载体，进一步巩固和强化通信软件产业优势，提升在大型交换系统、数据网络、增值业务、下一代网络核心技术、通信解决方案等领域的核心价值。2016 年，润和软件首次上榜 2016 年中国软件业务收入百强，金融业务得到蓬勃发展，在核心业务解决方案子市场优势突出。

（二）云计算

软件谷在南园建设国内一流的超级云计算技术研发中心、产业拓展基地和服务示范窗口，重点建设超级云计算服务产业园。集聚了紫光、华软、云创存储、斯坦德等一批云计算龙头企业，聚焦发展超级云计算技术研发和应用服务，加快构建和完善集云计算基础设施、技术研发、系统集成、硬件产品制造、软件支持服务、市场运营等于一体的产业体系。加快云计算技术的推广应用，在电子政务、企业信息化、工业设计、移动支付、信息安全等重点领域开展示范应用。来自软件谷壹千零壹号自动化科技公司的“1001 号云制造平台”项目从全国 100 多个项目中脱颖而出，成功入选全国“互联网 +”工业十大案例。“1001 号云制造平台”以 3D 打印技术为基础，整合加工、模具、注塑等生产链条，通过连接手机等智能终端到生产设备的云制造平台，推动传统企业加快实现智能制造和柔性生产，为企业节约 50% 的研发费用，缩短研发时间一倍以上。

（三）服务外包

在西园建设全国一流的数字服务产业基地，打造适合中小软件企业创业孵化、创新技术、创意发展的产业集聚区。重点建设国家级数字出版基地、电子商务产业园等产业基地，不断提升国家级数字出版产业基地的产业规模与层次。整合计算机、通信、网络、流媒体、存储和显示等关键技术，通过引进加快发展数字设计、数字影视、数字广播、数字识别、数字虚拟、数字期刊等各类数字服务产业。在 2016 年全球服务与外包领军者峰会上，软件谷被授予“2015 年度全球最佳服务外包园区——中国十强”，谷内企业富士通南大软件技术有限公司和软通动力信息技术有限公司挤进“2015 年度全球最佳服务外包供应商——ITO 中国二十强”和“2015 年度全球最佳服务外包供应商——中国五十强”。

第二十二章　福建福州软件园

福州软件园秉承“可持续发展、生态型、山水园林式科技园区”的理念，形成了五大产业体系，是全国首屈一指的集科研、生产、商贸、文娱和休闲于一体的多功能高科技园区。2016 年，在信息产业改造传统行业的历史机遇下，福州软件园拥有的行业应用软件产业集群、互联网产业集群、IC 设计与智能控制集群、大数据产业集群和文化创意产业等多个重点行业蓬勃发展，累计实现技工贸总收入 500 亿元，上缴税收逾 20 亿元，产值、税收均占福建省软件业的一半以上，成为海峡西岸经济区软件企业最重要的集聚地。

一、园区概况

福州软件园成立于 1999 年 3 月，是目前福建省最大的软件产业园区，获得“国家火炬计划软件产业基地”“国家高新技术创业服务中心”“国家现代服务业产业化基地”“中国软件和服务外包杰出园区”“国家新型工业化产业示范基地”等一系列称号。园区秉承“可持续发展、生态型、山水园林式科技园区”的理念，形成了五大产业体系，目前已成为全国首屈一指的集科研、生产、商贸、文娱和休闲于一体的多功能高科技园区。

目前，全园共有入驻企业 486 家，其中，全国软件收入百强企业 4 家，国家重点软件企业 10 家，上市企业 29 家。集聚了天晴数码、国网信通亿力、联迪商用、榕基软件、三元达通讯、亿榕信息、顶点软件、新大陆软件、富士通软件、瑞芯微电子等知名企业，形成了行业应用软件、IC 设计与智能控制、互联网服务、大数据和文化创意等五大特色产业集群，集聚各类专业技术人才 30000 多人。软件园累计实现技工贸总收入 500 亿元，上缴税收逾 20 亿元，产值、税收均占全省软件业的一半以上，成为海峡西岸经济区软件企业最重要的集聚地。

园区技术服务体系不断完善。福州软件园现已建成福建省软件公共技术服务中心、福建动漫游戏公共服务平台、福州863软件专业孵化器、福建软件国际合作联盟、研究所培训工作总站等，总投资超过2亿元，实现资源共享，基本可以满足园区企业的开发、测试、实验需求。其中，福建省软件公共技术服务中心于2006年在D区正式启用，开展设备租赁、产品评测、人才实训、外包服务、项目咨询等产业服务，为园区企业提供强有力的技术保障和专业服务。国家863软件专业孵化器（福州）基地运营四年来，已毕业企业近百家，目前在孵企业70家。

注重人才培养和引进，形成多层次、立体化的人才服务体系。福州大学等高校在软件园设立软件学院，作为重要的软件人才培养基地，每年可为园区输送本科、大专生约3000名。园区博士后科学工作站于2008年设站，是园区企业吸纳高层次人才、开展产学研交流的平台，目前在站研究人员6名。福州市研究生工作总站与北大、清华、北邮等国内13所高校合作，开设计算机技术、电子与通信、软件工程等专业硕士学位班，已有1400多名企业中高层技术骨干获得硕士学位。园区与微软、思科、中科院软件所等机构常年合作，培养软件实用人才。引进奥博洋、北方教育等专业培训机构，针对企业需求开展短期适用人才培训。2016年，园区拥有博士83人，国家“千人计划”专家3人，国家科技创新创业人才1人，国务院特殊津贴专家4人。省“百人计划”专家6人及团队3个，省外“百人计划”专家1人。

二、重点行业发展情况

（一）行业应用软件

在信息产业改造传统行业的历史机遇下，经过多年的技术积累和产品变革，福州软件园涌现出了榕基、顶点软件、福昕、三元达、新东网、新大陆、福富、富春通信等大型企业为代表的行业应用软件产业集群，为通信、电力、金融、政务、医疗、教育、智能办公、质检等行业提供软件技术开发和行业信息化应用解决方案。

（二）互联网服务

福州软件园拥有风灵创景、中金在线、车友网、宝宝巴士、智趣、大娱号等企业为代表的互联网产业集群，业务范围涉及分发平台、在线教育、垂直网站运营、数字多媒体视频解决方案等多个领域。

（三）IC设计与智能控制

以福建省集成电路设计中心为依托，瑞芯微电子、贝莱特、中科光芯、睿能科技、联迪商用、丽声、华虹科技、安明斯智能、高奇电子等IC设计与智能控制企业落户福州软件园，致力于多媒体芯片、光芯片及光器件研发，产品种类覆盖金融POS、光学晶体、定制助听、智能家居等领域。

（四）大数据

福州软件园形成了百度91、闽保、易联众、亿榕、福诺等为代表的大数据产业集群，致力于数据挖掘、数据存储、实时监测、统计分析等领域的技术研发。

（五）文化创意

福州软件园内的动漫产业规模不断扩大，涌现出世纪长龙、天狼星动漫、神画时代、天之谷、网龙、天极数码等为代表的影视、动漫、游戏企业，致力于影视、原创动漫及品牌设计，带动园区动漫游戏产业精品涌现。目前文化创意产业蓬勃发展，年产值达到18亿元，占园区总收入的10%。

第二十三章　山东齐鲁软件园

山东齐鲁软件园是一个以软件产业为核心，业务领域涵盖动漫游戏、半导体、服务外包、系统集成、通信等多个产业的综合性信息技术产业园区。2016年，齐鲁软件园软件服务外包产业发展迅猛，信息通信技术创新产业发展稳步推进，电子商务等新兴产业纳入发展规划，“智慧制造”产业发展力度加大，园区进一步发展目标明确。根据园区发展规划，到2020年，齐鲁软件园力争技工贸总收入达到4000亿元，保持年均增速超过20%；软件和信息服务业收入以年均15%的增速增长，力争产业规模达到2000亿元；服务企业数量力争从现有的1700家增加到5000家。

一、园区概况

山东齐鲁软件园成立于1995年11月，位于济南市高新技术产业开发区，是一个以软件产业为核心，业务领域涵盖动漫游戏、半导体、服务外包、系统集成、通信等多个产业的综合性信息技术产业园区。经过20多年的发展，目前园区以面向行业的应用软件、集成电路设计和服务、机器人与智能制造、信息安全、新技术和新业态等为主导产业。园区先后获得“国家软件出口创新基地”“国家火炬计划软件产业基地”“中国服务外包基地城市”“国家软件人才国际培训基地”“全国信息产业系统先进集体”“国家高新区先进孵化服务机构”“国家软件产业基地”“山东省重点服务业园区”等多项荣誉称号。2016年3月，齐鲁软件园凭借在外包产业领域良好的发展业绩、优质的服务环境以及广泛的社会影响力荣获2015年度“中国服务外包园区十强”，连续7年获评该项荣誉。2016年4月，齐鲁软件园获批科技部国家级科技企业孵化器。

自成立二十多年以来，园区始终坚持“营造环境、拉动产业、促进发展、共同提高”的发展思路，紧密围绕产业拉动、园区规划建设、企业服务三大任务，为园区企业着力打造了集人才保障、企业协作、技术支撑、融资服务等服务于一体的综合性服务平台，重点聚焦在人才聚集、技术支撑、产业国际化和集成创新四项工作任务。园区利用省市区三级人才政策，大力引进和培养高层次创新创业人才，园区的发展具有了人才上的保障。园区现有全方位的综合性技术支撑平台，为进驻园区的企业提供免费的软件开发、测试、过程管理和质量控制等技术支撑环境。园区还注重企业协作工作的创新，以企业联盟和行业协会的形式搭建了促进企业协作经营与管理的平台，实现行业内企业间的互补，技术与产品的转化，资源与人才的共享，营造了积极的企业集群创新环境，实现了企业间的协同共赢。园区有通过联合银行、投资机构、政府相关机构为企业提供多层次全方位的资金服务产品，已经形成银行贷款、风险投资、政府支持资金齐头并进的金融服务体系和保障平台。

除了升级和完善已有的软件开发全过程技术支持环境，近年来，园区还投入 12 亿多元新建和扩建了新兴行业应用技术支撑平台，其中包括嵌入式软件开发技术平台、软件和信息服务外包公共技术支撑平台、基于通信行业的公共技术服务平台、虚拟现实实验室、动漫集群渲染平台等，提供全面的公共服务，助力企业提高创新能力。在加快公共服务能力建设、产业聚集发展的带动下，园区拥有了一流的科技型中小企业孵化器以及“创业咖啡 + 创业苗圃 + 孵化器 + 加速器”的孵化体系，企业发展的生态环境有利于园区内中小型科技企业孵化发展，在政策、管理、法律、融资、技术平台、市场推广和培训等方面为它们提供全方位专业的服务，帮助创业企业快速孵化，为推动大众创业、万众创新的蓬勃发展提供系统保障和有力支撑。

二、重点行业发展情况

软件服务外包产业发展迅猛。齐鲁软件园是济南服务外包产业的重要聚集地，园区全力创造适于企业发展的生存土壤和服务环境，在推动济南市乃至山东省的服务外包行业发展过程中发挥重要作用，开辟了一条具有济南特色的软件服务外包产业发展路径。2016 年 3 月，齐鲁软件园成功入选“2015 年度全球最佳服务外包园区——中国十强”榜单，成为中国最具竞争力的服务外包园区之一。园区在服务外包产业的发展中坚持本地企业与外来企业并行发展的思路，以浪潮、凌佳为代表的本土企业发展迅猛，以 NEC 软件、日立、沃尔沃优创等为代表的外来企业进驻园区后也迅速发展扩大。

信息通信技术创新产业发展稳步推进。2016 年 11 月，山东信息通信技术创新产业基地在济南高新区正式开工。基地预期 2019 年 9 月建设完成，预期孵化企业将达到 100 家以上，产值近 150 亿元，带动增加就业约 1.5 万人，相关产业链上下游创收将显著增加。为满足产业基地内信息通信领域内的创新企业长期发展各阶段的支撑和服务需求，济南高新区以齐鲁软件园为核心，搭建了以齐鲁创新城、信息通信产业基地等为主体的研发区，初步形成了以孵化器、加速器、专业产业园区为代表的全方位三级载体建设模式，成为国家信息通信和软件产业的重要聚集区。

电子商务等新兴产业纳入发展规划。在国家大力推进“中国制造 2025”和“互联网 +”行动计划的大背景下，互联网产业迎来良好的发展机遇。齐鲁软件园作为电子信息产业发展的前沿阵地，抢抓机遇，积极营造完善的互联网产业生态。2016 年，园区先后前往深圳腾讯总部和阿里巴巴滨江园区，学习和考察电子商务平台和“互联网 +”项目，就园区在电子商务和“互联网 +”项目领域的部署和发展与腾讯、阿里交换意见，就推进园区企业和腾讯、阿里的进一步合作达成意向。作为我国最早的软件园之一，齐鲁软件园正从原来面向行业的应用软件以及服务外包业务向云计算、物联网、电子商务等新兴产业方向延伸。

“智慧制造”产业发展力度加大。2015 年，为响应《中国制造 2025》强国战略行动纲领，齐鲁软件园提出打造“智慧制造”产业的新目标，并将其确立为园区新的产业增长点。为了帮助相关科技企业和制造企业实现转型和快速发展，抢占智能装备和新兴工业技术的市场先机，园区规划投资 1.2 亿元搭建山东省机器人与智能装备公共技术服务平台。2016 年，济南高新区投资 5000 万元，启动平台一期建设工程，“智慧制造”产业进入实质性发展阶段。山东省机器人与智能装备公共技术服务平台继续向企业提供免费的软硬件设备和相关支撑服务。此外，平台还对服务模式进行了重大创新。如引入德国 3S 软件公司进驻园区成立研发中心；引进国内外领先的智能制造装备与新型机器人研发团队进入平台办公，为园区内相关企业提供智能制造关键技术、创意创新和流程管理等方面的攻关服务；提供软件与智能制造领域的高级人才培训和专业的创意产品生产和测试服务；以该公共技术服务平台为基础，建设智能机器人与数字化装备科技园；园区还与赛伯乐投资集团合作，共同出资10亿元成立山东智慧制造产业基金，充分支持园区内乃至山东省内智能制造企业的发展和壮大。齐鲁软件园以多种措施加大“智慧制造”产业的发展力度，塑造了“科研平台＋科研团队＋产业化基地＋产业投资基金”的智能制造产业全面发展支撑架构。

园区进一步发展目标明确。从2017年开始，齐鲁软件园将实施优势产业“倍增”行动，进一步加强和巩固优势产业的领先水平，力争实现增长翻倍；实施招商“双引”行动，进一步改善和优化招商环境，给予招商优惠和扶持政策，坚持“招大引强、招特引优”的招商思路；实施科技创新人才“聚集”行动，以完备的发展体系和优越的工作环境吸引高级人才到园区工作，引进和培育知名创新团队到园区创业和发展；实施科技创新主体“聚集”行动，与省内外知名高校、科研院所密切合作，实现产学研一体化发展，促进科研成果的落地和孵化；实施企业“国际化”行动，开展国际交流合作，学习国外企业先进的技术和管理，帮助企业“走出去”，同时将国际一流技术和管理经验“引进来”，加强企业消化吸收外国先进经验的能力，增强企业再创新和因地制宜应用能力。

根据园区发展规划和目标，到2020年，齐鲁软件园力争技工贸总收入达到4000亿元，保持年均增速大于20%；软件信息服务业收入以年均15%的增速增长，力争产业规模达到2000亿元；服务企业数量力争从现有的1700家增加到5000家。争取在“十三五”时期跻身国内领先、国际先进的软件园行列。

第二十四章　山东青岛软件园

青岛软件园吸引了包括微软机构、新立迅、美国优创、日本软脑、NHN等30多家外资软件企业，用友、金蝶、浪潮等190多家国内企业，园区内软件研发人员已经达到8000多人。2016年，园区逐步加大IT服务外包业务的发展力度，对日本、欧美和印度的软件服务外包业务取得了显著成果。此外，青岛被批准为国家动漫创业产业基地，形成了较为完备的人才培养和园区建设等扶持体系，动漫产业发展渐入佳境。园区积极创新办学体制和办学模式，吸收社会和产业资本，采取校政企三方共建模式创办软件行业人才培训基地，着重培养具有创新创业精神的复合型IT人才，支撑软件园区的软件与服务外包业的发展。

一、园区概况

青岛软件园是国家火炬计划软件产业基地、“青岛市留学人员创业基地”，先后获得“国家火炬计划软件产业基地管理先进单位”“全国先进科技产业园”“国家科技企业孵化器”等荣誉称号。青岛软件园已经形成以软件外包、集成电路设计、数字动漫、嵌入式、行业应用软件为主导的软件产业集群，其中软件外包方向发展尤为迅速，已经成为青岛市发展服务外包产业最集中的区域。园区现有公共技术支撑平台、集成电路设计平台、数字动漫支撑平台、人才培训服务体系、IT服务外包技术平台等众多技术支撑平台组成的完备的公共服务环境，能为企业提供包括人才培训服务、技术支持及国际交流等在内的全方位服务。

青岛软件园一期建筑面积26万平方米，目前已有20万平方米研发楼投入使用，已吸引了包括微软机构、新立迅、美国优创、日本软脑、NHN等30多家外资软件企业，用友、金蝶、浪潮等190多家国内企业，园区内软件研发人员已经达到 8000 多人。在园区的支持和推动下，本土企业逐步发展壮大，园区有通过 CMM2 认证的软件企业 8 家，通过 CMM3 认证的软件企业 6 家，通过 ISO9000 质量认证的软件企业达到 30 多家，企业全面开展对接欧美的软件开发以及信息技术服务外包业务，并取得一定成效。截至目前，青岛软件园二期暨青岛国际动漫游戏产业园建筑面积 11.5 万平方米，目前已全部投入使用，入园动漫游戏企业逾 30 家。青岛软件园三期建筑面积约 100 万平方米，目前处于规划设计阶段。

青岛软件园加大资金投入力度，现已建成“三库四平台”等服务平台，又开通了园区互联网数据中心；引入了网通模块局；投资 3000 多万元建成了全省首个集成电路设计平台；投资 2500 多万建成了数字动漫支撑平台。通过不断完善技术支撑平台和公共服务环境，园区为入驻软件企业的健康稳健发展提供技术支撑，打造软件产业服务生态链，为园区软件企业的发展注入新动力。

青岛软件园建有 QST 青软实训基地，每年可容纳 3000 多名学生实习实训，提供订单式人才培养服务，直接对接企业所需的软件人才。园区还通过与 IBM 联合创新中心合作建立了外包人才实训基地，让学生直接参与到 IBM 的软件工程师认证培训教育之中，每年培养优秀外包人才 2000 多人。

青岛软件园对园区软件和信息技术服务领域相关企业提供了全面的资金支持和融资服务，园区采取了一系列创新性举措，如无偿贷款、周转资金、贴息等有效地支持园区企业的发展。园区还成立了投资担保公司，搭建了融资担保平台，加大了对园区软件产业和企业的扶持力度，妥善解决了中小型软件和信息技术服务企业发展和壮大过程中遇到的技术支持、公共服务、投融资等问题，为园区软件企业的筹融资开拓了新路径，加大了保障力度。

二、重点行业发展情况

IT 服务外包业务稳步发展。园区逐步加大对日 IT 服务外包业务的发展力度，目前已经聚集了日本软脑、创迹、宇通系统、大手海恩等一批日资软件企业，中国本土企业如海尔软件、恒远天地、易科德等在承接对日外包服务中取得跨越式发展。园区对欧美和印度的软件服务外包业务也取得了显著成果。美国优创、加拿大赛得、瑞典拓讯、澳大利亚高登、英国斯邦等欧美软件服务外包企业相继落户青岛软件园，同时也带动园区内其他企业，如智洋，译通未来、圣安德等在承接外包服务方面取得长足进展。

动漫创意产业迅速发展。自青岛被批准为第六个国家动漫创业产业基地以来，青岛市动漫产业迅速崛起，目前已经形成了较为完备的人才培养和园区建设等扶持体系，青岛动漫产业发展渐入佳境。青岛软件园投资建设的数字动漫技术平台为园区内以及青岛市的动漫企业提供专业制作设备、技术支持以及行业上下游产品的研发和制作。青岛市和青岛软件园区在政策层面上将动漫企业作为重点扶持对象，青岛市设立每年5000万元文化产业发展资金和1亿元服务外包扶持资金主要向动漫企业倾斜，青岛软件园对动漫企业给予了房租上的优惠，加大吸引和支持动漫企业的入驻和发展。

IT行业人才培训业务全面发展。园区积极创新办学体制和办学模式，吸收社会和产业资本，采取校政企三方共建模式创办软件行业人才培训基地，培养信息化社会发展所需要的基础知识扎实、实践能力卓越、综合素质优秀的软件行业人才，着重培养具有创新创业精神的应用性复合型优秀IT软件与服务外包人才，支撑软件园区的软件与服务外包业的发展。以青岛实训为代表的人才培训企业为园区的软件行业公司量身定制人才培养平台，针对不同公司的人才需求制定相关人才培养课程，整个人才培训行业所涉及的领域涵盖移动互联、互联网开发、云计算、大数据、游戏开发、软件开发、服务外包、集成电路等，为园区以及青岛市的软件行业发展提供强有力的人才支撑。

第二十五章　广东广州天河软件园

广州天河软件园是华南地区软件企业最密集的国家软件产业基地。2016年，天河软件园技工贸总产值预计同比增长幅度将超过20%，构建形成以电子信息、生化制药、新材料、光机电一体化为主的高新技术产业集群。2016年，天河科技园加大了对科技中小企业贷款的支持力度，不断提高生态环境建设，持续完善生活配套，注重和加强人才培养，推广园内知名企业迈向全球市场，努力构建成为科技产业创新中心建设排头兵。

一、园区概况

广州天河软件园前身是广州天河科技园，于1999年在天河科技园的基础上设立。广州天河科技园成立的前身是广州天河高新技术产业开发区，也是全国首批国家级高新技术产业开发区。天河科技园园区规划总面积高达20平方公里，目前已经成为华南地区软件企业最密集的国家软件产业基地，同样也是中国最重要的软件产业园区之一。天河软件园以创造科技核心区、高端服务业的聚集区和现代软件社区为发展战略目标，以科技创新引领全面创新，让天河的企业辐射到世界，打造国际科技创新枢纽核心区和第二中央商务区，连接金融创新综合以及高端科技企业总部。天河软件园推进天河"互联网+"小镇建设，构建千亿级互联网产业集聚区。天河区将以提高发展质量效益为中心，努力当好科技产业创新中心建设排头兵，打造国际科技创新枢纽核心区。

天河软件园地理位置极佳。天河软件园坐落于广州东部高新技术产业带，总体规划面积12.4平方公里，毗邻全国三大中央商务区之一的天河中央商务区，在基础设施、服务功能、资本市场、创新要素、生态环境等方面拥有优越的综合区位优势。园区地理位置优越，10分钟可到达国际金融城和中央商务区，15 分钟直达国际会展中心，18 分钟可达广州大学城，30 分钟内可达广州白云国际机场，与珠三角主要城市形成 1.5 小时经济圈。京珠、环城、广河、广园、华南快速等快速道路已建成通车；广汕公路、大观路即将实施快速化工程；广州 3 号线、6 号线、21 号线等地铁线路均在园区中心区域设置站点；46 条公交线路、52 个公交站点全面覆盖园区及周边；轻轨系统也已在规划，形成了完整纵横的便捷交通体系。

天河软件园人才资源丰富。天河区集聚了 65 所高校和科研院所，41 家国家、省级重点实验室，除此之外还有华南理工大学、暨南大学、华南农业大学、华南师范大学等一大批培养现代创新型人才的全国知名高校云集，构建起多层次、多方面的高端专业的人才结构，从研发到孵化、加速成长再到产业园区，都能提供源源不断的人力资源。在一批国内外知名高校、科研机构陆续设立国家级产学研创新平台、重点实验室与转化中心等机构，园区已成为产学研用资源高度集聚区域。据统计园区就业的人数有 14.3 万人，大专以上的占 87%。企业员工平均年龄不超过 30 岁，是创新创业的主力军。

天河软件园周边环境优越宜居。天河软件园山水相依，20 平方公里的核心区中，森林绿地面积占比达到三分之一。园区强调产业、生态融合布局，通过构筑花谷景观、花园绿道、亲水栈道等生态景观系统，按照“海绵城市”理念打造一城多湖、湖湖相连的岭南山水景观，塑造形成“一园一湖一景”特色生态园区。园区坚持特色产业与宜居生活双轨发展，重点引进了大型商业配套综合体、银行、学校、酒店、医院。日航酒店、中央大厨房已经顺利开业；人才公寓项目加快推进；便利店、连锁店等各类中小型商业配套设施不断完善。天河区目前已投入超过 1 亿元推动商圈景观等公共基础设施改造，从多方面着手，着力提升天河路商圈环境品质及景观外部形象，全力打造购物商圈景观。

天河软件园未来发展前景卓越。作为智慧城的核心区，天河科技园高唐新建区通过大力推进土地征储，为优秀产业项目提供了充足的用地资源保障。同时，在科学划分产业发展方向基础上，天河科技园依托智汇 PARK 创意产业园、高唐孵化器等一批成熟的产业载体。计划未来 3 年新增建设楼宇面积 200 万平方米，为创新创业提供有力的载体支撑，有效促进产业集聚。园区经认定市一级孵化基地 7 家，同时也产生了一批专业的孵化企业和各类助力企业发展的专业服务机构，为把园区打造成优质创新创业基地提供了肥沃的土壤和丰厚的资源储备。

天河软件园产业资源高度密集化集中。目前，园区内已经聚集了1700多家企业。据统计，主营业务年收入超过亿元级的企业有129家，超过千万元级的企业达521家。国家规划重点软件企业11家，境内外已上市的企业达15家。天河科技园累计认定软件企业、产品收入、产品登记数等各项指标占广州市70%。中国移动南方基地、网易、佳都、华多、太平洋网络等知名龙头企业现已入驻园区，带动了移动互联网、电子商务、大数据、地理信息、数字创意等八大优势领域突破创新。互联网金融企业加速集聚，大量高成长性企业不断涌现。根据企业发展需求，天河区和科技园构建了包括配套支持政策和园区促进优势产业发展若干措施等一系列全方位的产业政策支持体系，在科技人才、融资上市等方面提供政策配套，吸引企业落户，助推企业做大做强。

二、重点行业发展情况

天河软件园总规划面积22平方公里。现已入驻企业一千余家，其中软件企业七百多家。2015年实现技工贸总收入高达802亿元，软件企业总收入达532亿元。2016年技工贸总产值预计同比增长幅度将超过20%。构建形成以电子信息、生化制药、新材料、光机电一体化为主的高新技术产业集群。天河科技园管委会是我国政府部门中首个通过ISO9001（2000）质量认证的机构，其服务和管理进一步规范化和系统化。2016年前三季度实现地区生产总值2653亿，增长8.7%。在传统工商业增长放缓的情况下，天河以创新为引领的新产业、新业态对经济增长的拉动作用突出。天河区是华南地区颇为重要的IT产品交易中心，在全广州的13大电脑IT交易市场中，天河区占了9个，其年销售额占全市总份额的80%以上。天河区同样也是华南地区最重要的信息技术产品和服务的集散地。微软、IBM、ORACLE、思科系统、朗讯科技、太阳计算机系统等公司均将管理区域性业务的区域总部、分公司或办事处设在天河区。天河区集聚了中移动南方基地、佳都、网易集团等企业近两千家。广交会电子商务交易平台、UC移动互联网全球产业基地等一大批引领业界产业发展方向的大企业、大项目纷纷落户园区。到 2020 年，创建具有广州特色的大数据产业生态体系，努力成为全国大数据应用管理先行区、大数据创新创业示范区、大数据核心产业集聚区，并力争主营业务年收入超过 20 亿的大数据龙头骨干企业超过 10 家。园区在构建大数据之城方面不断突破创新，引领大数据时代周边产业的新风向，其中美电贝尔 2016 年荣获“中国十大智能建筑品牌奖”，2017 年 1 月荣膺 2016 年度“中国智慧城市建设推荐品牌”。

2016 年，天河科技园努力构建领先的发展环境，软硬件配套基础设施不断加强，吸引优质资源加速向园区产业集聚。2017 年，天河在创新方面的第二大动作即健全“1 +1 +8”科技创新政策体系，积极发展科技金融，与中科招商、深创投合作打造的天河一号、天河二号创投基金即将正式运行。同时，天河也在努力成立天河风投创投大街，目标成为华南的风投创投集聚中心。依靠创新驱动，天河的软件及信息服务业增长 25%，占 GDP 的比重从 2014 年的 3.8% 到 2016 年第三季度的 7.9%。2016 年天河新认定的高新技术企业有 982 家，增长 1.65 倍。2015 年新增孵化器 20 家，增长 69%，占全市的 26%。2015 年新增众创空间 34 家，增长 3 倍，占全市的 43%。随着众多企业和项目的落户，将吸引一批产业链上下游企业集聚发展。

努力提升园区核心竞争力，大力提高园区的企业市场敏锐度，天河科技园不断从各个方面软硬件基础设施层次等方面不断提高质量。一是从政策层面加大对科技中小企业贷款的支持力度，科技金融中心已经为 788 家中小企业出具了 1413 笔推荐表，并且对 418 家企业 496 笔贷款出具了贷款确认书，总共替中小企业获得银行贷款资金高达 42.4 亿元。广州也成为全国各城市中，政府在中小型科技企业授信中投入规模最大的城市之一。在获贷的企业中，有高新技术企业 303 家，占比 72.5%；有新三板挂牌企业 90 家，占比超过五分之一。同时制定完善高唐园区租金补贴政策，吸引优质企业进驻。此外，网游动漫人才培训平台完成软件开发和硬件安装调试，为企业提供强有力的技术支持。二是不断提高生态环境建设，智慧水系连通一期工程基本完工，成为天河区东北部生态景观亮丽名片。进一步构建园区产业、生态融合大格局，塑造宜业宜居特色生态环境。三是持续完善生活配套，积极与机场快线经营公司沟通协调，增加天河智慧城（日航酒店）站设置，优化区域公共交通，重点推进集约租车运作模式，同时推进公共区域无线网络建设，打造人性化、集约化、智能化的服务环境。四是推广知名企业迈向全球市场，UC 优视、酷狗音乐等一批在天河扎根的互联网企业已经走出国门，借助 2017 年广州承办《财富》全球论坛的契机，将吸引更多国际企业关注广州天河。天河将以科技创新引领全面创新，打造国际科技创新枢纽核心区和第二中央商务区。五是继续加强人才培养，2016 年“广东省综合性创业孵化（实训）示范基地”落地园区，该基地将通过打造众创空间平台、产品实验试制平台、融资支持平台、一站式全方位创业服务平台等七大平台，为高校毕业生等各类创业者提供培训实训、孵化对接、政务服务、交流展示等服务。

第二十六章　广东深圳软件园

2016年，深圳软件园的产业规模不断扩大，创新动能持续汇聚，政策环境持续优化，产业支撑载体不断丰富，园区服务能力持续升级。深圳软件园的大型行业应用软件主要面向电信、金融、物流、电力与公用事业、供应链管理等深圳地区的优势行业，在这些优势行业的带动下，园区开发出一批在国内具较高的知名度和市场占有率的产品。此外，园区游戏动漫业极具特色，已形成集制造、研发、分发、运营于一体的完整产业链，移动游戏领域基础优势明显，在本地互联网产业的带动下呈现出蓬勃发展的态势。在软件双创方面，深圳软件园高度重视创新创业体系的搭建，从政策环境营造、载体和平台建设、对外宣传推广等方面加大对软件和信息技术服务创新创业的支持。

一、园区概况

深圳软件园是国家级软件基地，主园位于深圳湾畔，与深圳高新区融为一体。按照"一核多园"的发展思路，软件园结合高新区主园、前海深港分园及福田、南山、罗湖等各区特色软件园区，统一规划建设，形成以主园为核心覆盖全市的软件产业布局，产业资源加速汇集，产业集聚效应凸显。

深圳软件园作为珠三角软件企业重要集聚园区，先后获得国家火炬计划软件产业基地、国家软件出口基地、国家服务外包基地城市示范园区和国家新型工业化产业示范基地等重要称号，在全国软件行业占有重要地位。2010年至2016年间，接连获得中国软件与信息服务外包最佳投资环境奖、全国服务外包人才培训校企合作贡献奖、中国软件和信息技术服务业最具品牌影响力的产业园区等奖项。

产业规模不断扩大。根据初步统计，2016年，深圳软件园入园企业接近

1000家，园区总收入超过7500亿元，同比增长20%以上，其中，软件和信息技术服务收入超过3800亿元，同比增长15%以上。软件出口超过220亿元，占全国比重约40%，连续多年居全国首位。

创新动能持续汇聚。根据初步统计，2016年，深圳软件园新增国家级科技和产业项目超过50个，新增地方级科技和产业化项目接近300个。2016年园区科技活动经费筹集总额超过350亿元，科技活动经费支出总额超过330亿元。在资金等产业要素持续投入下，2016年，深圳软件园拥有软件著作权登记数超过20000个，拥有软件发明专利数超过13000个，其中新增软件著作权登记数3000个以上，新增软件发明专利数1200个以上。

政策环境持续优化。近年来，深圳软件园深入落实国家和地方的产业政策，优化产业支撑体系，产业发展的政策环境不断优化。一是围绕《国务院办公厅关于发展众创空间推进大众创新创业的指导意见》贯彻落实《深圳市促进创客发展三年行动计划（2015—2017年）》，面向创客发展需求，拓展创客空间，夯实创客发展基础，完善创客发展生态链，大力推动软件和信息技术服务领域的大众创业、万众创新。二是积极落实《深圳市关于促进创客发展的若干措施（试行）》，不断加强创客空间建设、创客人才培育、创客公共服务建设、创客文化营造、创客创新与创业等方面的扶持，降低了创新创业的门槛，促进全球创客汇集。三是贯彻落实《深圳市人民政府关于加强创业带动就业工作的实施意见》等政策文件，从融资担保、补贴扶持到创业服务，进一步加大了对创业的扶持力度。四是积极落实《关于充分发挥市场决定性作用全面深化金融改革创新的若干意见》，从加强科技金融专营机构建设、探索开展高新技术企业风险信贷等方面不断提升对创新创业重点领域的服务支持力度。

产业支撑载体不断丰富。深圳软件园以品牌服务积极开展分园建设，拓展企业孵化空间，延伸平台服务，争取为更多的软件及信息服务企业提供良好的创业环境和服务。当前已经在原有“深圳软件园大运软件小镇（龙岗分园）”和“深圳高新区新一代互联网产业园”的基础上，正积极推进成立“深圳软件园龙华分园”。龙华分园位于宝能科技园，是深圳软件园、龙华区政府和宝能集团合作打造的深圳软件园高科技品牌专业园区。2016年，深圳软件园积极推进龙华分园招商工作，园区入驻企业均为高新技术企业或者双软企业。其中包括四家孔雀团队，两家新三板公司，三家正准备在新三板上市公司，企业经营领域包括应用软件、机器视觉、大数据、互联网、信息安全、多媒体、芯片设计、智能穿戴、智能家居、智能制造、石墨烯、军工产品等等领域。

园区服务能力持续升级。深圳软件园始终将服务放在工作的首要位置，以服务促发展，聚焦解决人才、融资、创新能力等产业发展的核心问题，2016 年深圳软件园重点加强人才培养及招聘服务、企业投融资平台、创新交流、人文环境方面的建设，为园区内企业发展提供强大支撑。一是加强人才培养与招聘。深圳软件园大讲堂组织了项目管理、敏捷开发、互联网技术、企业法律风险防控等公共讲座及研讨会。围绕国务院《促进大数据发展行动纲要》关于加强大数据人才培养、促进国际前沿大数据技术的交流合作等指导思想展开工作。此外，深圳软件园通过与大数据专业培训机构及学院合作，积极探索大数据方向“政产学研用”的合作新模式，开展大数据培训项目，开设《大数据技术与实践》等精品课程，做好深圳软件产业高端人才储备工作。二是强化金融平台服务。深圳软件园建设运营的金融服务平台——南方创投网以互联网 O2O 业务模式，为全国优秀高科技项目提供开放透明的融资渠道，促进高科技企业跨越式发展。平台集科技项目投资、企业并购、项目转让、人才合作与专业园区建设于一体。平台线上提供：项目融资对接、大学生创业项目转化、人才合作、银行创新产品、风投机构展示、高科技园区建设、科技金融政策发布等多项功能。线下具有：项目评估、定期投融资沙龙、年度投融资大会、投资专题培训等系列服务。2016 年除了常规项目路演、专题培训活动外，南方创投网参与承办部分行业主要活动，并组织企业积极参加国际金融博览会和中国国际高新技术成果交易会。三是丰富园区人文活动。继续推进深圳软件园“思觅踏”人文文化品牌建设，定期开展总裁沙龙活动、组建各类兴趣组圈，包括羽毛球比赛、登山活动等，通过组织线上和线下活动，塑造园区创新文化浓郁氛围，增加了企业员工的凝聚力和集体荣誉感，丰富了企业员工业余生活，为企业和员工个人都搭建了交流互动的平台。

二、重点行业发展情况

（一）行业应用软件

深圳软件园的大型行业应用软件主要面向电信、金融、物流、电力与公用事业、供应链管理等深圳地区的优势行业。借助这些优势行业的带动，园区开发出一批在国内具较高的知名度和市场占有率的产品，例如金蝶的企业管理软件、金证的金融行业应用软件、现代的地铁综合管理系统、科陆的电力调度管理软件、海云天的教育软件等。互联网的推广加快促进软件企业的转型发展，如金蝶与“互联网＋”深度融合，基于软件产品基础，为客户企业提供云服务和数据金融等服务，并重点打造云之家平台。

（二）游戏动漫

深圳软件园的游戏动漫业极具特色，已形成集制造、研发、分发、运营于一体的完整产业链，包括游戏开发商、游戏运营商、渠道经销商、电信运营商以及周边服务商等。移动游戏领域基础优势明显，集聚了腾讯、中青宝、博雅互动、创梦天地、第七大道等一批研发能力较强的游戏制作运营企业，并基于华为、金立、中兴等手机厂商丰富的渠道资源，在本地互联网产业的带动下呈现出蓬勃发展的态势。2016 年中国互联网企业 100 强中，迅雷网络等游戏企业榜上有名。随着多样化媒体传播的推广，游戏与动漫、影视、文学等多个文化领域相互渗透融合，并衍生出具有巨大潜力的泛娱乐产业链，进一步提高区域行业的影响力。

（三）软件双创

深圳软件园高度重视创新创业体系的搭建，从政策环境营造、载体和平台建设、对外宣传推广等方面加大对软件和信息技术服务创新创业的支持。在大众创业、万众创新的热潮中，网络创业、概念创业、大赛创业、企业内部创业等创业模式不断涌现，其中以腾讯为代表的行业龙头企业，利用其积累的自身核心优势，向包括离职员工所创办企业在内的企业提供核心资源，打造行业生态系统平台，连接行业上下游生态链，将竞争者转化为合作者。自“QQ 物联智能硬件开放平台”发布后，腾讯聚焦于创业平台打造，推动内部员工创业创新，截至 2016 年上半年，腾讯创业平台企业超过 2200 家，腾讯员工创业风云榜企业超过 100 家，企业估值总额超过 120 亿元人民币。在软件园的支持下，园区企业积极参加国内外创客活动，影响力不断提升。在 2016 年举办的第二届深圳国际创客周系列活动与全国双创周主会场活动，园区企业积极参加，共组织了 50 多个系列活动，辐射人次达到 65 万，接待展览观众 55 万人。活动促成融资金额 1.45 亿，投资金额 7.73 亿，意向投资 5.42 亿，贸易金额 972.6 万，其他合作项目 16.04 亿，意向签约和战略签约 29 项，项目奖项 144 个。

第二十七章　福建厦门软件园

2016 年，厦门软件园品牌效益日渐凸显，创新创业成果颇丰，园区公共服务基础不断优化。动漫游戏产业目前已经发展成为厦门社会经济发展新的重要产业支撑点，园区汇集了一批业内知名动漫企业入驻。依靠产业园集聚效应，软件和信息技术服务业基础、沿海区位优势以及良好的应用环境，厦门软件园抓住新兴领域发展契机，大力发展移动互联网产业，已形成龙头企业增长强劲、小微企业蓬勃涌现、创业人才不断聚集的产业局面，培育出一批知名互联网企业。园区已形成美亚柏科、易联众等龙头企业引领带动，小微企业蓬勃发展的良好产业发展氛围。

一、园区概况

厦门软件园初期成立于 1998 年 9 月，位于厦门市东北地区，包括软件园一期、软件园二期和软件园三期。软件园一期位于厦门环岛路海景观光线，占地约 10 万平方米，与厦门大学软件学院为邻，园区企业集聚。软件园二期坐落于厦门岛东部，总面积约 163 万平方米，区内包括四大功能区，分别是信息技术服务区、动漫游戏区、软件研发和 IC 设计区、管理服务区。在集美新城兴建的软件园三期，目标定位于厦门软件和信息技术服务业一体化发展。软件园三期总建筑设计规划面积 10 平方公里，其中动漫教育产业基地占地 2. 1 平方公里，总投资高达 100 亿。软件研发产业基地占地 7. 9 平方公里，总投资超过 360 亿，可容纳 2000 家企业和 22 万人才，规模约 2000 亿产值。软件园三期于 2014 年竣工，截至 2015 年年底，园区已完成入驻企业 461 家，汇集人才多达 5. 7 万余人。

园区品牌效益日渐凸显。从 2005 年到 2013 年短短 8 年时间，软件业总产值从 45. 5 亿元就攀升到了 602 亿元，软件和信息技术服务业已经成为厦门打造的十大重点千亿产业链之一。在国家有关部委支持下，厦门积极开展创新发展试点示范工作，努力争创“国家软件名城”。目前，园区已入驻规模企业560多家，员工5万余人，三大通信运营商动漫基地、百度开发者创业中心、腾讯创业基地等众多知名企业落户。园区目前已经入驻5家上市公司和9家国家重点规划布局的软件和集成电路设计企业。

创新创业成果颇丰。园区企业自主创新能力强，产品知名度和影响力在全国乃至全球逐年提升。创业孵化器成长迅速，包括拥有众多中国台湾地区孵化团队的一品创客、全国首个青年创业社区小样社区等，前者被授予“两岸青年创新创业基地”称号。截至2016年年底，园区已有15家市级认定众创空间。正在接受孵化企业多达320多家，累计毕业孵化企业数达410多家，毕业企业创造的年产值超过60亿元，提供了3万多人的就业机会，累计获得各级政府补助资金6亿元，引入金融和社会资本超过30亿元。

园区公共服务基础不断优化。厦门软件园管委会始终坚持把质量提升作为改革创新服务举措，开展网上统计直报，举办政策宣讲、产业联盟技术交流会、企业对接会、软件人才专场招聘会、企业沙龙等，促进园区企业横向交流合作；组织园区志愿者服务、健康马拉松、趣味运动会等，营造和谐园区氛围；从食、住、行为员工提供便利，规范园区管理，缔造美丽园区。厦门软件园入选全国首批“智慧园区”试点，荣获中国软件和信息技术服务业骨干软件园区、最具品牌影响力的产业园区、特色产业园区奖等称号。为推动产业发展，厦门软件园连续六年承办国际动漫节，打造“金海豚”奖系列品牌活动，获得业内人士高度认可。

二、重点行业发展情况

（一）动漫游戏

动漫游戏产业目前已经成为厦门社会经济发展新的重要产业支撑点。2016年1—4月，厦门动漫游戏产业总体营业收入287033.4万元，同比增长29.6%，税金总额为达9378.8万元，同比增长60%。据2015年统计，厦门约有200—250家研发科研CP。其中85%左右的游戏公司都聚集在厦门软件园2期，其他公司则分散于岛内各个区域。

目前，厦门动漫企业积极广泛跟随和参与 IP 授权交易的步骤调整，逐步探索产品成果变现路径。游戏企业目前基本完成从客户端游戏、网页游戏向手机游戏转型，在完成转型的过程中，开始积极布局融入 VR、电子竞技等新型业务。厦门目前已有 6 家动漫游戏企业成功挂牌新三板，营业收入达亿元级别的动漫企业有：四三九九网络股份有限公司、咪咕动漫有限公司、趣游（厦门）科技有限公司、厦门吉比特网络技术股份有限公司。翔通信息、中天启航等 CP 在咪咕手机动漫游戏平台收入超过 1000 万，翔通动漫、青鸟动画、中科亚创等老牌动漫企业则在咪咕手机动漫游戏平台保持收入高速增长，并且荣获新媒体业务运营奖励。厦门市妮东科技有限公司成功研发出全市首款适合电子竞技比赛的 CS 竞技游戏项目、国内首款 VR 游戏现已上线运作。

厦门软件园作为城市动漫游戏和新媒体产业的重要新兴产业集聚地，影响力日益扩大，企业原创研发创新能力不断提高，新媒体业务保持快速发展。园区先后成功荣获“国家动画产业基地”“文化部国家级文化产业实验园区”“海峡国家数字出版产业基地”以及“福建省创意产业重点园区（基地）”等重要产业基地称号，并且园区汇集咪咕动漫、飞鱼科技、4399 游家网络、吉比特、大拇哥动漫、中娱文化、青鸟动画等一批业内知名动漫企业入驻，汇聚成园区别具特色的动漫游戏产业优势。

（二）移动互联网

依靠产业园集聚效应，软件和信息技术服务业基础、沿海区位优势以及良好的应用环境，厦门软件园抓住新兴领域发展契机，大力发展移动互联网产业，已形成龙头企业增长强劲、小微企业蓬勃涌现、创业人才不断聚集的产业局面，培育出一批知名互联网企业。美图公司的拳头产品美图秀秀、美颜相机、美拍、海报工厂等 APP 连续数月荣登国际 App Store 摄影榜前五名；美柚信息科技有限公司的美柚经期助手等产品成功占据《互联网周刊》2016 年度 APP 分类榜女性 APP 类别排名榜首；厦门易名科技股份有限公司域名存储量多达 800 多万，位列全国第二。而这正是园区大力发展移动互联网，结合“互联网 +”创新创业的颇多硕果之一。

秉承“推动产业发展，信息服务民生”的企业使命，以“科技园区服务运营、信息化产品服务运营、信息产业资本资产运营”为核心的三大业务板块，致力于信息化产品的研发、应用和推广。园区企业积极参与并融入智慧城市搭建工作，并且运用移动互联网、物联网、云计算、大数据等新一代 IT 技术，研发了“智慧交通、智慧旅游、智慧小区、智慧安防、智慧停车、智慧工地”等信息化产品和平台，让更多民众感受到信息化给生活带来的便捷性。2015 年，厦门就获得了“中国智慧城市推进杰出成就奖”“中国智慧城市杰出贡献奖”等奖项。2016 年，厦门软件园入选全国首批“智慧园区”试点示范园区，成功荣获中国软件和信息技术服务业骨干软件产业园区、最具品牌影响力的软件产业园区、特色产业园区奖等称号。

（三）行业应用软件

厦门市智慧城市建设打下的信息化基础为产业园行业应用软件的发展奠定了未来广阔的发展前景，促进了产业整体快速发展，以美亚柏科、易联众为代表的行业应用软件产业，形成龙头企业引领带动显著，小微企业蓬勃发展的良好产业发展氛围。

除了服务传统企业转型升级，一些进驻园区的企业自身也充当了“互联网 +”转型的角色。中小企业能给用户提供解决方案，成为 IT 服务提供商，实现了主打业务转型开拓了新天地。

骨干龙头企业不断突破创新，屡获殊荣。2016 年，在“第五届中国中小企业服务大会”上，厦门创新软件园管理有限公司凭借高效、优质的一体化服务，荣获“2016 中国中小企业首选服务商”。绿网天下（福建）网络科技股份有限公司、咪咕动漫有限公司等企业问鼎“十大活力企业”。科拓“KEYTOP”获评福建省、厦门市著名商标双重殊荣。园区多家企业获得福建省科学进步奖，其中美亚柏科的“移动终端采集分析系统”项目和爱德森（厦门）的“大型空心轴超声电磁自动探伤系统”项目获二等奖，易联众的“易联众银医通自助服务平台”项目和南方科宇的“‘四品一械’电子监管平台”项目获三等奖。

企 业 篇

第二十八章　基础软件企业

上海中标软件有限公司秉承加强生态体系建设增强核心竞争力，以行业应用提升品牌影响力的发展理念，在品牌建设方面取得长足进步，形成了“中标麒麟”“中标普华”“中标凌巧”三大产品品牌。北京人大金仓信息技术股份有限公司积极拓展优势领域，提升品牌知名度，提升技术水平，完善大数据产品体系，拓展大数据应用领域，提升服务能力和品质。

一、中标软件

（一）总体发展情况

上海中标软件有限公司（以下简称“中标软件”）成立于2003年，是我国主要的Linux操作系统和办公软件产品的提供商和服务商之一，以操作系统技术为核心，重点关注产品的安全可靠、自主可控等特性。作为国家规划布局内的重点软件企业，中标软件拥有军、民两方面的相关企业与产品资质。公司业务扎根在中国并通过与众多国际著名软件和IT厂商合作在美国、日本等地设立海外分支机构。

企业围绕操作系统技术开发的产品包括中标麒麟通用服务器操作系统、中标麒麟高级服务器操作系统、中标麒麟高可用集群软件、中标麒麟安全操作系统、中标麒麟安全云操作系统、中标麒麟桌面操作系统、中标麒麟安全邮件服务器、中标凌巧移动终端操作系统。另外公司还提供中标普华Office专业版、专用版、教育版，维哈柯文办公软件、藏文办公软件、中标普华病历通等软件产品。中标麒麟操作系统产品的应用领域涉及我国信息化和民生的各个方面，已经在政府、国防、公安、金融、审计、财税、制造、教育、医疗、交通等各个行业得到了广泛应用，其产品已覆盖北京、上海、山西、陕西、西藏等全国三十多个省市自治区，并在中纪委、中航信、审计、财税、工商等领域取得了较强的市场占有优势。

（二）发展策略

加强生态体系建设增强核心竞争力。操作系统始终处于整个软件产业链的核心位置，是整个软件产业市场竞争力的关键要素，是其他软硬件的重要依托。国产操作系统的发展离不开产业生态的培育与建设，中标软件围绕产业链加强生态体系构建。2016 年 7 月，中标软件与绿欣科技（天津）有限公司、北京大学信息科学技术学院联合创立“高可信基础软件联合创新实验室”，实验室基于中标麒麟操作系统和中标普华办公软件进行可信基础软件方案构建，可提供基于国产操作系统的云计算、大数据高可信方案。11 月，中标软件首批入驻微软公有云 Azure 镜像市场，中标麒麟高级服务器 V6.0 成为国内唯一能够在微软 Azure 公有云上运行的国产操作系统产品。另外，中标软件积极参与国内外开源社区交流与合作，先后参加在新德里举办的 GNOME Asia Summit 2016 大会、在德国卡尔斯鲁厄举办的 GNOME 用户与开发者欧洲会议、在韩国济州举办的东北亚开源软件推进论坛以及中国开源云联盟工作组会议、第十一届开源中国开源世界高峰论坛等国内外知名开源联盟活动，进一步确立中标软件在国内与国际开源社区的影响。

以行业应用提升品牌影响力。品牌建设是我国国产操作系统企业提高运营能力的重要手段，近年来，中标软件在品牌建设方面取得长足进步，已经形成了“中标麒麟”“中标普华”“中标凌巧”三大产品品牌。2016 年 4 月，中标麒麟国产化平台在中国航信电子客票系统中成功完成国产化切换，该项目创造了民航系统核心交易系统第一次实现国产基础软件的先例，更是国产基础软件在互联网中规模容量最大的应用。中标软件基于自主操作系统技术的“端 + 可信云及大数据”方案应用在北汽无人驾驶汽车项目上大获成功，也为后续车联大数据奠定了基础。2016 年 7 月，中标软件作为国内唯一能够支持全部高端芯片的操作系统企业受邀成为“中国高端芯片联盟”发起单位，并当选副理事长单位。

二、人大金仓

（一）总体发展情况

北京人大金仓信息技术股份有限公司（以下简称“人大金仓”）成立于1999年，是中国自主可控数据库和大数据相关产品及解决方案的提供商。在北京、上海、成都设有研发中心，在全国设有直属分公司及办事处，并在全国各省均具有本地化服务的合作伙伴。在数据库产品方面，人大金仓的核心产品金仓交易型数据库KingbaseES，具备高兼容、高可靠、高性能、高扩展、高安全、易使用和易管理的特点，是唯一入选国家自主创新产品目录的数据库产品，也是国家级、省部级实际项目中应用最广泛的国产数据库产品。金仓分析型数据库KingbaseDBCloud是人大金仓顺应大数据时代海量数据分析处理需要而推出的具有高性能、高扩展能力的分布式数据库系统。金仓嵌入式数据库KingbaseReal以成熟的关系模型作为理论基础，同时结合手持终端、嵌入式设备、移动设备、信息电器等物理设施的具体资源条件，形成一个可靠、高效的嵌入式应用开发的数据库平台。

在大数据时代，人大金仓立足自主可控国产化替代，依托在传统数据库领域的技术沉淀和产品基础，凭借在数据库研发、数据治理、数据分析等方面的积淀，以云计算、大数据等新兴技术需求为牵引，大力促进传统数据库对于大数据和云计算的支持能力以及与大数据系统的融合，面向党政军及企业级市场，推出了大数据系列行业解决方案，以大数据基础平台、政府大数据、智慧城市大数据、大数据分析为解决方案主线，为各行业提供从大数据建设的规划和设计的咨询、大数据平台搭建到应用实施的一站式服务。在产品层面，主要提供涵盖数据采集、存储、分析挖掘、利用、管理等能力的大数据基础支撑平台产品，重点加强数据库集群，围绕云计算、大数据建立一个可扩展的分布式数据库架构的底层支撑。

（二）发展策略

拓展优势领域，提升品牌知名度。早在2008年人大金仓的数据库产品就已经进入了国家电网电力行业调度系统，由于表现突出，同时国家电网的电力调度系统一直向下延伸，人大金仓进入国家电网全面范围内十几个省份的分公司的同类系统，国家电网最终应用了上千套人大金仓的数据库产品。在加快完善产品线方面，人大金仓针对不同的企业需求制定解决方案。2017 年，人大金仓将加强在政府和军工领域的优势，积极拓展和抢占金融领域。作为人大金仓重点突击的行业，安全是金融行业的第一要素，其次是产品的可管理和可维护性。通过加强品牌建设、提升产品成熟度，提高国产数据库的知名度和影响力。

提升技术水平，完善大数据产品体系。人大金仓多年以来深耕数据库领域，对整个数据领域包括数据底层的了解和技术沉淀，使得人大金仓在技术层面积累深厚基础，把在传统数据库领域的积累盘活。目前，人大金仓可以提供全栈大数据产品线，包括大数据平台 KingbaseDP，数据资源管理平台 KingbaseDRP，数据整合工具 KingbaseDI，商业智能平台 KingbaseSmartBI，可以提供数据采集、存储管理、分析挖掘以及数据利用全方位支撑。此外，人大金仓 2016 年新发布了一款分析型数据库——KingbaseAnalyticsDB（KADB），该数据库是专门面向大数据分析类应用提供的数据库产品，可以满足数据密集型行业日益提高的数据查询、统计、分析、挖掘和备份等需求，可用作为数据仓库系统、BI 系统和决策支持系统的承载数据库。

着力拓展大数据应用领域，提升服务能力和品质。人大金仓结合实际业务场景需求，形成最合适的大数据解决方案，从而形成自己的核心竞争力和差异化优势。人大金仓提供的 360 度全景大数据解决方案包括两部分，一是项目的全流程支持，该部分可以提供大数据规划、实施以及运维的全流程技术支持；二是数据全生命周期的管理，该部分可以提供数据产生、获取、存储、处理、治理、分析和应用全生命周期的管理。人大金仓在军工、电子政务、党务、金融、智慧城市、企业信息化等方面具有强大的数据产品及解决方案研发能力、资源整合能力、项目实施服务能力，可以帮助各行业搭建并应用实施大数据平台。截至目前，人大金仓已经在医疗卫生、医院、金融、教育、政府部门、通信、军工国防等十多个行业领域成功实施并交付了数十个大数据（数据中心）解决方案。并且，人大金仓在北京、成都以及上海都设有研发中心，在全国设有直属分公司及办事处，在各省均有本地化服务合作伙伴。这些业务实践，为人大金仓全面在大数据应用方案领域，为目标客户提供专业产品、专业方案、专业实施奠定了厚实基础。随着人大金仓不断完善大数据产业链，其各个数据库产品和平台将呈现不断开放态势，将从全量的数据中挖掘更多大数据价值，提升通过数据分析挖掘并推演出规律的能力，不断拓展各类创新数据应用场景，提升大数据解决方案与市场以及用户需求的契合度。

第二十九章　工业软件企业

用友网络持续加强核心产品研发，继续聚焦“软件、云服务、金融”三大核心业务，推进与阿里等战略合作伙伴的全面深化合作，构建企业互联网服务的生态系统。金蝶软件全面聚焦并深耕管理软件云服务市场，持续关注资产结构轻量化进行，现已取得阶段性成果。浪潮软件不断加大在云计算、大数据等重点领域的研发投入，在巩固传统行业优势的同时，努力开拓行业解决方案领域市场，帮助用户推进自有业务与互联网技术的融合。数码大方坚持区域化拓展营销策略，加强对市场和用户的评估和研究，聚焦用户价值和需求优化研发和市场投入，不断提升企业综合竞争能力。上海宝信软件在转型过程中力争保证存量和增量业务均衡、稳定发展，努力推动IDC、云计算服务等新兴业务的长足发展，加大工程向产品和服务转型力度。和利时公司持续强化技术研发投入，提升工程服务能力，加快数字化、智能化建设的新市场机遇，实现了公司稳定发展。

一、用友网络

（一）总体发展情况

用友网络（原用友软件）是我国主要管理软件厂商之一，业务范围包括企业资源计划（ERP）、客户关系管理（CRM）、人力资源管理（HRM）等软件研发和销售。近年来，用友公司根据市场形势变化持续实施业务转型，2016年发布了“企业3.0”战略，将聚焦“软件、云服务、金融”三大核心业务，形成完整的企业互联网产品和金融产品的融合，加快服务企业互联网化和金融化。

2016年财报显示，转型战略初见成效。报告期内用友对云服务业务和金融服务业务的投入合计超过10亿元，整体研发支出同比增长20.6%。带来的成效是，用友整体营业收入达到51.13亿元，比2015年营收增加6.62亿元，同比增长14.9%；经营活动产生的现金流净额为8.87亿元，同比增长61.4%；归属于上市公司股东的扣除非经常性损益后的净利润为1.37亿元，同比增加29.5%。

业绩的改善主要来自软件业务毛利率的提升，互联网金融业务的大幅增长，以及云服务的市场扩大。报告期内，软件业务方面，iUAP和畅捷通等平台产品应用拓展顺利，实现销售收入增长11%，毛利率提升1.1个百分点。在金融服务业务方面，实现收入2.43亿元，同比增长200.5%，互联网投融资信息服务业务的累计撮合成交金额超过100亿元，较2015年年末增长260%，支付业务交易金额超过1000亿元，同比增长332%。云服务业务方面，完成了旗下多款平台产品和服务的紧密集成，实现收入1.17亿元，同比增长34.4%，截至2016年年底，企业客户数超过260万家，较2015年年末增长235%。

（二）发展策略

随着中国企业互联网转型升级的进一步深化，用友持续加强核心产品研发，推进软件、云服务、互联网金融服务之间的产品融合，推进产品的云化、移动化、社交化、智能化升级，继续聚焦数字营销与客服、社交与协同办公、智能制造、共享服务等热点应用领域，基于应用场景设计和开发产品，优化核心产品与应用体验。同时，用友继续推进包括与阿里等战略合作伙伴的全面深化合作，构建企业互联网服务的生态系统，共同服务中国及全球企业的互联网化和金融化。

二、金蝶软件

（一）总体发展情况

金蝶软件是我国主要企业资源计划（ERP）厂商之一，在中小企业市场占据主要市场份额。2013年以来，金蝶启动了“ERP+云服务，加速向移动互联网转型”的战略，全面聚焦并深耕管理软件云服务市场。

2016年财报显示，金蝶向云服务转型取得阶段性成果。报告期内，金蝶软件实现营收18.62亿元，同比增长22.8%，为整体收入5年内最高增幅；

实现净利润2.89亿元，同比增长173.85%，云服务相关业绩突出。包括：云服务收入同比增长103%，占集团全部收入的18%。具体产品线方面，“云ERP”全年收入超过2亿元，收入增长率超过90%；面向小微企业的“精斗云”年收入增长65%，新增客户50%，客户续费率达到75%以上；“管易云”2016年“双11”当天支持淘宝电商流水额213亿元，承载了淘宝当天全部交易数据量的20%；“云之家”注册企业及组织数突破280万，用户数突破3000万。

（二）发展策略

金蝶国际宣布，将作价1.074亿元向高级管理层出售三项亏损互联网业务的股权，其后公司将把业务重心放在核心的ERP业务上。业界一般认为，金蝶向管理层出售的均为财报中业绩突出的新兴业务，也是下一步转型的重点。此次内部转售，显示出金蝶拟加快剥离传统与新兴业务，以便为新兴业务开展营造更好资本环境的考虑。相比于其他管理软件公司，金蝶全面聚焦云服务的转型发展策略十分鲜明，公司持续关注资产结构轻量化进行，追求实现较好盈利和现金流状况。

三、浪潮软件

（一）总体发展情况

浪潮软件是我国最大的智慧政府方案和服务供应商之一，近年来不断加大在云计算、大数据等重点领域的研发投入，在巩固传统行业优势的同时，顺应国家推动实施“互联网+”行动的发展趋势，加快推进行业应用解决方案研发和产业化，帮助用户推进自有业务与互联网技术的融合。

2016年中报显示，浪潮软件正在行业解决方案领域努力开拓市场。报告期内，公司实现销售收入3.60774亿元，利润2194.33万元，同比增长6.39%，主要业务亮点为烟草行业市场、电子政务市场。烟草行业市场方面，承担建设了贯穿烟草供应链的省级卷烟营销平台，已推广至31个省级单位，下一步将推动国内省份全覆盖。浪潮软件将以此为基础，拓展业务领域至电子商务公共服务平台、跨境电子商务、农村电子商务、供应链电子商务、产业链电子商务等多应用领域，挖掘市场价值。电子政务市场方面，在进一步丰富和完善“互联网+政务服务”整体解决方案的基础上，浪潮软件在湖北省及萍乡、威海、四平、吉安、滨州、朝阳、南宁、衡水、福州等地区域电子政务应用中取得较好业绩；同时也在公安、教育、工商、民政等行业领域电子政务云应用方面继续拓展应用，开拓智慧药监、智慧水利、智慧旅游等新市场初见成效。2016年10月三季报显示，浪潮软件净利润0.41亿，同比下降19.91%，再次凸显出新市场开拓的投入对公司利润形成的较大压力。

（二）发展策略

浪潮软件公司围绕国家云计算、“互联网+”、大数据“中国制造2025”等重大战略，聚焦用户应用价值加强研发投入，提升行业解决方案技术和服务能力，在原有行业优势基础上顺应“互联网+”趋势，着力拓展业务市场并取得了积极成效，经营利润和现金流状况得到改善，对浪潮集团由硬向软的整体转型贡献了力量。

四、数码大方

（一）总体发展情况

数码大方是我国主要的数字化设计（CAD）、数字化制造（MES）、产品生命周期管理（PLM）服务商之一，在装备、汽车、电子电器、航空航天等行业深耕多年，拥有较深厚的用户基础。近年来，数码大方在原有业务基础上，积极尝试布局工业云产品和服务发展，取得一定成效。

2016年上半年财报显示，数码大方主要收入来源于直销软件及相关服务。报告期内，经营业绩稳步回升，实现营收4149.02万元，同比增长28.75%，毛利率为72.23%，同比增加6.3个百分点；利润为-1258.4万元，同比减亏1049.37万元，减亏幅度45.47%。报告称，公司重点客户来自装备、汽车、电子电器、航空航天等行业，其采购带有鲜明季节周期性特点，公司营收将主要体现在下半年，而经营成本为全年按月平均，下半年不会有明显变化，因此公司全年盈利状况有望改善。

业绩改善的原因主要归结为公司加强内部管理，提升了效率。如成立营销中心，规范完善区域营销队伍建设；成立产品中心，加强产品对客户需求和价值的匹配度；将工业云事业部独立，开拓和放大云业务并实现了快速增长。

（二）发展策略

随着工业软件和工业互联网的广泛应用，市场规模放大为公司发展带来机遇，同时也将面临更为激烈的竞争，特别是工业云领域的跨界竞争不容忽视。数码大方将发挥技术沉淀和行业知识积累方面的优势，应对竞争主要从自身管理抓起，将继续坚持区域化拓展营销策略，加强对市场和用户的评估和研究，聚焦用户价值和需求，优化研发和市场投入，继续关注高水平人才队伍建设，提升企业综合竞争能力。

五、宝信软件

（一）总体发展情况

上海宝信软件是宝钢集团旗下专业从事企业信息化、自动化系统集成及运维的 IT 公司，是我国行业软件解决方案主要供应商之一。2016 年面对宏观经济结构调整、钢铁行业市场低迷等宏观经济环境，宝信软件启动实施新一轮发展规划积极应对，取得积极成效。

2016 年三季报显示，宝信软件在优化传统业务，稳固存量业务市场的基础上，着力推进云计算、移动互联网、大数据等增量业务发展，结合国家“互联网 +”行动战略探索实践平台经济和互联网业务模式创新。2016 年宝信软件实现营业收入 39.6 亿元，同比减少 0.57%，但实现利润 3.36 亿元，同比增长 7.56%。

（二）发展策略

面对宏观经济及行业市场变化，宝信软件在转型过程中力争保证存量和增量业务均衡、稳定发展，努力推动 IDC、云计算服务等新兴业务的长足发展，加大工程向产品和服务转型力度。宝信软件随三季度财报同期发布公告，宣布拟发行可转债募集资金总额不超过 16 亿元，扣除发行费用后全部用于宝之云 IDC 四期项目建设。

六、和利时

（一）总体发展情况

和利时公司是我国自动控制系统主要供应商之一，主要从事相关产品的研发、制造和服务，主要业务领域为工业自动化、轨道交通自动化和医疗自动化。受益于国家积极推动工业智能化转型，和利时在宏观经济下行压力下，经营绩效依然稳定增长。

2016 年财报显示，和利时全年营收 5.443 亿美元，同比增长 2.4%，净利润 1.215 亿美元，同比增长 17.6%。2016 年 11 月，和利时发布 2017 财年第一季度财报，该季度营收盈利 2170 万美元，预计全年收入为 5.65 亿至 6 亿美元。

从业务分布看，工业自动化为和利时传统优势领域，围绕过程自动化、离散自动化和矿山自动化，和利时可提供较完整的解决方案，特别是在火电行业实现承担多项重大工程，带动业绩有效增长。轨道交通自动化和医疗自动化是近年来快速发展的新领域，也已具备一定实力。

（二）发展策略

自动控制系统领域业务工程性特点较为明显，解决方案的完整性、可靠性和综合成本与企业的技术积累、业务经验和实施能力紧密相关。和利时公司 2015 年提出“精益化、自动化、数字化、网络化、信息化、智能化”发展路线图，持续强化技术研发投入，提升工程服务能力，较为有效地应对了宏观经济下行压力，并抓住了我国工业结构转型，加快数字化、智能化建设的新市场机遇，实现了公司稳定发展。

第三十章　信息技术服务企业

中软国际持续稳步发展，TPG与IIG双轮驱动的业务战略加速落地，解放号平台受到市场的普遍欢迎。东软集团结合自身业务需求，不断加快企业组织架构调整，在优势医疗IT领域创新活跃，汽车电子市场份额持续提升。神州数码控股有限公司启动“登云”战略，正式进军云计算市场，提升自身的技术和产品研发能力，加速自主可控战略落地。

一、中软国际

（一）总体发展情况

中软国际作为我国大型综合软件与信息服务企业，成立于2000年，提供从咨询、解决方案、外包服务到人才培养的“端到端”软件及信息服务，涉及政府、制造、金融、电信、高科技、互联网、交通、能源等主要信息技术垂直行业，是华为、微软、腾讯、中国移动等龙头企业的重要服务供应商。公司高度重视技术研发和市场拓展，在国家软件百强企业中排名不断提升，并且连续6次获IAOP全球服务外包100强殊荣。同时，公司是首批获得工信部计算机信息系统集成特一级资质的大型软硬件集成服务企业，拥有计算机信息系统集成一级资质等齐全完备的资质。公司还联合国内基础软硬件产品厂商、科研院所等成立了“安全自主软硬件产业技术创新战略联盟”，以推动安全自主软硬件产业的发展。

中软2016年上半年持续稳步发展，TPG（技术与专业服务）与IIG（互联网IT服务）双轮驱动的业务战略加速落地，实现收入28.8亿元，同比增长21%；实现净利润2.4亿元，同比增长69%。其中，服务性收入28.3亿元，同比增长29%，TPG业务利润高速增长，主要受收入增长和规模扩大摊薄经营成本的带动。据市场预计，2016年中软总收入约为65亿元，同比增长

27%，总利润4亿元，同比增长21%。

表30－1　中软2011—2016年营业收入增长情况

财务指标 / 年度	营业收入情况		年度利润情况	
	营业收入（亿元）	增长率（%）	贡献利润（亿元）	增长率（%）
2011	22.4	40.1	1.2	34.9
2012	26.8	14.1	0.6	－55.4
2013	30.7	20.2	2.0	33.2
2014	44.3	38.2	3.8	51.3
2015	51.3	15.8	—	—
2016上半年	28.8	21.0	2.4	69.0

资料来源：中软财报，2017年1月。

（二）发展策略

1. 战略合作

2016年7月，中软与腾讯达成战略合作协议。中软国际就此成为腾讯云渠道非常重要的合作伙伴，享有腾讯云渠道政策，互相协作为众多企业客户提供行业特性的云服务、云数据、云运营等整体一站式服务方案，构建互联网＋企业生态体系。自2009年起，中软国际与以腾讯为代表的互联网企业始终保持着紧密的合作关系，此次双方进一步深入合作，布局重点行业，有助于加速公司专注大客户、大行业的TPG能力转型。

2. 业务创新

中软国际自主研发的互联网IT众包平台解放号（JointForce）平台自2015年6月商用以来，截至2016年年中，注册工程师达到10万，团队达到800个，发包企业超过8000个，已初步形成了IT服务生态圈。解放号平台通过合作帮助方正电子、用友金融、立思辰、华宇软件等大型IT企业完成自有软件产品研发、软件项目实施的交付工作，并响应中船、中核等央企信息服务部门以及文化传媒、教育、医疗卫生、物流、零售、旅游等传统企业的IT建设需求，为其提供成熟解决方案的定制开发和专项小型解决方案。公司已将IIG的政府业务和制造业务放到平台上，随着平台功能的逐步完善和加速推广，解放号平台对企业的收入贡献不断提升，并将进一步提高公司整体费用的利用效率、人员的利用效率以及企业利润水平。

2016 年 5 月，中软国际旗下企业 Catapult Systems 推出业务流程自动化解决方案 Launch。Launch 是 Catapult 解决方案即服务套件的重要组成，其基于微软 Azure 平台，使用微软运营管理套件，自动化执行常见和例行的办公业务，最小化人工操作、减少员工对系统的访问，旨在提高办公场所的生产力与参与度，提高员工生产力。

3. 市场拓展

2016 年，中软国际大力建设发展位于西安市的研发基地。一方面，西安所在的陕西省拥有百所高校及千所科研机构，人才资源充沛，为中软国际未来的持续稳定发展保驾护航；另一方面中软国际为当地产业的转型升级提供良好契机，中软国际作为信息技术服务龙头企业，落地西安将带动当地软件和信息技术服务产业的发展。截至 2016 年中期，软件研究与开发基地员工已经超过 8000 人，预计年内建成万人软件基地。西安基地在依靠核心客户、确保业务稳定成长的同时，致力于金融大数据服务市场的信息技术突破。

二、东软集团

（一）总体发展情况

作为我国领先的 IT 解决方案提供商，东软集团 1991 年创立于中国东北大学，主营业务包括软件外包服务、行业信息化解决方案、医疗设备及服务等。其以软件技术为核心，产品和服务覆盖政府、电信、金融、能源、制造业、交通、传媒、商贸流通业、医疗卫生、教育与文化、移动互联网、环保等。在汽车电子、智能终端、数字家庭产品等领域，拥有自有品牌的医疗和网络安全产品。截至 2015 年，拥有 20000 名员工，在中国建立了 8 个区域总部，10 个软件研发基地，16 个软件开发与技术支持中心，在 60 多个城市搭建了营销与服务网络。

东软 2016 年 1—9 月实现营业收入 49.3 亿元，较上年同期增长 1.8%，实现净利润 2 亿元，较上年同期增长 1161%。公司软件与系统集成业务实现收入 41.3 亿元，较上年同期上涨 10.9%，占公司营业收入的 83.73%；其中，国际软件业务实现收入 1.6 亿美元，较上年同期下降 2.29%，占公司营业收入的22.2%。2016年1—7月，公司医疗系统业务实现收入7.5亿元，占公司营业收入的15.2%。

表30-2　东软2011—2016年营业收入增长情况

财务指标 年度	营业收入情况		净利润情况	
	营业收入（亿元）	增长率（%）	净利润（亿元）	增长率（%）
2011	57.5	16.5	4.2	-13.9
2012	69.6	21.0	4.6	9.4
2013	74.5	7.1	4.1	-9.9
2014	78.0	4.6	2.6	-37.8
2015	77.5	-0.6	3.9	51.1
2016前三季度	49.3	1.8	2	1161

资料来源：东软财报，2017年1月。

（二）发展策略

1. 战略布局

优势医疗IT领域创新活跃。东软是我国医疗IT领域龙头，拥有1.2万TB医疗影像数据，区域医疗信息平台覆盖30省市，在社保核心系统细分领域占有50%以上的市场份额，市场优势较为明显。2016年，公司PACS（影像归档和通信系统）、LIS（检验科信息系统）等产品市场份额持续提升，大象就医云应用实现11家医院成功上线，面向大型三甲医院的新一代医院核心业务平台RealOne Suite在澳门镜湖医院成功试运营，智慧城市项目在邯郸、宜昌等地全面实施，互联网保险业务实现产业对接，基于客户及数据基础的商业模式创新积极推进。

汽车电子市场份额持续提升。自2015年与阿尔派电子合资成立东软睿驰子公司，东软积极发展高级驾驶辅助系统、汽车自动驾驶系统等产品的开发及销售业务。2016年1月，东软与四维图新签署战略合作协议，将在地图数据和动态交通信息、无人驾驶技术、车联网应用服务体系、手机车机互联技术、OEM导航与后装导航及地图编译、全球业务等六个方面开展深入合作。2016年公司在智能汽车、ADAS（先进驾驶辅助系统）等领域市场份额持续提升，车载量产业务深化与长安、华晨等客户的合作，IVI（车载中央处理器)、T-BOX（智能信息车载终端）等产品覆盖十余家汽车厂商客户，客户包括宝马、奔驰、大众等国际知名汽车品牌和一汽、上汽等国内品牌，新能源汽车服务平台“氢氪出行”进入试运营，无人驾驶领域布局持续推进。

2. 组织架构

东软结合其自身业务需求，不断加快企业组织架构调整。2014 年年底，东软通过决议将以增资扩股的形式为子公司东软医疗和东软熙康引进战略投资者，目的是加速推进以东软医疗和熙康云平台为核心的互联网医疗战略。2016 年 7 月底，公司完成东软医疗和熙康的拆分，两家子公司不再纳入东软的合并财报范围。2016 年 8 月，东软熙康完成第二轮融资，引入中国人民财产保险股份有限公司、阿尔卑斯电气株式会社等战略投资者，融资总额为 6400 万美金。

三、神州数码

（一）总体发展情况

神州数码控股有限公司业务涉及 IT 规划咨询、IT 基础设施系统集成、解决方案设计与实施、应用软件设计及开发、IT 系统运维外包等领域，面向中国市场，为各类企业客户和个人消费者提供全方位的 IT 服务，是我国极具市场竞争力的 IT 服务商。2010 年，神州数码提出了智慧城市发展战略，当前已经成为中国智慧城市建设的第一品牌。截至 2015 年，神州数码拥有涵盖信息技术服务、智慧城市建设在内的五大业务集团，拥有 4 家上市公司，在全国 50 多个城市设有驻在机构，拥有 12000 名员工，总资产超过 500 亿，年营业规模超过 700 亿，企业发展动力强劲，创新能力突出。

神州数码最初由联想集团分拆而来，于 2001 年 6 月 1 日在香港联合交易所有限公司主板独立上市。2016 年 4 月，神州数码正式分拆旗下 IT 分销业务借壳深信泰丰于 A 股交易，原“深信泰丰”证券简称变更为“神州数码”，区别于港股证券简称“神洲控股”。神州数码战略方向定为利用互联网、云计算、大数据等技术，为企业和个人用户提供云产品、技术解决方案及服务。

神州数码 2016 年前三季度的营业收入为 232.88 亿元，同比下降 7079.85%，实现净利润为 3.34 亿元，同比增长 1159%。IT 分销业务发展形势良好，自主可控、云计算业务进一步落地。

（二）发展策略

1. 市场拓展

云生态建设推进顺利。2016 年 6 月，神州数码收购北京神州云科信息服务有限公司，启动“登云”战略，正式进军云计算市场。云科信息先后与 IBM、微软、思科、SoftwareAG、赛门铁克等多家 IT 厂商达成了战略合作，其中，与赛门铁克共同打造企业云安全服务平台，实现云安全产品在中国市场的落地，首批搭载在平台的赛门铁克产品包括 Symantec Endpoint Protection 解决方案及 Symantec Email Security. cloud 云服务。

2. 战略合作

自主可控战略进一步落地。2016 年 10 月，神州数码与甲骨文达成战略合作，进一步为中国企业级用户提供由国内装配和销售的自有品牌产品。2016 年 12 月，神州数码推出基于甲骨文核心技术的第一款数据库一体机——“登云数据库一体机”。据分析，登云数据库一体机对标的是甲骨文 2011 年推出的 Exadata 数据库云平台，是世界上第一款数据库一体机。神州数码通过与甲骨文的战略合作，提升了自身的技术和产品研发能力，加速自主可控战略落地。

2016 年 12 月，神州数码与华为达成战略合作协议，首次提出构建从云到端的全方位云生态体系，双方将聚焦金融、税务、医疗、农业等领域，共同为企业行业客户构建产品解决方案。这一战略合作将会形成“双赢”的结果，华为提供公有云服务平台和覆盖国家、省、市的三级云服务网络支持，神州数码的行业云解决方案及服务将与华为公有云深度结合，共同推进双方业务的快速发展。

第三十一章　嵌入式软件企业

华为加强科技研发投入，深耕智能手机的中高端市场，联合全球领先的运营商积极构建行业标准和规范，不断完善产业链。中兴通讯受到面临美国商务部制裁的影响，智能手机的全球出货量与2015年相比下降了36.5%。海尔集团致力于成为互联网企业，其产业结构正在向智能化方向发展。海信集团通过聚焦大屏幕、高画质，发展高活跃用户的产品策略和国内、国际市场的战略提升，进一步巩固海信电视全球前三的位置，并扩大在国内市场的领先优势。受智能化、网络化趋势影响，南瑞集团的业务发展正在逐渐实现转型，向清洁能源、智能配用电、微电网、分布式能源、智能制造等领域开拓市场。中控集团高度重视自身在智能制造领域的创新应用，DCS市场拓展不断加速。

一、华为

（一）总体发展情况

华为是世界500强企业，其业务领域涉及电信网络设备、IT设备和解决方案以及智能终端。据统计2016年华为销售规模近5200亿人民币，在工信部发布的2016年中国软件业务收入百强发展报告中，华为以软件业务年收入1786亿元，连续十五年蝉联百家软件企业之首。

（二）发展策略

华为采用开放式技术架构，与企业、用户联合创新。2016年，华为企业业务正进入加速发展的轨道，其云计算、存储、SDN等主力产品和智慧城市等解决方案在政务、民生、交通、金融、能源、教育等多领域迅速扩展。

争夺高端智能手机市场。在智能手机市场竞争日益严峻的情况下，华为不断加强科技研发投入，深耕智能手机的中高端市场。2016年上半年华为P9实现了全球销量800万台的傲人战绩，成功开辟了在全球高端手机市场格局。

同时，华为还推出了 nova 手机、G9Plus、麦芒 5 等一系列畅销产品，在中高端市场继续稳步前进。

推进 5G 技术创新。华为积极推动 5G、IoT 等前沿技术的发展。作为 5G 领域的创新引领者，华为联合全球领先的运营商积极投入技术创新，积极构建行业标准和规范，不断完善产业链。在 2016 年世界移动通信大会上，华为与多家运营商客户共同展示了端到端的 5G 创新方案和最新研究成果。2016 年 11 月在美国 3GPPRAN 187 次会议上，华为主推的极化码（Polar Code）战胜美国 LDPC 码和法国 Turbo 码，成为 5G eMBB 场景在短码上的控制信道编码方案。Polar 码的胜利标志着中国通信标准从追随、持平到引领的跨越，代表中国通信真正崛起。

二、中兴通讯

（一）总体发展情况

中兴通讯成立于 1985 年，在香港和深圳两地上市，是中国最大的通信设备上市公司。公司主要为电信运营商和企业提供技术、产品和综合解决方案。据 IDC 报告显示，由于受到面临美国商务部制裁的影响，2016 年中兴通讯智能手机的全球出货量与 2015 年相比下降了 36.5%。中兴通讯旗下产品大约有 1/3 的零组件来自高通、微软和英特尔等美国科技公司。按照美国商务部的制裁措施，美国零部件制造商和软件公司将不得与中兴开展业务，这直接影响到了中兴的大部分供应链。此外，2016 年下半年，中兴手机业务部门经历了重大人事调整，这些事件都对 2016 年中兴的业务产生了不利影响。

（二）发展策略

中兴通讯坚持以持续技术创新为客户不断创造价值。2016 年，中兴通讯凭借 19 亿美元年度研发投入位居全球创新企业 70 强与全球 ICT 企业 50 强。中兴通讯现已拥有 6.6 万余件全球专利申请、已授权专利超过 2.4 万件。2016 年，中兴通讯芯片专利申请量居于国内首位、物联网专利持有量居于全球第三。在 2016 年世界移动通信大会期间，中兴通讯向全球发布高效可扩展的弹性云承载解决方案，受到业界瞩目。2016 年 7 月，中兴通讯通过入股珠海广通客车，组建中兴智能汽车有限公司，进入新能源汽车领域。2016 年 9 月，中兴通讯发布了“单品、开放、整合”的智能家居整体战略，未来将通过共享中兴通讯多领域的资源优势，来打造智能家居生态圈。2016 年 10 月，中兴通讯正式面向欧洲地区推出大视频 4K + 端到端解决方案，并展示了最新的智能终端以及基于大视频的智慧家庭业务。

三、海尔集团

（一）总体发展情况

海尔集团成立于 1984 年，是全球大型家电第一品牌。海尔集团致力于成为全球领先的美好生活解决方案提供商，其业务领域覆盖家电、数码产品、通信等多个领域。据海尔发布 2016 年市场创新报告显示，2016 年海尔全球营业额达到 2016 亿，同比增长 6.8%，实现利润 203 亿元，同比增长 12.8%。近十年海尔收入复合增长率达到 6.1%，利润复合增长率达到 30.6%。2016 年海尔通过互联网交易产生交易额 2727 亿元，同比增长 73%，这是首次互联网线上平台产生的交易额超过海尔自身额收入。

（二）发展策略

在互联网时代，海尔致力于成为互联网企业，其产业结构正在向智能化方向发展。在智能制造方面，海尔将用户需求上升为智能制造升级的出发点和落脚点，致力于搭建用户、企业和资源方共创共赢的生态圈。2016 年海尔 U + 连续 8 年蝉联智能家居十大品牌第一名。海尔 U + 智慧生活操作系统是全球首个智慧生活操作系统，该系统涵盖全套智能家居解决方案，包括三个技术平台，分别为 U + 智慧家庭互联平台、U + 云服务平台和 U + 大数据分析平台。2016 年 2 月，中国家电行业第一家工业智能研究院在海尔正式揭牌，海尔集团并与清华大学高端院、德国弗劳恩霍夫研究院签署战略合作协议，双方将加强产学研合作，为落实“中国制造 2025”提供新的平台。2016 年 12 月，海尔展示了中国首个以用户为中心的工业互联网平台 COSMO，通过该平台企业用户可以复制海尔互联工厂模式，并定制一体化、标准化、模块化的智能制造解决方案，这将有助于企业实现大规模的转型升级，构建新的工业生态环境。目前，海尔在中国智能制造的探索过程中处于领跑地位，其产业布局涉及家电、家居、金融、农业、地产、医疗、文化等多个领域，彻底打破了企业的边界。

四、海信集团

（一）总体发展情况

海信集团成立于1969年，包含海信电器和海信科龙电器两家在沪、深、港三地上市的公司，旗下拥有海信、科龙、容声三个品牌，是国家首批创新型企业、国家创新体系企业研发中心试点单位，其业务范围涵盖家电、通信等诸多领域。根据工业和信息化部发布2016年（第15届）中国软件业务收入前百家企业名单，海信集团以软件业务113亿元位列第五名。2016年上半年，海信电视的销售量和销售额占有率分别达到17.16%和17.85%，居于行业首位。

（二）发展策略

2016年，海信集团通过聚焦大屏幕、高画质，发展高活跃用户的产品策略和国内、国际市场的战略提升，进一步巩固海信电视全球前三的位置，并扩大在国内市场的领先优势。2016年海信推出了MU9800、MU9600、MU8600、MU7000等高端旗舰产品，并且发布了全球首款超短焦4K激光电视，实现了激光电视从研发、设计到整机生产的完全自主运营。据统计2016年1—10月份，海信激光电视在85英寸及以上超大屏电视市场中，占据了42.03%的市场份额。

五、南京南瑞集团

（一）总体发展情况

南瑞集团公司简称国电南瑞，成立于2001年，直属国家电网公司。南瑞集团业务覆盖工业控制、智能电网、新能源及轨道交通等诸多领域，主要从事电网调控技术、电网安全稳定控制技术、变电技术、配电技术、农村电气化技术、用电技术、风电光伏等电气控制技术、轨道交通控制技术、工业控制技术、节能和环保技术的研发应用，并提供各专业全方位解决方案和产品设备。据统计，2016年南瑞集团签订合同额超过580亿元，同比增长近10%；实现营业收入超过370亿元，同比增长超过17%。到2016年，南瑞集团连续十五届进入“中国软件企业百强”，连续十一届成为“中国十大创新软件企业”。

（二）发展策略

2016年，南瑞集团积极开展应用型研发和技术创新，不断引进先进的信息、软件和测控技术，形成了多项富有竞争力、具有核心技术和自主知识产权的产品。截至2016年年底，南瑞集团共获科技奖励117项，其中省部级以上69项，中国专利优秀奖2项，还包括获顾毓琇电机工程奖、中国电力杰出贡献奖等，获国内专利授权410项、国际专利授权3项，登记软件著作权130项。受智能化、网络化趋势影响，南瑞集团的业务发展正在逐渐实现转型。2016年6月，南瑞集团与能投集团签署战略合作协议，双方将就清洁能源、智能配用电、微电网、分布式能源等领域展开交流与合作。2016年12月，南瑞集团与德国弗劳恩霍夫协会、中德智能制造研究院签订战略合作框架协议，通过强强联合，共同深化在智能制造领域的合作。

六、中控集团

（一）总体发展情况

中控集团成立于1993年，是国内领先的自动化与信息化技术、产品与解决方案供应商，其业务范围涵盖工业自动化、城市信息化、工程设计、机器人以及新能源等诸多领域。中控集团坚持以信息化带动工业化，用高新技术改造传统产业，着力打造中国自动化行业的名牌产品。根据工信部发布的2016年中国软件业务收入百强名单，中控集团以软件业务24.18亿元位列第53名。中控在国内化工行业DCS市场占有率多年来一直保持第一，市场份额超过25%。

（二）发展战略

中控集团作为一家涉及自动化、信息化等多个领域的综合性集团公司，高度重视自身在智能制造领域的创新应用。在工业制造方面，2016年中控集团成功突破大连金重气流床干粉煤气化技术，为中控DCS在现代气流床干粉煤气化技术推广应用取得先机。2016年3月，中控中标钠冷快中子反应堆仪控系统设计验证平台项目，其DCS首次应用于核电四代堆型，为其在核电站的深入应用打下良好基础。

第三十二章　云计算企业

阿里云不断强化核心技术优势，提供优质的云计算服务，强化云计算与大数据、人工智能等前沿科技的对接，夯实企业技术实力。一方面，阿里云以合作和开放为抓手，加强企业生态体系建设。另一方面，通过合作和计算中心布局，加速实施国际化战略，拓展国际市场。腾讯云聚焦于游戏云、视频云、媒体融合等垂直云服务领域，力图在特定的各行业领域中实现突破。围绕其核心业务的发展，腾讯云积极加强云服务产品的研发，不断推出新的产品和服务。此外，腾讯云也瞄准海外市场，加速构建全球化业务市场体系。

一、阿里云

（一）总体发展情况

阿里云是阿里巴巴集团旗下的云计算品牌，成立于2009年，是我国技术水平最高、市场能力最强的云计算领军企业之一。当前，阿里云已经在杭州、北京、硅谷等地设有研发中心和运营机构，业务服务范围已覆盖全球200多个国家和地区。阿里云服务拥有高性价比、高稳定性、安全可靠等诸多优势，产品体系覆盖底层技术平台、弹性计算、数据库、存储与CDN、网络、大规模计算等。

近年来，阿里云持续快速发展，根据阿里巴巴2016年第三季度财报显示，阿里云继续保持高速扩张态势，营业收入连续第六个季度实现了三位数的增长，业务发展呈现出规模化、集聚化态势，市场拓展优势不断累积。第三季度阿里云收入达到14.93亿元，同比增长130%，创历史新高。付费用户数量增长至65.1万，同比增长108%，用户已经覆盖金融、医疗、公共交通、能源、制造、政府、游戏、多媒体等多个行业领域。根据德意志银行2016年4月发布的报告，阿里云已经成为我国云计算市场中的主导者，云计算规模远超其他国内的云计算企业。从全球来看，2015 年阿里云业务收入已经超过谷歌进入全球前三，形成“3A”（AWS、Azure、Alibaba Cloud）的竞争格局。同时，阿里云营收增速也大幅领先于全球其他主要云计算服务企业，显示出强劲的全球竞争力和巨大的发展潜力。

（二）发展策略

作为我国云计算领域的领军企业，从企业发展策略来看，阿里云在夯实企业技术实力和提升企业市场竞争力两个方面，均有两个核心任务，这些战略性的任务为阿里云的持续快速发展奠定了坚实的基础。

在夯实企业技术实力方面，一是不断强化核心技术优势，提供优质的云计算服务。2016 年，阿里云持续加大云计算核心技术的研发力度，在云计算基本产品研发、云计算安全防护等方面不断发力。瞄准混合云的发展趋势，阿里云在其公有云、专有云平台的基础上，积极开发混合云产品及服务。2016 年 4 月，在云栖大会·深圳峰会上，阿里云重磅发布专有云（Apsara Stack）、混合云解决方案，由于 Apsara Stack 的架构和技术与阿里云完全一致，便于企业的应用软件与数据在二者间的扩展和迁移，从而构建完整的混合云架构。2016 年 11 月，阿里云成功打破 CloudSort 世界纪录，将 100TB 数据排序的计算成本降低了 2/3。同月，飞天入选 2016 年世界互联网最有代表性 15 项科技创新成果。2016 年 12 月，阿里云在第二届 FreeBuf 互联网安全创新大会 Web 应用防火墙获“2016 年度云安全服务大奖”，表明阿里云也在致力于构建安全的产品体系。二是强化云计算与大数据、人工智能等前沿科技的对接，以云平台为基础，积极突破大数据、人工智能的核心技术，为业务拓展和效率提升提供支撑。2016 年 1 月，在云栖大会·上海峰会上阿里云发布了全球首个一站式大数据平台“数加”及 20 款大数据产品，涵盖数据采集、计算引擎、数据加工、数据分析、机器学习、数据应用等数据应用。2016 年 8 月，阿里云将智能小 Ai 机器人正式升级为人工智能 ET，其基于阿里云的计算能力，已具备智能语音交互、图像/视频识别、交通预测、情感分析等功能。

在提升企业市场竞争力方面，一是以合作和开放为抓手，加强企业生态体系建设。阿里云不断通过与企业建立良好的合作关系拓展业务能力，与政府达成合作协议加速业务布局，向用户和开发者开放平台加速集聚业务资源。2016 年 8 月，阿里云表示正在为出海的中国企业建立全球化的计算基础，推动不少于 100 家我国 SaaS 软件企业拓展海外业务。2016 年 10 月，阿里云联合杭州政府发布城市大脑，利用人工智能 ET 为交通治理提供帮助。同月，阿里云与国家天文台达成合作协议，基于阿里云平台共同开展天体物理研究。二是通过合作和计算中心布局，加速实施国际化战略，拓展国际市场。2016 年 4 月，阿里云与韩国 SK 集团达成合作协议，共同拓展韩国云计算市场。一个月后，与日本软银公司宣布合作，携手拓展日本云计算市场。至 2016 年 12 月，阿里云日本区正式开服，至此阿里云在中东、欧洲、日本、澳洲全球四大数据中心均已投入使用，实现了全球市场的全覆盖，全球化布局已趋于完善，国家市场拓展将不断加快。

二、腾讯云

（一）总体发展情况

腾讯云是腾讯提供的云服务平台，最早仅用于腾讯内部的业务服务，2013 年 9 月开始向社会开放。从业务收入来看，是我国仅次于阿里云的专业云服务提供商。相较于阿里云，腾讯云的起步相对较晚，但增长速度非常快。腾讯云技术实力非常坚实，拥有成熟的基础架构，凭借多年在互联网服务领域的商业经验，聚焦于社交、游戏等领域，推出了大批的成熟产品和服务，可为开发者及企业提供云服务、云数据、云运营等整体一站式服务方案。腾讯云的主要产品可分为计算、网络、存储与 CDN、数据库、安全、监控与管理、移动与通信、视频服务、域名服务、大数据与人工智能等十大类，可提供视频、网站、位置服务等通用解决方案，电商、游戏、医疗、金融和行业解决方案以及安全、数据迁移等技术解决方案。

基于腾讯原有的技术优势和服务业务，腾讯云在近年来呈现出非常迅猛的发展态势，根据腾讯 2016 年第三季度财报，腾讯支付相关服务及云服务的业务收入达到 49.64 亿元，同比增长了 348%，其中腾讯云服务业务收入同比增长超过 200%。目前，腾讯云基于 QQ、微信、腾讯游戏等海量业务的技术锤炼，已从基础架构到精细化运营，从平台实力到生态能力建设，可为企业和创业者提供集云计算、云数据、云运营于一体的云端服务体验。根据统计，腾讯云已经获得超过20项权威认证，云产品及服务超过50个，服务企业超过100万家。

2016年7月，腾讯联合广东省政府，举办了“云+未来”峰会，在峰会上，腾讯表示，云是“互联网+”基础设施的第一要素，腾讯云将面向企业从“触网”到“触云”的业务转型，加大业务拓展能力，表明腾讯大力发展云服务的坚定决心。

（二）发展策略

腾讯云的市场化发展慢于阿里云，因此在很多企业发展策略方面跟随于阿里云，并积极寻找赶超的机遇。

从云业务的角度来看，腾讯云聚焦于行业服务，力图在特定的各行业领域中实现突破。当前，在腾讯云的行业解决方案中，涵盖了电商、游戏、旅游、医疗、金融、政务等多个领域，但是基于腾讯自身互联网业务的优势，当前，腾讯的云服务业务聚焦仍在游戏云、视频云、媒体融合云等垂直云服务领域。互联网仍旧是腾讯发展云服务业务的基础和出发点，Marry Meeker在2016年互联网趋势报告中指出，在移动互联网时代，腾讯的业务生态拥有中国最多的用户和使用时长，包括微信、QQ、浏览器、视频、应用宝等所有的平台加起来，占据了目前中国人使用互联网的时间超过50%。这些都是腾讯云计算技术沉淀和输出的场景所在，也是腾讯发展云业务的最大优势所在。

从技术积累的角度来看，腾讯基于其在互联网领域的深厚技术积累，以及丰富的高端技术开发智力资源，在云服务领域已经呈现出后来居上的态势。2016年11月，在被称之为“计算界的奥运会”的Sort Benchmark国际赛事中，腾讯云获得了象征着技术能力的排序比赛的四个子项目冠军，显示出腾讯云云核心技术方面已经居于全球领先地位，特别地，在100TB的数据排序中，腾讯云仅用时98.8秒，打破了阿里云于2015年创造的329秒的记录。2016年10月，腾讯云得到了国际权威认证评估机构DNV GL颁发的CSA-STAR云安全金牌证书，此外也获得了信息安全UKAS国际认可，CNAS国内认可及CSA-STAR金牌证书，使得腾讯云成为我国首家以CSA-STAR金牌身份拿到国内国际双认可信息安全资质的云服务商。

从产品研发的角度来看，腾讯云围绕其核心业务的发展，积极加强云服务产品的研发，不断推出新的产品和服务。2016年3月，腾讯云发布了“黑石－混合云 plus”，其是一个全新混合云产品，实现了物理机像云主机一样便捷实用，可以在私有网络下生产出成批的高可用独享物理主机，让业务核心架构可以在物理机与虚拟机间任意部署，延时做到了毫秒级。2016年7月，黑市2.0版正式发布，其能小时级生产出成批的高可用的独享物理主机。2016年12月，腾讯云宣布向全球企业提供7项人工智能服务，包括人脸检测、五官定位、人脸比对与验证、人脸检索、图片标签、身份证OCR识别、名片OCR识别（Optical Character Recognition，光学字符识别），并在多项服务中达到业界领先水平。

从市场拓展的角度来看，腾讯云与阿里云一道，正积极瞄准海外市场，加速构建全球化业务市场体系。2016年12月，腾讯云宣布开放11个海外服务节点，包括4个亚太地区节点（首尔、悉尼、东京和印度金奈）、3个欧洲地区节点（法兰克福、伦敦和阿姆斯特丹）、3个北美地区节点（华盛顿、达拉斯和硅谷）、1个南美地区节点（巴西圣保罗）。加上腾讯云之前在中国香港地区、新加坡、多伦多布局三大海外数据中心，腾讯云在海外的服务节点增至14个。加上在国内布局的5个数据中心，腾讯云一共拥有19个全球服务节点，服务覆盖亚洲、欧洲、北美洲、南美洲、大洋洲，腾讯云也因此成为全球云计算基础设施最完善的中国互联网云服务商。

三、百度云

百度是全球最大的中文搜索引擎，拥有17年的技术积累和实践经验。2015年，百度正式开放运营百度云，主要以公有云服务为主。根据百度云秉承的“用科技力量推动社会创新”的愿景，百度借助百度云不断将百度在云计算、大数据、人工智能的技术能力向全社会输出。

从百度云发展情况来看，利用百度在人工智能领域的核心优势，不断促进云计算和大数据以及人工智能的融合发展，是百度构建云服务市场竞争优势的关键战略。2016年7月，在“风云际会——百度云计算战略发布会”中百度提出了“云计算＋大数据＋人工智能”三位一体的发展战略，重点推出了天算、天像、三工三大平台，分别针对智能大数据、智能多媒体、智能物联网三个领域提供云服务，可以看出，人工智能既是百度云突破发展的基础，也是百度云创新前行的引领。2016 年 11 月，百度云推出最新的人工智能平台——天智。天智底层为百度云计算，由感知平台、机器学习平台和深度学习平台三部分组成，可为不同需求的客户提供全面的人工智能服务。

此外，在云生态的构建方面，百度也开始发力布局。2016 年 11 月，在百度云智峰会中，百度发布百度云生态“云图计划”，计划未来 5 年投入 100 亿建立百度云平台及生态系统，并提出 ABC 生态圈的概念（A 代表 AI，B 代表 Big Data，C 指 Cloud computing，指人工智能、大数据与云计算三位一体）。在宏观战略的推动下，百度云服务业务也在快速成长，当前，百度云已经发展出了 11 条产品线，30 余款产品，呈现出强大的发展动力和深厚的发展潜力。

第三十三章　大数据企业

华为以硬件为实施云计算、大数据战略的重要基础，通过与电信运营商的深度合作，不断推进资源整合，促进大数据硬件设备的市场拓展。人大金仓多年来深耕数据库领域，不断提升大数据核心技术水平，完善大数据产品体系，着力拓展大数据应用领域，聚焦于大数据服务的发展策略日益明晰。数据堂定位于数据资源运营商，秉承着多渠道融合数据资源，跨界关联多行业的发展策略，力争线上线下全渠道覆盖，搭建更广的大数据销售体系。北京荣之联科技股份有限公司注重核心技术研发与行业应用深入融合，以构建完善的车联网生态圈，深耕细作电信大数据为发展策略。百分点集团重视大数据建设方法论，在大数据整体解决方案研发及市场拓展中取得一定成效。

一、华为

（一）总体发展情况

华为作为全球领先的信息与通信技术（ICT）解决方案提供商，专注于ICT领域，坚持稳健经营、持续创新、开放合作的发展理念，在电信运营、企业、终端和云计算等领域构筑了端到端的解决方案优势，通过创新的ICT解决方案打造数字化引擎，推动各个行业数字化转型，促进经济增长。公司长期致力于与合作伙伴、友商合作创新、扩大产业价值，构建良性发展的产业生态系统，已经加入了300多个标准组织、产业联盟和开源社区。目前，华为有17万多名员工，业务遍及全球170多个国家和地区，服务全球三分之一以上的人口。2016年上半年，公司实现销售收入2455亿元人民币，同比增长40%，盈利利润率12%。

（二）发展策略

硬件是云计算战略实施的重要基础。从2008年起，华为进军云计算领域，在服务器、存储等硬件设备方面取得了一系列显著成果。在服务器方面，华为公司加大了对关键业务服务器的投入力度，2016年推出的开放架构小型机KunLun，成为全球服务器市场最引人注目的产品。由于具有高性能、高可靠、易运维等特点，据Gartner统计，2016年第二季度，华为x86架构四路、八路服务器出货量同比增长率高达143.20%，出货量达到了全球第一。同时，机架服务器和刀片服务器发货量也稳居中国第一。在数据中心方面，到2015年年底，华为在全球部署了660个数据中心，其中255个云数据中心，华为长期专注于云计算相关软硬件研发，目前已经在全球部署了5个专注于云计算的研发中心，研发人员超过10000人。

高度重视软件研发创新。华为在软件方面的研发投入远远超过国内任何一家云服务厂商。公司自主研发了FusionSphere云操作系统，更好地实现了软件定义和资源协同管理，同时，为了满足企业用户不断复杂和变化的需求，原有的单一公有云或私有云也无法满足企业业务增值，混合云模式逐渐成为企业市场的主流。2016年3月，华为发布了FusionCloud Omini混合云解决方案，实现公有云和混合云之间的互联互通，支持不同的企业业务在不同厂家的私有云和公有云之间的业务灵活迁移部署，完全满足了市场对混合云的需求。

加强与电信运营商深度合作。华为长期保持与电信运营商深度合作，共同面向云计算、大数据等新兴领域联合创新，提供敏捷高效的网络解决方案，助力运营商和企业云化转型。华为弹性大数据服务能够提供Hadoop、Spark、Spark SQL、HBase、实时流计算、在线分析和机器学习等能力，能够灵活应对数据导入、数据分析和报表展示等各种需求。2016年1月，华为助力中国移动部署SDN私有云，加速云化转型。中国移动采用华为云数据中心网络（Cloud Fabric）解决方案，建造集团私有云资源池基地SDN数据中心项目，对呼和浩特和哈尔滨的私有云资源池进行优化建设。

推进资源整合，保障网络安全。构筑并实施端到端的网络安全保障体系是公司的重要战略之一，华为在网络安全领域通过并购、战略合作等方式加强资源整合，有效保障网络安全。2016 年 1 月，华为收购两家以色列厂商 HexaTier 和 Toga Networks，将相关业务纳入到公司下一代网络和企业安全产品中。同时，华为与国内大数据安全厂商拓尔思公司加强战略合作，推出拓尔思—华为信息采集、检索等大数据一体机，在信息采集方面，能够实现实时监控、采集 Internet 网站内容，自动对信息进行过滤、分类、排重等智能化处理，全方位信息查询等功能；在检索方面，依托高可靠的体系架构，能够支持自然语言及智能扩展检索，支持 PB 乃至 EB 级大数据的联合检索，能够满足千万级用户的高并发访问需求。

二、人大金仓

（一）总体发展情况

北京人大金仓信息技术股份有限公司成立于 1999 年，是中国自主可控数据库和大数据相关产品及解决方案的提供商。在大数据时代，人大金仓立足自主可控国产化替代，依托在传统数据库领域的技术沉淀和产品基础，凭借在数据库研发、数据治理、数据分析等方面的积淀，以云计算、大数据等新兴技术需求为牵引，大力促进传统数据库对于大数据和云计算的支持能力以及与大数据系统的融合，以大数据基础平台、政府大数据、智慧城市大数据、大数据分析为解决方案主线，为各行业提供大数据建设的规划和设计的咨询、大数据平台搭建到应用实施的一站式服务。在解决方案层面，面向党政军及企业级市场，推出了大数据中心解决方案、政府大数据解决方案、智慧城市大数据解决方案等系列行业解决方案。在产品层面，形成了涵盖数据采集、存储管理、分析挖掘、数据利用、数据管理等功能的大数据系列产品体系。在大数据实施服务方面，依托自有产品和代理产品，提供以数据为中心，从采集、治理、存储到应用、分析全生命周期的服务，贯穿大数据规划、实施、运维全流程，助力客户大数据应用顺利上线。

表 33－1　2016 年人大金仓大数据相关大事记

类型	事件概述
获奖	总裁任永杰被评为“2016 年度大数据产业十大领军人物”； 荣获“2016 年度中国大数据领域最具品牌影响力企业奖”； 荣获 2016 中国大数据企业 50 强称号； 荣获“2016 中国大数据管理及分析领域创新企业奖”； 入选中国大数据产业生态联盟理事单位； 总裁任永杰当选中国大数据产业生态联盟专家委员； 入选《2016 中国大数据产业生态地图》。
合作	与贵阳市委群众工作委员会和社会建设工作委员会共同合作实施贵阳“社会治理大数据云平台”工程，实现精细化治理和精准化服务，提升贵阳的社会治理水平，打造“条专块统”的贵阳社会治理新模式； 内蒙古的“工业大数据”运行平台项目； 与北京旋极伏羲大数据技术有限公司签订战略合作协议，在时空网格编码、时空大数据管理、服务以及研发等方面开展深度合作，并在市场营销中互相支持以及实现资源共享，发挥双方优势资源共同发展和开拓大数据产业市场。
业务	发布大数据中心建设解决方案白皮书，全力服务于大数据中心建设，助力企业信息化建设。
应用	医院大数据分析系统在对糖尿病辅助诊疗方面得到了广泛应用； 基于金仓数据库 KingbaseES 为国家教育管理信息系统部署共享存储集群 KingbaseRAC，构建了可动态扩展的数据库管理解决方案，形成了“共享、开放、安全”的信息大数据平台，为教育部提供数据采集、教育服务、教育监管、决策支持等数据应用支撑。

资料来源：赛迪智库整理，2017 年 1 月。

（二）发展策略

提升技术水平，完善大数据产品体系。多年以来，人大金仓深耕数据库领域，对整个数据领域包括对数据底层有较深的了解和技术沉淀，技术层面形成了深厚牢靠的基础。依托雄厚的技术积淀，人大金仓快速向大数据进军。目前，人大金仓可以提供全栈大数据产品线，包括数据整合工具 KingbaseDI，大数据平台 KingbaseDP，并行分布式云数据集群 KingbaseDBCloud，商业智能平台 KingbaseSmartBI，服务管理 KingbaseESB，数据同步 KingbaseSS，数据资源管理平台 KingbaseDRP，元数据管理平台 KingbaseMDM，企业级数据库管理平台 KingbaseEM 以及质量管理平台 KingbaseQM，可以提供数据采集、存储管理、分析挖掘、数据利用以及数据管理全方位支撑。此外，人大金仓 2016 年新发布了一款分析型数据库——KingbaseAnalyticsDB（KADB），该数据库是专门面向大数据分析类应用提供的数据库产品，可以满足数据密集型行业日益提高的数据查询、统计、分析、挖掘和备份等需求，可用作为数据仓库系统、BI 系统和决策支持系统的承载数据库。

着力拓展大数据应用领域，提升核心竞争力。人大金仓结合实际业务场景需求，形成最合适的大数据解决方案，从而形成自己的核心竞争力和差异化优势。人大金仓提供的 360 度全景大数据解决方案包括两部分，一是项目的全流程支持：该部分可以提供大数据规划、实施以及运维的全流程技术支持；二是数据全生命周期的管理：该部分可以提供数据产生、获取、存储、处理、治理、分析和应用全生命周期的管理。人大金仓在军工、电子政务、社会治理、党务、金融、智慧城市、企业信息化等方面具有强大的数据产品及解决方案研发能力、资源整合能力以及项目实施服务能力，可以帮助各行业搭建并应用实施大数据平台。截至目前，人大金仓已经在医疗卫生、金融、教育、政府部门、通信、军工国防等十多个行业领域，成功实施并交付了数十个数据中心解决方案。并且，为推动政府组织结构和工作流程的优化重组，以及智慧城市建设，推出了政府大数据解决方案和智慧城市大数据解决方案。这些业务实践，为人大金仓全面在大数据应用方案领域为目标客户提供专业产品、专业方案、专业实施，奠定了厚实基础。随着人大金仓不断完善大数据产业链，其各个数据库产品和平台将呈现不断开放态势，将从全量的数据中挖掘更多大数据价值，提升通过数据分析挖掘并推演出规律的能力，不断拓展各类创新数据应用场景，提升大数据解决方案与市场以及用户需求的契合度。

专注大数据实施服务，提升服务能力和品质。人大金仓在全面掌握大数据实施理念和方法论的基础上，快速地了解大数据相关产品（包括自由产品、主流开源产品、行业内领先的产品）的功能特性、融合相关产品和技术，依据用户现场实际需求，能够快速地提出具有金仓优势的实施方案，为客户提供大数据平台部署、运维和优化等产品实施服务，BI 实施、应用系统二次开发等数据应用服务，ETL 实施、数据维护等数据处理服务，平台运维和数据运维服务，以及数据挖掘和行业数据分析等服务。并且，人大金仓通过对大数据实施服务市场的进一步细化，掌握所需知识，积累经验，细分实施服务内容，使服务更加精细化，不断提升技术创新、行业分析、BI 定制、分析模型研发、平台实施、数据处理等服务能力和品质。目前，人大金仓在北京、成都以及上海都设有研发中心，在全国设有直属分公司及办事处，在各省均有本地化服务合作伙伴。

三、数据堂

（一）发展概况

数据堂（北京）科技股份有限公司成立于 2011 年 6 月，是一家专注互联网综合数据服务的公司（以下简称“数据堂”）。2016 年，数据堂历经 5 年高速发展，在中美两地已建立 4 家子公司，在北京、南京、镇江、天津、保定建有 5 个专业数据处理中心，为大数据的采集、处理和挖掘提供全球化视野，成为领先的数据资源服务公司，已经成为一家市值超过 25 亿元的新三板公司。数据堂在移动互联网大数据资源领域沉积多年，汇集了科技、信用、交通、医疗、通信、天气、地理、质监、环境、商户、电力等数十大领域数据。数据堂旨在融合和盘活各类大数据资源，实现数据价值最大化，推动相关技术、应用和产业的创新，已为多家国内外企业提供数据定制服务。数据堂客户包括百度、腾讯、阿里巴巴、奇虎 360、联想、科大讯飞等国内顶级互联网和高科技企业，Microsoft、NEC、Canon、Intel、Samsung、Nuance、Fujitsu 等国外企业及在华研发机构。2016 年，数据堂积极响应国家大数据战略趋势，进军政府大数据领域，并已与贵阳市政府、芜湖市政府就“数字生态城市”建设达成战略合作协议，开辟出一片蓝海新天地。

据数据堂 2016 年上半年报告显示，报告期内实现营收 3017.11 万元，较上年同期增长 51.77%；归属于挂牌公司股东的净利润为 -347.02 万元，较上年同期 90.87 万元，由盈转亏；基本每股收益为 -0.02 元，上年同期为 0.06 元。

（二）发展策略

多渠道融合数据资源，跨界关联多行业。数据堂定位于数据资源运营商，致力于打造行业基石企业地位。数据堂通过对数据进行初步分析、过滤和分类，形成各种各样的数据产品，满足不同数据应用商的需求。同时，数据堂注重跨业资源的整合，将多个行业的数据整合在一起，并寻求关联，形成数据产品。2016 年 12 月，数据堂展示了其参与的京津冀大数据产业协同创新平台建设成果。该平台由北京大数据研究院发起筹建，数据堂牵头实施数据资源运营平台，打通数据获取、数据处理、数据服务环节，融合和盘活各类数据资源，以数据库和 API 接口的服务形式满足上千家数据应用商需求，服务领域主要覆盖人工智能、金融征信、精准营销以及智慧交通。2017 年年初，数据堂入选中关村 2016 年度前沿企业。

线上线下全渠道覆盖，搭建更广的大数据销售体系。凭借深度的数据挖掘和强大资源整合能力，数据堂让数据的价值不仅限于数据本身，还可通过与数据堂自有数据相结合，实现异业跨界的大数据应用，让数据加倍升值。数据堂拥有国内第一家大数据电商平台 Datatang，不仅有服务于国内和其他华语地区的中文平台，还搭建了面向全球的英文版在线销售平台，极大地扩展了大数据的销售覆盖面。同时构建了一支由各个大数据行业专家组成的销售团队，服务对象包括 BAT 等超一线企业。

四、荣之联

（一）发展概况

北京荣之联科技股份有限公司是国内领先的信息技术公司，致力于融合云计算、物联网、大数据等技术，帮助企业实现核心业务的全面数字化和信息资源的应用创新。公司于 2011 年在深交所上市，总部在北京，目前有 3 个研发中心，9 个分公司和 9 个办事处，并形成覆盖全国的营销服务网络。公司业务板块主要包含：IT 服务/云计算、物联网/大数据、生物云。在云计算领域，公司帮助客户整合已有的 IT 资产，实现数据中心和 IT 基础设施的集约化管理，引导企业级 IT 系统向私有云和混合云演化；在物联网领域，公司提供数据采集和接入产品，通过边缘计算和数据平台技术支持车联网、工业物联网、农业物联网的建设和运营；在大数据领域，公司提供分析引擎、数据产品以及不同行业的业务解决方案；在生命科学和医疗健康领域，公司依托自有的基因分析算法提供快速分析和解读软件，依托生物数据平台构建了面向整个行业的生物云和健康云。截至2016年12月底，员工规模1347人，其中技术人员占比达67%。据2016年度业绩快报显示，公司年营业额15.43亿元，年净利润2.42亿元。

（二）发展策略

注重核心研发与行业应用深入融合。荣之联的大数据能力从传统数据仓库、BI前端展示和EAI能力外延，在大数据存储、数据应用方面积累了丰富的经验，在中文智能语义分析、MPP并行数据库、数据可视化等方面技术优势明显，在电信媒体、银行证券、生物行业大数据处理方面应用能力突出。

构建完善的车联网生态圈。荣之联拥有多年的企业级数据仓库规划经验和先进的管理理念，能够按照企业的业务发展战略和信息化建设目标设计出先进合理的规划方案。在大数据领域实现了互联网技术、工业物联网技术和大数据技术的整合，在车联网、农业物联网、工程设备联网领域得到了长足的发展。其中，荣之联车联网通过专业的软硬件产品、业务平台及大数据服务，打造完善的车联网生态圈，为整车厂、4S店、保险公司、政府等行业客户提供全面的整体解决方案，同时与英国Floow公司合作拓展UBI保险业务。

深耕细作电信大数据。荣之联结合大数据用户感知系统，为中国联通提供数据分析服务。用户感知系统通过安装于智能终端上的信息采集软件，记录用户业务应用的感知信息及相应的无线环境和信令消息，利用3G、4G网络实时采集数据并上传至集团云化的数据中心，对数据进行集中存储和处理，由后台用户感知评估体系根据不同的运营支撑应用需求，对所采集的信息加以整理、分析、呈现，为运营商及时发现网络问题、减少用户投诉、提升网络质量和服务质量提供数据分析服务。该系统打破了传统各省、各部门烟囱式的重复系统建设方式，实现了数据分散灵活的采集，实现数据的集中存储和处理，实现数据全国分权分域的管理和共享。

五、百分点

（一）发展概况

百分点集团成立于2009年，作为场景化智能解决方案的定义者，百分点拥有业界顶尖的研发团队、完善的自主研发体系以及成熟的商业实践，并专注于大数据底层技术平台以及场景化智能应用的搭建，使企业能高效、便捷地进行数据资产管理和价值实现。公司拥有500多名员工，包括2位国家千人计划入选者、30多位博士和来自国内外一流大学与技术公司的300多人规模的研发团队。公司拥有3个研发中心和全球布局的数据中心，并且与北大、浙大、上海交大、中央财经大学等高校建立了五个合作研究中心，拥有大数据领域的软著、专利过百项。2016年，百分点成功入选工信部评选的“中国大数据50强”，成为2016 Garnter Cool Vendor唯一入选的大数据公司，入围毕马威评选的中国Fintech 50强以及获得2016世界互联网大会最佳行业实践奖等。

（二）发展策略

重视大数据建设方法论，普及大数据思维，帮助企业释放数据决策力。百分点通过为超过2000家客户进行大数据建设的经验进行总结，认为基于数据进行科学决策并产生价值的能力即为数据决策力，它将是未来企业必须具备的核心竞争力之一。百分点为此联合北大、中计报等多家机构共同推出《数据决策力》白皮书，希望通过此白皮书能够对国内企业用户在大数据建设方法论和大数据思维上有重新的认识和提升。目前，《数据决策力》已经获得包括多个行业客户的认可。

打造大数据整体解决方案。百分点大数据整体解决方案由大数据操作系统BD－OS、大数据全息建模BD－OM、大数据智能应用BD－IA组成，涵盖了从大数据底层基础平台到大数据场景化智能应用。百分点大数据整体解决方案从大数据整体建设的角度考虑，融合人工智能、大数据当前最领先的技术，结合用户实际业务场景，能够全面、快速、准确地满足客户的大数据需求。目前，百分点大数据整体解决方案已经在国内多个行业得到验证。

深耕行业，加强合作，推动国内大数据落地。百分点致力于帮助金融、政府、媒体、制造、能源等国内多个行业的客户实现大数据的落地。2016 年，百分点已经与国内多个行业客户通过战略合作或者合资公司的方式来实现大数据的落地。与此同时，百分点也致力于大数据生态圈的上下游建设，以开放与合作的心态与大数据产业链包括微软、惠普、华为、浪潮、普天等诸多合作伙伴共同推动国内大数据走向落地。

第三十四章　信息安全企业

启明星辰不断加强自主研发和外延并购，完善产品布局，同时通过有效发挥客户协同效应，不断扩大全行业客户市场范围，并且通过战略合作深度布局云安全，构建开放式安全新生态。绿盟科技旨在打造完整的安全产品链条，重点加强攻防技术及产品研发，通过实施智慧安全2.0战略，从传统安全产品模式向解决方案和安全运营模式转型。卫士通持续加大研发投入力度，加速丰富完善产品线，并依托平台资源优势，整合产业链条，向综合信息安全服务提供商转型。

一、启明星辰

（一）总体发展情况

启明星辰作为国内最具实力的、拥有完全自主知识产权的网络安全产品、可信安全管理平台、安全服务与解决方案的综合提供商。公司拥有完善的安全产品线，横跨防火墙/UTM、入侵检测管理、网络审计、终端管理、加密认证等技术领域，共有百余个产品型号，并根据客户需求不断延伸和拓展，当前形成了涵盖安全产品、服务、管理及集成在内的完整信息安全产业链条。公司在防火墙（FW）、统一威胁管理（UTM）、入侵检测与防御（IDS/IPS）、安全管理平台（SOC）等信息安全细分领域位居国内市场领先地位。公司具有强大的研发实力，是国内信息安全领域技术创新和产品研发最具实力的企业之一，主要包括黑客攻防技术研究团队积极防御实验室、专业安全运营服务团队M2STM安全运营中心、安全体系设计和咨询团队前线技术专家团、安全系统集成团队以及国内首家企业网络安全博士后工作站。2016年前三季度，公司营业收入10.23亿元，同比增长20.88%，净利润4713万元，同比下降7.27%，但考虑到第四季度是公司订单回款较为集中的时段，预计2016年全年公司的净利润将保持在3.26亿至3.46亿元，同比增长33.54%至41.73%。

（二）发展策略

自主研发和外延并购相结合，完善产品布局，致力于打造综合性解决方案提供商。公司高度重视研发创新，研发投入年度也是逐步加大，当前在研项目重点聚焦云安全、大数据安全以及安全运营管理等，主要包括新一代防火墙NGFW产品研发项目、新一代VPN产品研发项目、工控防火墙产品研发项目、泰合新一代信息安全运营中心系统研发项目、针对云计算环境审计产品新型号研发项目、FlowEye产品新型号研发项目、文件访问控制管理系统FCM研发项目、合众大数据基础平台研发项目。2016年6月，公司以6.37亿元收购赛博兴安，进一步拓展军工加密和物联网安全业务，通过收购获取加密资质，拓展全新的军工行业客户渠道。依托近年来一系列的外延并购，公司产品也从原先的单一的入侵检测扩展到包括UTM、安全审计、APT、SOC、大数据安全等产品形态；从原先的网络安全逐步向云端安全和终端安全渗透。

致力于覆盖全行业客户市场，有效发挥客户协同效应。通过不断自主创新和外延扩张，公司基本实现了政府、电信、金融、能源、交通、军队、军工、制造等行业客户的全覆盖，成为众多领域企业级用户首选的信息安全品牌，在政府和军工市场占有率高达80%，覆盖中央、国务院直属100多个国家级部、委、办、局，军工行业覆盖总参、总装、兵器集团、航天科技集团等；在大型企业客户方面，世界五百强中60%的中国企业成为公司的优质客户；在金融领域，公司对政策性银行、国有控股商业银行、全国性股份制商业银行实现90%的覆盖率。在电信领域，公司为三大运营商集团总公司和70多家省级分公司提供安全产品、安全服务和解决方案。

加强战略合作，深度布局云安全，构建开放式安全新生态。公司高度重视与腾讯、华为等国内IT巨头的深度合作，与腾讯合作推出云子可信网络防病毒系统，建立企业安全服务战略联盟，重点布局终端安全领域；与华为公司联合推出全网安全协防解决方案，公司泰合下一代SOC安全管理平台与华为SDN网络控制器实现敏捷联动。2016年4月，公司发布泰合安全威胁分析合作计划，将泰合SOC3.0安全管理平台对从事安全威胁分析的安全厂商开放，使得第三方安全分析能力以类似APP的形式接入平台并组合应用，实现数据的跨企业整合和共享，公司的平台属性得到进一步强化，安全业态从封闭迈向开放。

二、绿盟科技

（一）总体发展情况

绿盟科技作为国内信息安全产业龙头企业，产品线较为齐全，拥有入侵防御检测系统、抗拒绝服务系统等十九类产品及多个解决方案，并在抗拒绝服务系统（ADS）、入侵防护系统（NIPS）、远程安全评估系统（RSAS）和网页防火墙（WAF）等众多细分领域市场位居全国前列。公司在国内外设有40多个分支机构，行业客户涉及政府、电信、金融、能源、互联网、教育、医疗、军工等众多领域。2016年前三季度，公司业务继续保持高速增长，营业总收入5.15亿元，同比增长40.79%，净利润为1450万元，同比增长206.3%。

（二）发展策略

打造完整的安全产品链条，重点加强攻防技术及产品研发。公司长期致力于构建完整的信息安全产品链条，从网络最外层抗DDoS攻击，到防火墙特定端口扫描，再到入侵检测防御系统抵御网络攻击，以及终端Web安全、审计、安全评估，均能够提供整套解决方案。公司在DDoS和IPS等多个安全攻防产品领域保持龙头地位，抗DDoS产品在国内市场占有率超过30%，入侵防御系统、Web应用防火墙的市场占有率均超过20%，位居国内市场首位。

实施智慧安全2.0战略，从传统安全产品模式向解决方案和安全运营模式转型。与传统专注于安全硬件、软件产品不同，公司将围绕用户需求，注重安全运营管理服务，将公司当前产品收入和服务（含解决方案）收入3∶1的比重发展成为1∶1。公司围绕智慧安全2.0战略，重点加强“绿盟云”安全服务平台、安全态势感知解决方案、云计算安全解决方案以及下一代威胁防御解决方案等研发。

加强战略合作，拓展客户市场。公司先后与“腾讯云”“华为云”“绿网”、云杉、青云、阿里云签署了云安全战略合作协议，提供专业的云计算安全解决方案。2016年4月，公司与阿里云发布抗DDoS云清洗合作，依托阿里云云盾强大的带宽资源，建立包括美国、日本、新加坡、欧洲等在内的云清洗中心，向全球客户提供相关的安全产品和服务。2016 年 6 月，绿盟安全服务正式上线阿里云，对接阿里云平台 180 万客户的安全需求，提供包括 Web 安全、安全检测、数据安全、移动安全、邮件安全、威胁情报、流量清洗等在内的 7 个大类共 9 项安全服务。

统筹各方资源，提升安全服务能力。2015 年 12 月，公司通过定增募集 8.1 亿元，推动智慧安全防护体系和安全数据科学平台两个建设项目，进一步整合公司云端能力和客户端解决方案能力，在公司原有安全云服务的基础上，实现云“线上环境或云端”“地”（线下环境或客户侧）、“人”（专家团队）、“机”（安全防护设备）协同体系，最大限度发挥安全云系统、客户侧安全设备、专家团队等的协同效应。

三、卫士通

（一）总体发展情况

卫士通公司作为国内专业信息安全产品和服务厂商，公司从核心的密码技术应用持续拓展，已经发展成为拥有三大类产品体系、近 20 个产品族类、100 余个产品/系统的国内领先的信息安全产品供应商。同时，以完整的产品线优势，基于 ISSE 体系框架为党政、军工、电力、金融以及其他大型企业集团、中小企业及事业单位等用户提供以“安全咨询、安全评估、安全建设、安全运维”为主的信息系统全生命周期的安全集成与服务。2016 年前三个季度，公司实现营业收入 9.67 亿元，同比增长 56.2%，净利润 506 万元，同比上涨 5.8%；预计 2016 年全年公司的净利润将达到 1.5 亿元到 1.95 亿元，同比增长 0.8% 到 31%。

（二）发展策略

持续加大研发投入力度，进一步丰富完善产品线。2016 年 10 月，公司通过增发募集 26.9 亿元，重点用于新型商用密码系列产品产业化及国际化项目、安全智能移动终端及应用服务产业化项目、国产自主高安全专用终端项目、面向工业控制系统和物联网的系列安全芯片项目以及行业安全解决方案创新中心项目等研发，将逐步形成包括商用密码产品、网络安全解决方案、终端安全、数据安全、应用安全、内容安全和管理安全等在内的完整的信息安全产品线。

依托平台资源优势，整合产业链条，向综合信息安全服务提供商转型。公司控股股东是中国网安集团，作为拥有国资背景的信息安全企业，在未来国企改革的大背景下，中国电科集团的信息安全资源将加速向卫士通汇聚，当前公司已经收购了三十所旗下的三零嘉微、三零瑞通和三零盛安，未来三十所旗下的雅迅、凯天以及中国电科旗下的第二、第三、第五十八研究所等资源也将进一步整合，构建完善的信息安全生态圈，公司也将向综合性解决方案提供商转型。

聚焦移动安全领域，拓展安全智能手机业务。公司利用自身的技术和资质优势，联合中国移动、华为和中兴，针对军用（专用市场）和民用（商用政企行业市场，以及金融、能源等大中型企业和高端商务人士市场）领域推出了加密手机和安全智能手机。同时，随着移动支付安全、安全电子政务、安全物联网需求的持续释放，公司安全智能手机市场空间将进一步拓展。

第三十五章　人工智能企业

2016年，百度正处在转型升级关键阶段，企业发展保持平稳，其不断强化人工智能核心技术能力，并将人工智能融入到企业发展的各个业务领域之中。科大讯飞三大战略有序推进：一是不断夯实核心技术水平，提高产品研发能力；二是强化商业化运作，加快市场拓展；三是加强多方合作，构筑优良的产业生态。

一、百度

（一）总体发展情况

百度是我国领先的互联网企业巨头，成立于2000年，是全球最大的中文搜索引擎网站。技术是百度发展的核心优势，其将科技创新作为立身之本，在搜索、人工智能、云计算、大数据等领域均已处于全球领先水平。正是凭借其领先的搜索技术，百度得以建立基于竞价排名的商业模式，开发出百度贴吧、百度音乐、百度百科、百度知道等具有广泛影响力的产品。当前，百度已经成为我国最具价值的品牌之一，在2016年《麻省理工科技评论》评选的全球50大创新公司中，百度超越了Alphabet、微软等美国科技巨头，位居第二。并获得“亚洲最受尊敬企业”“全球最具创新力企业”“中国互联网力量之星”等一系列荣誉称号。

2016年，百度正处在转型升级关键阶段，企业发展保持平稳。2016年第一季度，百度总营收为158.21亿元，同比增长31.2%，净利润为19.87亿元，其中移动搜索月活跃用户数为6.63亿人，同比增长9%；移动地图服务月活跃用户为3.21亿人，同比增长19%；百度钱包激活账号为6500万个，同比增长152%。2016年第二季度，百度总营收为182.64亿元，同比增长10.2%，净利润为24.14亿元，其中移动搜索月活跃用户数为6.67亿人，同比增长6%；移动地图服务月活跃用户为3.43亿人，同比增长13%；百度钱包激活账号为8000万个，同比增长131%。2016年第三季度，百度总营收为182.53亿元，净利润为31.02亿元，同比增长9.2%，其中移动搜索月活跃用户数为6.60亿人，同比增长3%；移动地图服务月活跃用户为3.48亿人，同比增长7%；百度钱包激活账号为9000万个，同比增长99%。

人工智能是百度构筑市场竞争力的重要环节，通过多年的发展，特别是吴恩达等全球人工智能领军人才的助力，百度在人工智能领域已经取得了非凡的成就，跻身全球人工智能第一梯队，是《财富》杂志评出的世界四大AI巨头之一（其他三家分别为微软、谷歌和Facebook）。百度无人车经多年研究已完成路测，实现了城市、环路及高速道路混合路况下的全自动驾驶，申请相关专利达到605项。百度开发的语音识别系统“深度语音2”（Deep Speech 2），识别率高达97%，被《麻省理工科技评论》列为全球十大突破科技之一。在人脸识别领域，百度已经掌握了全球领先的核心技术，在两个最为权威的国际评测——FDDB与LFW中已经获得了双料世界第一，其中在LFW中达到了前所未有的99.77%超高准确率。

（二）发展策略

2016年9月，在百度世界大会上，人工智能的概念被反复提及。作为我国互联网领域的三巨头之一，百度在移动互联网领域取得成绩逊色于阿里巴巴和腾讯，其后果则是百度的市值已经远远落后于阿里巴巴和腾讯，其迫切需要在新的信息技术创新浪潮中把握机遇，构筑新的竞争优势，这个焦点无疑就是人工智能。百度世界大会上的种种迹象表明，人工智能将是百度的核心。百度将不断强化人工智能核心技术能力，并将其融入到百度的各个业务领域之中，如金融+人工智能、O2O+人工智能、国际化+人工智能、内容生态+人工智能等，人工智能是优化百度现有体系各种业务的重要环节。

2016年至2017年，百度不断在人工智能领域布局发力。2016年1月，百度继谷歌和Facebook之后开源人工智能核心软件Warp-CTC的关键代码，在人工智能技术标准发展中掌握一定的主动权。2016年4月，为了更好地发挥人工智能技术价值，百度进行了一年多以来第三次架构调整，重新部署各个事业群体的领导机构和重点方向。2016年9月，百度宣布开放百度大脑开放平台（ai. baidu. com）和百度深度学习平台（PaddlePaddle），从而吸引更多的开发者和创业企业在百度的平台进行技术创新和产品研发，为百度打造人工智能产业生态体系奠定基础。2017 年 1 月，百度发布了百度医疗大脑，这是百度人工智能在医疗领域的最新成果，其通过更加丰富的数据建立精准的用户健康画像，进而提供更精准的医疗匹配服务，促进互联网医疗平台的智能化升级。在 2017 年的 CES 中，百度智能汽车宣布推出高级自动驾驶平台 Road Hackers，进一步强化了百度在新兴领域的抢位能力。同时，百度发布了自然语言对话式人工智能操作系统 DuerOS。这个由百度度秘研发的操作系统具有广泛的开放性，可以接入机器人、手机、电视、音箱、汽车等多种硬件设备，被认为是下一代的基础计算平台。

二、科大讯飞

（一）总体发展情况

科大讯飞股份有限公司前身是安徽中科大讯飞信息技术有限公司，成立于 1999 年 12 月。在企业发展的早期，我国语音技术发展较为迟缓，语音研究机构被微软、IBM、摩托罗拉等国外企业所掌控，科大讯飞成为我国语音技术研究和应用的领头者。经过多年的发展，科大讯飞营收额已经超过 25 亿元，利润额超过 4 亿元。2008 年 5 月，科大讯飞在深交所挂牌上市，市值超过 300 亿。

当前，科大讯飞已经拥有全球领先的语音合成技术、语音识别技术、语音评测技术和自然语言理解技术，业务领域涵盖智能语音及语言技术研究、软件及芯片产品开发、语音信息服务及电子政务系统集成等。推出了涉及多个行业领域、多个应用场景的智能语音产品和解决方案，占有中文语音技术市场 70% 以上市场份额，智能语音产品在教育、电信、政府、金融等领域得到广泛应用，开发伙伴超过 10000 家，以讯飞为核心的中文语音产业链已初具规模。凭借领先和核心技术和优秀的市场拓展能力，科大讯飞被评为了我国 2016 年度“TOP30 企业大数据传播创新奖”和 2016 年 CCTV 中国十佳上市公司。

2016 年科大讯飞实现了飞速发展。企业公报显示，2016 年上半年，科大讯飞营业收入为 14.6 亿元，同比增长 40.7%，净利润为 2.6 亿元，同比增长 79.0%。2016 年前三季度，科大讯飞营业收入为 21.4 亿元，同比增长 27.9%，净利润为 6.8 亿元，同比增长 7.0%。预计 2016 年全年净利润为 4.3 亿—6.4 亿元，同比增长 0% 至 50%。

（二）发展策略

从科大讯飞的发展历程可以看出，科大讯飞在企业发展紧抓三个战略环节，不断提升其市场竞争力。一是不断夯实核心技术水平，提高产品研发能力。二是强化商业化运作，加快市场拓展。三是加强多方合作，构筑优良的产业生态。

在核心技术和产品研发方面，科大讯飞不断加大科研投入力度，每年研发投入 20% 以上，技术员工占到总员工的三分之二。科大讯飞在感知智能和认知智能多项技术上处于全球领先地位。感知智能方面，实现了覆盖 27 种语言的中文语音合成，多项指标位列全球第一，高噪音下的语音识别准确度保持业界领先。认知智能方面，支持远场识别、全双工、多轮交互等特性的 AIUI 是智能车载、智能家居、智能机器人领域的关键核心技术。在 2016 年国际多通道语音分离和识别大赛中，科大讯飞包揽了全部三个项目的最好成绩。11 月，发布了讯飞听见、超脑魔盒、飞鱼助理、万物互联输入法等多款新的智能品，展示了人工智能在教育、家居、出行、机器人等领域带来的颠覆性智能体验。

在市场拓展方面，科大讯飞瞄准教育、政府、汽车等行业领域全面发力。在教育领域，科大讯飞通过对乐知行的收购，使企业的教育业务各产品线全面进入北京市场，提高公司教育信息化业务市场占有率。同时科大讯飞在芜湖建设的安徽信息工程学院已经成为安徽省就业率最高的大学之一。2016 年 12 月，科大讯飞与新东方教育科技集团签署合作协议，共同投资成立“东方讯飞教育科技有限公司”，后者将在科大讯飞智能语音与人工智能技术与新东方丰厚教育资源的基础上，积极拓展相关教育产品的研发与推广。在政府领域，科大讯飞提供的社会服务管理信息化平台已覆盖 6 省 20 个地市公司，提供基于人工智能技术的政府服务和公共安全的软件系统。在汽车领域，科大讯飞与奇瑞的旗舰车型艾瑞泽五签约，成为后者的一级供应商。此外，科大讯飞还通过积极商业投资不断扩大市场影响力，2016 年 9 月，科大讯飞投资了人工智能创业公司 ROOBO。

在多方合作方面，科大讯飞加强了与行业龙头企业的合作。2016 年 7 月与 10 月，科大讯飞分别与联想集团和英特尔签署了合作协议，与前者将联合推出面向基础教育领域的“联想—讯飞”智慧课堂整体解决方案，与后者将展开为期三年的机器学习/深度学习研究项目，深化在人工智能领域的合作。同时，科大讯飞也积极强化与地方政府的合作，助推重大项目的落地。2016 年 7 月，科大讯飞与长春市人民政府、长春市朝阳区人民政府签订战略合作协议，三方将共建讯飞北方基地，在智慧城市、智慧教育、智能汽车、创新创业等领域开展广泛合作。8 月，科大讯飞与河源市人民政府签订战略合作协议，推动科大讯飞语音与人工智能最新科技成果在河源落地。9 月，大讯飞股份在渝北仙桃数据谷的语音云创新创业平台正式启动，同期，科大讯飞还与永川区政府正式签约，将在永川建立人工智能生产基地。同月，科大讯飞与贵阳市达成协议，共建中坝智能呼叫及外包服务产业园，打造下一代人工智能 BPO 客服中心。11 月，深圳市宝安区政府与科大讯飞签订战略合作协议，将共同推动互联网 + 智慧教育、语音云创新创业孵化平台在宝安落地。同月，河源市与科大讯飞开展合作，共同打造“人工智能小镇”。

第三十六章　虚拟现实企业

HTC 不断迭代硬件产品和软件技术，线上和线下同时布局，向 B 端市场和 C 端市场双向延伸，同时积极构建产业生态体系。暴风集团采用从低端市场到向高端市场迈进的策略，大力布局应用和内容生态圈，提高用户黏性的同时，积极寻求合作。阿里巴巴在加大虚拟现实基础技术研发布局力度的同时，全面启动“Buy +”计划，联合音乐、影业、视频等细分领域的优势企业，推动优质虚拟现实内容制作，积极发展虚拟现实应用和内容。

一、HTC

（一）总体发展情况

宏达国际电子股份有限公司，简称宏达电子，亦称 HTC，是中国台湾地区知名的电子设备制造企业。2015 年前主营业务为设计、制造和销售智能手机、平板电脑等，并提供售后服务。在虚拟现实热潮掀起之后，HTC 抓住机遇，大力布局虚拟现实产业。2016 年 4 月份发布第一款消费版虚拟现实头盔，6 月虚拟现实业务从 HTC 母公司剥离，成立 HTC Vive 科技公司，并在之后不断推出技术或者内容等方面的更新。HTC 从硬件、软件、应用等全产业链布局，从线上线下两种渠道抢占市场，志在打造一个完整的 VR 生态圈。

2016 年，HTC 公司经营情况不容乐观，实现业务收入 781.6 亿元新台币（约合人民币 169.1 亿元），同比下滑 35.77%，净利润亏损 105 亿新台币（约合人民币 23.4 亿元），同期缩水 32%。但是，HTC 虚拟现实业务状况良好，2016 年，HTC Vive 销售 42 万台，带来业务收入 3.3558 亿美元，占据虚拟现实硬件市场份额第一。

（二）发展策略

硬件产品和软件技术不断迭代。一是在硬件终端方面：HTC 将其智能手机的开发经验应用到HTC Vive的设计中，与PC游戏平台开发商Valve联合推出了开发者版的VR游戏头盔HTC Vive，并在CES2016展会上更新了旗下虚拟现实头盔设备HTC Vive，名为HTC Vive Pre，其最主要的变化是在上一代的基础上加入了摄像头和控制器，增加了安全性和手柄的续航时间。此后公布了Vive消费者版，并于2016年11月推出无线版的HTC Vive。此外，HTC还将联合HP推出超值的VR硬件套件。二是在软件系统方面：HTC Vive能够在空间内追踪用户的动作，并且HTC Vive的合作开发商Valve将“光屋追踪系统”向第三方硬件开发者开放，使开发者可以免费在SteamVR平台上开发具备空间追踪功能的硬件产品，大幅降低了消费者和开发者面临的碎片化问题。虚拟现实传感器或输入企业也可以将光屋追踪功能整合到自己的设备中，降低了从头到尾开发新系统的成本和准入门槛。

线上和线下同时布局。一是靠高质量平台和应用来盈利。HTC推出自家应用平台Vive Port，并针对PC端、移动端和线下体验端分别推出不同的应用商店，为用户提供大量优质内容，以满足消费者体验需求。此外，HTC Vive还将与电商平台深入合作，把医疗、教育和建筑等行业整体解决方案推到线上。二是大力布局线下模式，创新娱乐体验。目前，HTC已布局上千家线下体验店，体验店配备配套的自行车、滑翔伞、汽车坦克等实体设备来增加玩家的沉浸感。此外，HTC还与顺网科技合作，布局虚拟现实网吧。在线下体验模式中，HTC Vive可以为用户提供自由交互式的虚拟现实体验，并且用户只需支付较少的费用，降低了用户使用虚拟现实设备和体验虚拟现实内容的成本。

向B端市场和C端市场双向延伸。一是积极拓展游戏、视频等个人消费市场。HTC Vive借助Valve Steam平台的游戏渠道、分发能力以及庞大的用户群，大力发展视频游戏业务。二是布局教育、医疗等行业领域市场。利用Vive X全球加速器，培育在教育、医疗等应用领域的虚拟现实团队，并积极寻求在教育、医疗等领域的合作伙伴。此外，HTC Vive还推出自己的应用商店Vive Port，并成立VR内容开发和发行工作室Vive Studios，大力发展娱乐、游戏、教育、医疗等领域的内容和应用。

积极构建产业生态体系。一是建设Vive X全球加速器，HTC从1200多个申请里投资了娱乐、游戏、教育、医疗、应用以及UI/UX等领域的33个团队，加速技术和应用创新。二是发起成立由十三家全球顶尖企业组成的亚太虚拟现实产业联盟（APVRA），参与由工信部牵头，多家国内知名企业和重点研究机构共同组成的虚拟现实产业联盟（IVRA），并与谷歌、三星等科技巨头组建全球虚拟现实联盟，整合虚拟现实优势资源，扩大虚拟现实技术和应用创新领域和方式，推动虚拟现实行业健康可持续发展。三是与28家风险投资公司联合成立虚拟现实风投联盟（Virtual Reality Venture Capital Alliance，VRVCA），联盟设立上百亿美金的投资基金，专注投资全球VR行业的创业和创新，打造可持续发展的VR生态圈。四是积极与Intel、AMD、NVIDIA等产业链上游企业，阿里、京东等产业链下游企业，共同搭建整个生态环境。

二、暴风魔镜

（一）总体发展情况

暴风集团2014年开始通过暴风魔镜产品（需搭配智能手机使用）切入虚拟现实行业，并成立独立运营的虚拟现实公司暴风魔镜，2014年年底发布暴风魔镜第二代产品。据年报披露，2014年暴风魔镜的销售额约为500万元，估算为5万台左右。经过两年的发展，暴风魔镜已经成长为国内虚拟现实领域杰出的领军者之一，相继推出了多个暴风墨镜的升级版本和一体机，并可提供“近景IMAX影院效果呈现”“360度图片及视频观看”及“沉浸式游戏体验”等内容和应用服务。暴风魔镜于2015年4月获得第一轮1000万美元的融资，并于2016年年初获得由中信集团旗下中信资本领投的2.3亿元人民币第二轮融资，次轮融资完成后，暴风魔镜估值达到14.3亿元。

（二）发展策略

从低端市场到中高端市场，快速提升装机量。一是瞄准低端市场，不断推出暴风魔镜的更新升级版本。暴风魔镜是与移动终端适配的滑配式虚拟现实设备，与之适配的机型包括小3、华为荣耀6、三星S4、三星note3以及魅族MX3等Android手机。目前已经推出了暴风魔镜1至暴风魔镜5，以及暴风魔镜S1。暴风魔镜通过大量高性价比、低单价的虚拟现实设备，迅速打开虚拟现实市场，培养一大批虚拟现实用户。二是瞄准中高端领域，推出一体机设备。发布VR一体机暴风魔镜Matrix，该头显在重量、清晰度、眩晕等方面做出了较大改进，推动暴风魔镜向虚拟现实产业中高端领域的迈进。

大力布局应用和内容生态圈，提高用户黏性。影视内容方面，除自制全景影视视频内容外，暴风魔镜还积极与拍摄企业合作，目前已与超过25家的拍摄企业建立合作关系，每周更新50—70条视频内容。游戏方面，暴风魔镜搭建的游戏平台已经正式对外开放，开发者可以在VR平台上传最新虚拟现实游戏，多个VR游戏开发团队都在与暴风魔镜洽谈合作。暴风魔镜通过搭建影视和游戏平台，已经初步建立了国内领先的开放性的VR社区生态圈。此外，暴风魔镜引入华谊兄弟后，内容资源更加丰富，通过不断将一般影视资源转成符合虚拟现实观看的格式，定期更新保证用户购买设备后，能够长期使用保持强用户黏性。

积极寻求合作，推动虚拟现实产业发展。一是打开渠道路径，助力暴风魔镜推广。与天音控股达成合作，依托天音控股强大的渠道分销能力以及低成本的线上线下海量数据获取能力，大力推广暴风魔镜。二是与内容和应用开发平台深度合作，产业链携手促发展。2015年暴风魔镜产品发布会上宣布要发展210个合作伙伴，包括100个全景拍摄团队，100个VR游戏创作单位，10名VR创业合伙人。

三、阿里巴巴

（一）总体发展情况

阿里巴巴是中国互联网企业的领头羊之一，阿里巴巴在中国电子商务市场拥有稳固的领先地位，同时也是全球最大的零售交易平台。根据互联网零售商数据显示，2016年财政年阿里巴巴线上市场销售商品总额已经达到4850亿，较2015年上涨27%。除了电子商务外，阿里巴巴以及关联公司的业务还涉及大数据中心、软件产品和信息技术服务、云计算基础软件、云计算服务提供/云计算服务运营、移动智能终端操作系统（云OS）、第三方支付、物流等多个方向。2016年，阿里巴巴开始布局虚拟现实市场，先后领投Magic Leap、Infinity AR等虚拟现实企业，并推出一系列虚拟现实应用。

（二）发展策略

积极布局应用和内容。一是大力布局电商相关应用。全面启动“Buy +”

计划，突破时间和空间的限制引领未来购物体验；推出虚拟现实支付应用 VR Pay，用以 3D 场景下的支付，以构建虚拟现实购物体验闭环；菜鸟实验室研发增强现实智慧系统，用于仓储物流环节，以提升商品分拣、商品查询等的效率；推出支付宝 AR 红包应用，为线下营销、流量导入提供了新方式。二是联合音乐、影业、视频等细分领域的优势企业，推动优质虚拟现实内容制作。联合阿里影业、阿里音乐、优酷土豆等企业建立 VR 内容输出标准，并借助优酷丰富的娱乐内容和 IP 储备，双方在用户、数据以及服务等多个方面打通，与优酷土豆共同打造最大 VR 内容平台；创办世界电子竞技运动会，并与造梦科技达成战略合作，共同开展虚拟现实 VR 游戏竞技大赛；成为 2016 年乒超联赛全球独家互联网商务开发合作伙伴，尝试 VR、4K 技术转播新赛季乒超联赛。

加大虚拟现实基础技术研发布局力度。集合无线、内核、性能架构等多个领域的技术领军人物组建 VR 实验室（GnomeMagic Lab），致力于前沿科技产品的研究和场景探索。一是重点发力 VR 交互技术，包括手势识别、眼球追踪、裸手操控、自然语言理解和行为分析等多种交互技术，为虚拟现实设备在体验和沉浸感方面提供基础技术支撑，并将开放其相关 SDK，为 VR 应用企业和开发者提供技术支持。二是在视频压缩领域实现 4K 全景视频带宽压缩到 4M 的技术，为互动视频直播提供了关键技术支撑。三是投资 Magic Leap、Infinity AR 等虚拟现实技术企业，不断加大在基础技术领域的布局。

第三十七章　区块链企业

北京世纪互联宽带数据中心有限公司将区块链作为企业发展的重要战略方向，积极布局发展区块链相关业务。万向集团将区块链作为企业发展的重点方向，率先构建了区块链的研究载体，通过组建联盟扩大行业影响力，通过平台构建完善区块链技术应用生态，通过重点项目扩大企业市场竞争力，呈现出体系化推进的发展战略。布比网络技术有限公司聚焦特定行业领域和应用场景，不断强化行业解决方案的研发和市场推广。

一、世纪互联

（一）总体发展情况

北京世纪互联宽带数据中心有限公司（以下简称“世纪互联”），成立于1996年，是全球极具影响力的网络空间基础设施服务提供商，也是我国最大第三方独立数据中心运营商。世纪互联的业务领域主要聚焦于数据中心服务、中立的云运营、中立的混合IT服务和领先的CDN服务，以及基于IDC+重科技创新打造具有核心技术、超大规模运营能力的网络空间基础设施运营平台。2011年，世纪互联成功在美国纳斯达克上市。

当前，世纪互联已拥有近20年的数据中心建设、运维经验，在全国30多个城市运营80多个分布式数据中心，拥有2.3万个机柜和500多个网络节点（POP），骨干传输网总长15000km，传输带宽高达160G。围绕混合云IT生态系统的建设，世纪互联将区块链作为下一代互联网基础设施和提升混合云应用的关键支撑，不断加快在区块链领域的抢先布局和商业实践。

2016年2月，世纪互联作为主要成员单位发起创立了中关村区块链产业联盟，并于5月当选成为理事长单位。2016年7月，世纪互联网与中央财经大学合作设立了我国第一个基于区块链的校企联合实验室，助力中央财经大学率先开展区块链的课程培训。2016 年 7 月，世纪互联与广东佛盈智慧大数据科技有限公司签署了战略合作协议，共同打造我国首个基于区块链的电子政务服务平台。2016 年 12 月，世纪互联联合启迪数字集团，举办了中国区块链技术创新应用大赛。

（二）发展策略

作为我国主要的互联网基础设施服务提供商，世纪互联认为区块链将成为下一代互联网的基础设施，已经将区块链作为企业发展的重要战略方向。事实上，区块链依托其分布式、安全性高等特点，为互联网信用体系的重塑提供了解决方案，进而为交易型应用提供基础支撑，区块链技术基于共识机制，可以极大提升信息的真实性，有助于构建形成全球开放信用体系，因此，世纪互联认为，区块链将成为构建未来网络空间的核心关键技术。世纪互联通过不断研发未来区块链的新平台、新接口，帮助更多的合作伙伴开发基于云平台的 APP，这将极大促进世纪互联混合云业务的发展，丰富云生态。区块链的率先布局正在为世纪互联未来的流量经营打下坚实基础。

二、万向集团

（一）总体发展情况

万向集团创立于 1969 年，是我国最大的汽车零部件生产商。经过多年的发展，万向集团的主营方向也在不断拓展之中，其起家于机械，后又在农业领域实现了千亿的收入，当前，万向集团将信息科技作为企业发展的新动能，不断加快布局力度。2015 年万向区块链实验室的成立，表明区块链亦将成为万向集团未来产业布局的重点，为万向集团未来发展奠定坚实基础。万向区块链实验室专注于区块链技术，聚集了一批区块链领域内的专家，研究重点包括了区块链技术研发、商业应用、产业战略等方面，可为创业者提供指引，为行业发展和政策制定提供参考。万向区块链实验室自成立后就开始投入大量的资源布局区块链的发展，主持或参与多个与区块链相关的峰会、培训、竞赛、研究和开发项目。

2016 年，在万向区块链实验室的基础上，万向集团加大了投入力度，在区块链领域不断创新发展。2016 年 3 月，万向区块链实验室正式发布了“万云区块链云平台”，借助该平台创业者们和开发者们可快速建立自己所需的开发环境，加快区块链技术和产品的开发进度。2016 年 4 月，万向区块链实验室联同中证机构间报价系统股份有限公司等 10 家机构共同发起了我国首个区块链联盟——中国分布式总账基础协议联盟（即 China Ledger 联盟），聚焦于分布式总账系统及其衍生技术的开发与共享。2016 年 9 月，第二届全球区块链峰会上，万向控股宣布为以银行支付清算为主营业务见长的区块链公司——钜真金融信息服务有限公司投资 1.5 亿元人民币，这是 2016 年我国最大的一笔区块链项目投资。同月，万向集团启动了史上最大区块链项目——万向创新聚能城，总投资额达到 2000 亿元，该项目将利用区块链技术来重构一个“数字城市”，形成以研发、孵化、转化、生产、运营为生命全周期，以智能生活、智能交通、智能服务为内容的万物互联互通的智能城市。

（二）发展策略

万向集团将区块链作为企业发展的重点方向，但其并没有完全聚焦于区块链的技术和产品研发，其发展主要呈现出体系化推进的发展战略。一是率先构建区块链的研究载体。区块链作为一种新兴的信息技术，其技术正处在不断创新演进中，应用的模式尚不成熟，万向率先成立了区块链实验室，加强研究力度，不断强化对区块链的认识和理解。二是通过组建联盟扩大行业影响力。万向集团依托区块链实验室联合十余家我国重要的国企和名企成立了中国分布式总账基础协议联盟（China Ledger 联盟），对我国区块链技术和产业发展起到极大促进作用，也迅速扩大了万向集团在我国区块链领域中的影响力。三是通过平台构建完善区块链技术应用生态，万向区块链实验室推出的万云区块链云平台，可提供的 BaaS 服务，极大促进了区块链技术的开发和应用，也为构建以万向为中心的区块链技术和产业发展生态提供有力的支撑。四是通过重点项目扩大企业市场竞争力，万向集团通过万向创新聚能城重点项目的建设，不仅促进了区块链技术的实际应用，也为企业未来发展带来新的思路和空间。

三、布比网络

（一）总体发展情况

布比网络技术有限公司是我国最具区块链底层核心技术的创新型企业之一，其主要创始人均具有中国科学院大学的研究背景。早在2012年，布比网络核心技术人员就已经开展从事区块链的技术研究，到2015年3月，布比（北京）网络技术有限公司正式成立，开启了区块链商业应用探索。布比网络在区块链技术创新和产品研发中成绩显著，主要的产品包括布比开发者平台、布比区块链社区、布比资产管理平台。通过大量的业务模式、应用模型的数据测试，布比产品逐渐成熟，竞争优势不断积累。一是在性能方面，布比区块链可以达到秒级交易验证、海量数据存储、高吞吐量和节点数据快速同步。二是在拓展性方面，布比区块链可以满足多业务区块结构和权限控制策略。三是在安全性方面，布比区块链可提供安全的私钥存取服务和隐私保护方案。布比网络通过持续的技术创新和产品研发，市场竞争力不断提升，当前，布比网络已经拥有了数十项核心专利技术，具备高可扩展高性能的区块链基础服务平台构建能力。

2016年，伴随全球区块链技术和产品的创新演进，布比网络成长速度不断加快。2016年3月，布比网络在上海成立了分公司，公司商业疆域不断扩大。2016年5月，布比网络与钱香金融达成战略合作关系，共同推进基于区块链的黄金珠宝终端供应链金融平台建设，这也是我国首个区块链+P2P应用项目。2016年6月，布比网络完成了3000万元Pre-A轮融资，投资方包括启赋资本、招商局创投、创新工场、万向分布式资本、界石创投等投资机构。在此之前，布比已获得了来自点亮资本、互联创投基金等机构的数百万人民币天使轮投资。至此，布比累计融资额已经接近4000万元。2016年11月，布比网络在广州成立了分公司，至此，布比已经在我国主要城市均有布局。

（二）发展策略

行业应用是区块链商业化发展的重点，布比网络聚焦特定行业领域和应用场景，不断强化行业解决方案的研发和市场推广。

在数字资产领域，相较于传统中心化系统，区块链的应用可使资产流通环节不依赖于发行方系统，形成社会化传播新模式，激发各类资源渠道的潜在机制。区块链能极大地提升数字资产流通效率，实现“多方发行、自由流通”。在该领域，布比区块链的典型应用场景包括商业积分、预付卡、电子券、保险卡单、游戏装备、证券化资产等。解决方案的主要内容包括在数字资产发行与流通网络中，利用区块链进行资产登记、交易确认、记账对账和清算等。

在贸易金融领域，区块链能将分散独立的单中心集合起来，形成多方参与的统一多中心，从而打通贸易上下游各个环节，极大提高信任传递效率，进而降低交易成本，优化贸易金融的良性生态体系。在该领域，布比区块链的典型应用场景包括仓单质押融资、票据托管贴现、应收账款融资、消费金融理财、大宗商品交易等。

在供应链溯源领域，基于区块链技术，每个物品的静态和动态信息能够被制造企业、仓储企业、物流企业、各级分销商、零售商、电商、消费者以及政府监管机构有效获取，在连接商品供应链权属关系和转移关系的同时，不断促进上下游企业的协同发展。在该领域，布比区块链已被应用在食品、药品、消费品、艺术品等物品的供应链管理中。

在股权债券领域，区块链技术将有助于完善登记与流转服务，构建多中心体系，大幅提升资产跨域流通的效率，从而降低交易成本，建立更安全、高效、可信、低成本、合规的管理机制。

政 策 篇

第三十八章 《国务院关于深化制造业与互联网融合发展的指导意见》

为解决平台支撑不足、核心技术薄弱、应用水平不高、安全保障有待加强、体制机制亟须完善等问题，国务院制定了《国务院关于深化制造业与互联网融合发展的指导意见》（以下简称《意见》）。《意见》重点围绕制造业与互联网融合关键环节，提出了打造制造企业互联网双创平台等7个方面的主要内容和完善融合发展体制机制等7大保障措施。《意见》的出台将使互联网在制造业各环节、各领域的应用将进一步深化，加快形成经济增长新动能。

一、政策背景

“互联网+”是“中国制造2025”的重要支撑，制造业是国民经济的主体，是实施“互联网+”行动的主战场。我国作为制造业大国，也是互联网大国，推动制造业与互联网融合，有利于形成叠加效应、聚合效应、倍增效应，加快新旧发展动能和生产体系转换。当前，我国制造业与互联网融合步伐不断加快，但仍存在平台支撑不足、核心技术薄弱、应用水平不高、安全保障有待加强、体制机制亟须完善等问题。为进一步深化制造业与互联网融合发展，协同推进“中国制造2025”和“互联网+”行动，加快制造强国建设，国务院制定了《国务院关于深化制造业与互联网融合发展的指导意见》。

二、主要内容

《意见》重点围绕制造业与互联网融合关键环节，提出了打造制造企业互联网双创平台、推动互联网企业构建制造业双创服务体系、支持制造企业与互联网企业跨界融合、培育制造业与互联网融合新模式、强化融合发展基础支撑、提升融合发展系统解决方案能力、提高工业信息系统安全水平7个方面主要内容。

一是打造制造企业互联网双创平台。组织实施制造企业互联网双创平台建设工程，鼓励大型制造企业开放双创平台聚集的各类资源，支持制造企业联合科研院所、高等院校以及各类创新平台，加快构建支持协同研发和技术扩散的双创体系。

二是推动互联网企业构建制造业双创服务体系方面。支持大型互联网企业、基础电信企业建设面向制造企业特别是中小企业的双创服务平台，鼓励地方依托国家新型工业化产业示范基地、国家级经济技术开发区、国家高新技术产业开发区等产业集聚区，加快完善人才、资本等政策环境，充分运用互联网，积极发展创客空间、创新工场、开源社区等新型众创空间，结合双创示范基地建设，培育一批支持制造业发展的“双创”示范基地。

三是支持制造企业与互联网企业跨界融合。鼓励制造企业与互联网企业合资合作培育新的经营主体，推动中小企业制造资源与互联网平台全面对接，支持制造企业与电子商务企业开展战略投资、品牌培育、网上销售、物流配送等领域合作。

四是培育制造业与互联网融合新模式。面向生产制造全过程、全产业链、产品全生命周期，实施智能制造等重大工程，支持企业利用互联网采集并对接用户个性化需求，推动企业运用互联网开展在线增值服务，积极培育工业电子商务等新业态。

五是强化融合发展基础支撑。加快构筑自动控制与感知、工业云与智能服务平台、工业互联网等制造新基础，构建信息物理系统参考模型和综合技术标准体系。

六是提升融合发展系统解决方案能力。推动工业产品互联互通的技术攻关和标准研制，如标识解析、数据交换、通信协议等，组织开展行业系统解决方案应用试点示范，并提出支持有条件的企业开展系统解决方案业务的剥离重组。

七是提高工业信息系统安全水平。对重点行业工业控制系统开展信息安全检查和风险评估，以及工业企业信息安全保障试点示范，通过建设国家工业信息安全保障中心提高安全保障。

此外，为了深度融合制造业与互联网，《意见》提出了完善融合发展体制机制、培育国有企业融合发展机制、加大财政支持融合发展力度、完善支持融合发展的税收和金融政策、强化融合发展用地用房等服务、健全融合发展人才培养体系、推动融合发展国际交流7个方面的保障。

三、政策影响

《意见》的印发进一步提升了制造业与互联网融合的战略意义，对“互联网+制造”的发展提出了明确的指导意见，并细化了目标，将促进发展互联网与制造业的多种融合模式。

一是以互联网为代表的信息技术提供制造业领域巨大需求。互联网在制造业各环节、各领域的应用将进一步深化，互联网激发创新潜能、重构生产体系、引领组织变革、高效配置资源的作用将进一步凸显，对培育新技术、新产品、新业态、新模式具有促进作用。同时，对构建跨领域、协同化、网络化的制造业创新体系，加快形成经济增长新动能具有助推作用，有利于保持经济中高速增长，并成为推动产业提质增效、迈向中高端的战略支点。

二是有利于我国制造业抢占新一轮改革创新的制高点。当前，我国制造业面临大而不强、基础不牢等突出问题，同时，世界新工业革命的激烈竞争态势严峻。全球互联网正在由消费领域向生产环节拓展，德国、美国等发达国家提出了工业4.0、工业互联网、智能制造等新战略，以推进互联网与制造业融合发展，并提出以制造为关键环节、制造业为主战场、制造企业为主力军，在新一轮产业革命抢占集发展理念、架构标准、核心技术、生态系统的竞争制高点。《意见》的出台，在充分强调了我国制造业在发挥规模经济的同时，要发展个性化制造、个性化服务，加强了精细管理和商业模式创新，从而进一步提高我国制造业的国际竞争力。

第三十九章 《国家信息化发展战略纲要》

2016年7月，中共中央办公厅、国务院办公厅印发了《国家信息化发展战略纲要》（以下简称《战略纲要》），《战略纲要》根据新形势对《2006—2020年国家信息化发展战略》进行了调整和发展，重点围绕增强信息化开发能力、提升经济社会信息化水平以及优化信息化发展环境三方面展开工作。《战略纲要》的提出明确了我国建成“网络强国”的时间表和路线图，有助于充分释放我国的数字红利以及增强民生发展的内在动力。

一、政策背景

当前，以数字化、网络化、智能化为特征的信息化浪潮蓬勃兴起。为适应和引领经济发展新常态，增强发展新动力，根据国内外信息技术发展新形势，以信息化驱动现代化，建设网络强国，落实“四个全面”战略布局为战略指导，国务院对《2006—2020年国家信息化发展战略》进行了调整，针对我国未来10年信息化的规范和指导制定了《国家信息化发展战略纲要》，将信息化贯穿我国现代化进程始终，加快释放信息化发展的巨大潜能。

二、主要内容

《战略纲要》以信息化驱动现代化为主线，以建设网络强国为目标，重点围绕信息化开发能力的增强、经济社会信息化水平的提升以及信息化发展环境优化三方面工作展开。

一是信息化发展能力的增强。着力构建先进信息技术体系、加强面向新一代信息技术的前沿和基础研究、打造产业链各环节协同发展的产业生态、发挥龙头企业引领带动作用、支持中小微企业创新；统筹规划基础设施布局、增强空间设施能力、优化升级网络宽带、提高电信普遍服务水平；加强信息资源的规划和管理、完善信息资源的基本制度体系、提高信息采集、处理、传输、利用、安全能力；造就信息化领军人才、壮大信息化专业人才队伍、完善人才激励机制、提升国民信息技能；深化国际交流、参与国际规则制定、拓展国际发展空间、建立国际网络新秩序。

二是经济社会信息化水平的提升。围绕供给侧改革，推进信息化和工业化深度融合、加快推进农业现代化、推进服务业网络化转型、促进区域协调发展、夯实发展新基础、优化政策环境；持续深化电子政务应用，着力解决信息碎片化、应用条块化、服务割裂化等问题，以信息化推进国家治理体系和治理能力现代化；大力培育和践行社会主义核心价值观，发展积极向上的网络文化；大力推进社会事业信息化，优化公共服务资源配置，降低应用成本；破解资源约束趋紧、环境污染严重、生态系统退化问题，构建基于信息化的新型生态环境治理体系；建设信息化现代军事力量体系。

三是信息化发展环境的优化。以网络空间法治化为重点，完善信息化法律框架，有序推进信息化立法进程，加强执法能力建设；加强网络生态治理，加强互联网域名、地址等基础资源管理，完善互联网信息服务市场准入和退出机制，加快建立政府引领，企业、社会组织，技术社群、公民共同参与、相互协作的互联网治理机制，注重企业和个人信息采集、存储、使用等行为的规范化以及对个人数据的保护；增强网络安全防御能力和威慑能力，防范和打击通过网络分裂国家、煽动叛乱、颠覆政权、破坏统一、窃密泄密等行为，加强党政机关以及重点领域网站的安全防护，对关键信息基础设施中使用的重要信息技术产品和服务开展安全审查。

此外，《战略纲要》从统筹协调能力、加强资源整合、形成推进合力三个工作方向，提出了四大体制保障和组织实施。一是要强化组织领导，坚持中央网络安全和信息化领导小组对国家信息化发展的集中统一领导，各级网络安全和信息化领导小组研究制定本地区信息化发展中的重大问题；二是健全信息化工作机制，由中央网络安全和信息化领导小组办公室实施和监督《战略纲要》的推进进程，加强部门、行业、区域、军地间合作，建设中国特色新型信息化智库以及完善重大政策、重大项目专家咨询制度；三是完善各地方在产业、财税、金融、科技、教育等领域的配套政策措施，加大财政投入、管理和政府购买服务力度，重点支持关键性、基础性、公共性领域的信息化建设和网络安全保障以及创新信息化投融资机制；四是从信息化统计指标体系、监测和评估、年度检查与绩效评估等方面加强各地区各部门的信息化工作的督促落实情况。

三、政策影响

一是明确了建成“网络强国”的时间表和路线图。《战略纲要》首次明确了“网络强国”建设的方向目标和“三步走”的具体方案，提出了“增强信息化发展能力”“提高信息化应用水平”“优化信息化发展环境”三大战略任务，从经济、政治、文化、民生等方面，制定出做强信息产业、提升综合国力的内容、方法和步骤。

二是充分释放我国数字红利。《战略纲要》推动了大数据引领生活生产的新热潮，但我国发展大数据仍存在数据资源尚未充分开发、数据质量标准不统一、数据使用不合理等问题。基于此，《战略纲要》提出了“加强信息资源规划、建设和管理”“提高信息资源利用水平”“建立信息资源基本制度体系”等主要任务，有助于信息资源的开发和利用，迅速释放数字红利。

三是增强民生发展的内在动力。《战略纲要》针对未来10年信息化发展中，对创新公共服务保障、改善民生的布局与举措进行了详细描述，提出“两个机制”、一个“网络扶贫行动计划”，同时强调完善教育信息基础设施和公共服务平台建设的具体要求，将最大化满足城乡百姓信息设施拥有和应用，特别是帮助偏远贫困地区人口提高文化水平和就业能力，从而增强民生发展的内生动力。

第四十章 《“十三五”国家信息化规划》

2016 年，国务院发布《“十三五”国家信息化规划》（以下简称《规划》）。《规划》围绕信息化发展的加速，明确了 6 个主攻方向，10 项任务，16 大工程，12 个优先行动和 6 方面政策措施，提出了增强发展能力、提升应用水平、优化发展环境三大战略方向，部署了一系列重点任务。《规划》的发布和重点工作的实施对于提升老百姓更多获得感，改造提升传统动能和培育新动能，对融合创新的信息经济体系构筑具有促进作用。

一、政策背景

当前，作为新的生产力和发展方向，信息化已经成为引领创新和驱动转型的先导力量。“十三五”时期是我国全面建成小康社会、实现信息通信技术变革突破的决胜阶段，也是充分释放数字红利的扩展阶段。为贯彻落实“十三五”规划纲要和《国家信息化发展战略纲要》，统筹实施网络强国战略、大数据战略、“互联网 +”行动，整合集中资源力量，紧密结合大众创业万众创新、“中国制造 2025”，国务院发布《“十三五”国家信息化规划》，重点围绕“五位一体”总体布局和“四个全面”战略布局的贯彻落实，为指导“十三五”期间各地区、各部门贯彻信息化发展新理念、破解信息化发展难题、增强信息化发展动力提供行动指南。

二、主要内容

《规划》围绕信息化发展的加速，明确了 6 个主攻方向，10 项任务，16 大工程，12 个优先行动和 6 方面政策措施。

一是“十三五”信息化发展总体要求的提出。《规划》提出了要补齐核心技术短板，全面增强信息化发展能力；充分发挥信息化的驱动引领作用，全方位提升信息化应用水平；注重满足广大人民的新期待，推动信息技术更好应用于服务经济升级和民生改善；以深化改革优化信息化的发展环境。以惠民为宗旨，全面深化改革，服务国家战略，坚持全球视野发展，注重安全与发展并重。此外，《规划》还从核心技术、基础设施、信息经济、信息化发展环境等方面，全方位制定了具体发展目标。

二是贯彻落实新发展理念和“网络安全和信息化是一体之两翼、驱动之双轮”的总要求，《规划》提出了6个方面的主攻方向，分别是：以引领创新驱动培育发展新动能、以促进均衡协调优化发展新格局、以支撑绿色低碳构建发展新模式、以深化开放合作拓展发展新空间、以推动共建共享释放发展新红利、以防范安全风险夯实发展新基石。

三是对《国家信息化发展战略纲要》提出的增强发展能力、提高应用水平、优化发展环境三大战略方向，部署了10项主要任务，分别是现代信息技术和产业生态体系的构建、泛在先进的信息基础设施体系的建设、统一开放的大数据体系的建立、融合创新的信息经济体系的构筑、善治高效的国家治理体系构建的支持、普惠便捷的信息惠民体系的形成、网信军民深度融合发展体系的打造、网信企业全球化发展服务体系的拓展、网络空间治理和保障体系的完善。同时，《规划》还明确了落实10项任务的16大重点工程。

四是针对补齐短板和布局前沿开展行动计划。优先发展现代信息基础设施建设、农村人口脱贫、社会事业发展、生态环境保护、人民生活改善等领域的信息化，开展12项优先行动，分别是：部署新一代信息网络技术超前部署、建设应用北斗系统、建设应用基础设施、共享开放数据资源、落实“互联网+政务服务”行动、美丽中国信息化、网络扶贫、新型智慧城市建设、建设网上丝绸之路、繁荣网络文化、普惠在线教育、健康中国信息服务行动。《规划》同时对行动目标、时间要求和实现路径进行了明确，以期推动各项目标任务的落实到位。

五是《规划》提出了6个方面的政策措施，分别是：法律法规的完善、制度机制的创新、投融资渠道的开拓、财税支持的加大、着力队伍建设、优化基础环境等，以支持推动重大任务的落地实施。

三、政策影响

一是补充了《国家信息化发展战略纲要》。《规划》一方面对《战略纲要》的2020年目标进行了衔接，重新构建了我国信息化发展的量化指标体系，主要包含信息化总体发展水平、信息技术与产业、信息基础设施、信息经济、信息服务等5个方面，针对此，《规划》确定了17项量化指标。另一方面，《规划》还围绕《战略纲要》中提出的增强发展能力、提升应用水平、优化发展环境三大战略方向，部署了一系列重点任务。

二是提升了老百姓更多获得感。《规划》坚持以惠民为宗旨，把“推动共建共享，释放发展新红利”作为“十三五”信息化发展的主攻方向，提出普惠便捷的信息惠民体系的建立，实施“互联网+”政务服务等信息惠民工程，在网络扶贫、普惠性在线教育等方面部署了优先行动，以远程化、网络化等信息化手段，提高基本公共服务的覆盖面、投递率和均等化水平，通过共建共享让老百姓有更多获得感。

三是改造提升传统动能和培育新动能。面临结构优化、动力转换的关键时期，《规划》提出建立公平、透明、开放、诚信、包容的数字市场体系的重要性，以促进新兴业态和传统产业的协调发展，提高供给体系的质量和效率，从而驱动新旧动能的接续转换。此外，《规划》还部署了制造业与互联网融合发展应用与推广工程、农业农村信息化工程、信息经济创新发展工程，持续推进“互联网+”行动，对融合创新的信息经济体系构筑具有促进作用。

第四十一章 《软件和信息技术服务业发展规划（2016—2020 年）》

2017 年 1 月，工业和信息化部正式发布了《软件和信息技术服务业发展规划（2016—2020 年）》。《规划》以创新发展和融合发展为主线，提出到 2020 年基本形成具有国际竞争力的产业生态体系的发展目标，分析了产业发展存在的七大主要问题，提出了六大重点任务和九个重大工程，明确了五大保障措施。《规划》的发布将助推软件产业规模的进一步扩大，形成一批具有引领和推动作用的大企业，并进一步增加千亿级软件产业集群。

一、政策背景

软件和信息技术服务业是引领科技创新、驱动经济社会转型发展的核心力量。面对全球新一轮科技革命和产业变革的持续深入，我国应紧抓软件和信息技术服务业的发展。“十三五”时期是我国建成小康社会的决胜阶段，经济发展进入新常态，发展动力加快转换，以改革创新为核心的新动能正加速孕育。为全面贯彻落实《国民经济和社会发展第十三个五年规划纲要》的总体部署，深入贯彻《中国制造 2025》《国务院关于积极推进“互联网 +”行动的指导意见》《国务院关于深化制造业与互联网融合发展的指导意见》《促进大数据发展行动纲要》《国家信息化发展战略纲要》等国家发展战略，落实《信息产业发展指南》的总体要求，工业和信息化部特制定了《软件和信息技术服务业发展规划（2016—2020 年）》（以下简称《规划》），以对“十三五”时期软件和信息技术服务业发展的纲领性文件作指导，从而推动我国软件和信息技术服务业的由大变强。

二、主要内容

《规划》针对制约产业发展的突出问题，确立了“二二四”的发展总基调，明确了指导思想和发展原则，在产业自主创新和生态构建能力的提升、制造业转型升级和“互联网+”的支撑、信息消费发展的驱动、新兴领域的培育壮大等方面，作出了总体部署和细化安排。

一是分析了产业发展存在的七大主要问题。主要有：基础软件、核心工业软件、安全可靠产品和系统应用推广等创新能力提升问题；行业业务知识、数据积累与工业实际业务和特定应用的融合发展问题；资源整合、技术迭代和优化能力等大企业培育和产业生态建设问题；信息安全保障，特别是工业信息系统安全能力提升问题；国际市场拓展及影响力提升问题；软件市场定价与软件价值匹配、知识产权保护行业管理问题；行业领军人才、复合型人才、高技能人才培养及人才与产业对接问题。

二是6大重点任务和9大重要工程的提出。针对软件和信息技术服务业产业链的关键环节，注重基础技术攻关，前沿技术研究和发展的超前布局，核心技术体系的构建，信息技术服务创新的促进，完善以企业为主体、应用为导向、政产学研用金相结合的产业创新体系。加大云计算、大数据、移动互联网、物联网等新兴领域关键软件产品和解决方案的研发力度，加快培育新业态和新模式。推动软件技术与各行业领域的融合应用，发展关键应用软件、行业解决方案和集成应用平台，强化应用创新和商业模式创新，提升服务型制造水平，培育扩大信息消费，强化对重大战略的支撑服务。围绕信息安全发展新形势和安全保障需求，支持关键技术产品研发及产业化，发展安全测评与认证、咨询、预警响应等专业化服务，增强信息安全保障支撑能力。加快构建产业生态，着力培育创新型企业，促进形成以创新为引领的发展模式，强化标准体系建设和公共服务能力提升，加强中央与地方协同，打造一批特色优势产业集群。加强技术、产业、人才、标准化等领域的国际交流与合作，以龙头企业为引领，深度融入全球产业生态圈，提升国际化发展水平和层次。

针对提出的6大重点任务，《规划》采用专栏形式，详细列出了9大重要工程，分别为：软件“铸魂”建设工程、信息技术服务能力跃升工程、云计算能力提升工程、大数据技术研发和应用示范工程、工业技术软件化推进工程、面向服务型制造的信息技术服务发展工程、软件和信息技术服务驱动信息消费工程、信息安全保障能力提升工程、公共服务体系建设工程。其中，软件“铸魂”、信息技术服务能力跃升等工程主要针对我国软件和信息技术服务业“缺芯少魂”的“少魂”和关键领域创新能力不足的问题；部署工业技术软件化推进、面向服务型制造的信息技术服务发展、软件和信息技术服务业驱动信息消费等工程的提出，主要针对支撑制造强国、网络强国等国家战略实施。

三是针对软件和信息技术服务业发展提出了5大保障措施。优化政策环境方面，提出了要研究制定新形势下适应产业发展新特点的政策；围绕核心技术攻关方面，提出了要完善激励创新的政策措施和机制等措施；针对软件市场定价与软件价值不匹配问题，提出了要鼓励研究建立云服务、数据服务等新兴领域交易机制和定价机制等措施；财政金融支持方面，提出创新财政资金支持政策，深化产融合作等；软件人才培养方面，提出了要以“高精尖缺”为人才培养的导向，依托重大人才工程，强化人才培养链与产业链、创新链的有机衔接，以培养软件技术领军人才、企业家人才、高技能人才及复合型人才。

三、政策影响

《规划》采用定量目标和定性目标相结合的方式，提出了我国软件和信息技术服务业发展目标。我国软件和信息技术服务业的产业规模在《规划》指引下将进一步扩大，软件和信息技术创新体系将更加完备，产业有效供给能力将大幅提升，融合支撑效益将进一步突显，并将出现一批国际影响力大、竞争力强的龙头企业，形成具有国际竞争力的软件和信息技术服务产业生态体系。

一是软件产业规模将进一步扩大。结合国民经济和社会发展第十三个五年规划纲要、信息产业发展指南的目标任务，同时将“十二五”期间软件和信息技术服务业年均增速与国民经济增速和电子制造业增速之间的关系作为目标参考。“十三五”期间，我国软件和信息技术服务产业的年均增速将达到13%以上，到2020年规模将突破8万亿元。另外，针对“十三五”时期产业服务化进程加快、信息安全保障需求、出口形势、技术变革和模式创新深化等因素，细分领域产业如信息技术服务、信息安全产品、软件出口、从业人员等规模也将进一步增加。

二是形成一批具有引领和推动作用的大企业。企业作为产业和市场的主体，也是技术创新和变革的动力源泉。其中，大企业在产业由大变强的过程中发挥着引领和推动作用。《规划》将结合“十二五”期间的企业培育成效，在国家战略的推动下，围绕“软件定义”趋势，推动企业转型发展。“十三五”期间，我国将培育20家以上的软件和信息技术服务收入百亿级企业，其中，收入千亿级企业5到8家。

三是将进一步增加千亿级软件产业集群。软件和信息技术服务业具有向中心城市和集聚发展的特点，“十二五”期间，中国软件名城及试点城市业务收入超千亿元的已接近15个，部分城市快速崛起，“十三五”期间，将产生20个收入超千亿元的城市。

第四十二章 《大数据产业发展规划（2016—2020年）》

2017 年 1 月，工业和信息化部正式印发了《大数据产业发展规划（2016—2020 年）》（以下简称《规划》），《规划》提出要充分发挥大数据在提升政府治理能力，优化民生公共服务，推动创新创业、促进经济转型和创新发展方面的重要作用。《规划》分析总结了大数据产业发展现状及发展形势，就一个核心，三大重点，两个支撑，打造一个完备的生态体系制定了详细周密的部署，为今后 4 年的大数据产业的前瞻性的发展做出了重要的战略部署。

一、政策背景

随着我国经济发展进入新常态，大数据在经济社会发展中的基础性、战略性、先导性地位越来越突出，信息技术体系和产业格局将得以重构，为我国信息技术产业的发展提供巨大机遇。党中央、国务院持续提出推动大数据产业持续健康发展的重大战略。为深入贯彻国家大数据战略、落实《促进大数据发展行动纲要》，工业和信息化部正式印发了《大数据产业发展规划（2016—2020 年）》，以充分发挥大数据在提升政府治理能力，优化民生公共服务，推动创新创业、促进经济转型和创新发展的重要作用。《规划》对“十三五”时期大数据产业发展工作做了全面部署，为实现制造强国和网络强国提供强大的产业支撑。

二、主要内容

《规划》分析总结了大数据产业发展现状及发展形势，围绕一个核心即“强化大数据产业创新发展能力”、三大重点即“推动数据开放与共享、加强技术产品研发、深化应用创新”，设置了 7 项重点任务、8 大重点工程以及 5 方面的保障措施，以完善“发展环境和安全保障能力”两个支撑，打造一个“数据、技术、应用与安全协同发展的自主产业生态体系”，提升我国对大数据的“资源掌控、技术支撑和价值挖掘”三大能力。

首先，在产业发展关键环节方面，《规划》部署了 7 项重点任务。一是加快大数据关键技术研发，培育安全可控的大数据产品体系，创新大数据技术服务模式，强化我国大数据技术产品研发。二是衔接《中国制造 2025》《国务院关于深化制造业与互联网融合发展的指导意见》等文件内容，深化工业大数据创新应用，加快工业大数据基础设施建设，推进工业大数据全流程应用和培育数据驱动的制造业新模式。三是推动重点行业大数据应用、促进跨行业大数据融合创新、强化社会治理和公共服务大数据应用，推动大数据与各行业领域的融合发展。四是利用大数据助推创新创业、构建企业协同发展格局和优化大数据产业区域布局，培育一批大数据龙头企业和创新型中小企业，繁荣产业生态。五是加快大数据重点标准研制与推广和积极参与大数据国际标准化工作。六是完善大数据产业支撑体系。合理布局大数据基础设施建设，构建大数据产业发展公共服务平台，建立大数据发展统计评估体系。七是加强大数据安全技术产品研发，提升大数据对网络信息安全的支撑能力。

其次，《规划》针对重点任务设置了 8 大工程。8 大工程是推进大数据产业发展的重点抓手，具体包括：大数据关键技术及产品研发与产业化工程、大数据服务能力提升工程、工业大数据创新发展工程、跨行业大数据应用推进工程、大数据产业集聚区创建工程、大数据重点标准研制及应用示范工程、大数据公共服务体系建设工程、大数据安全保障工程。

最后，《规划》提出了我国大数据产业发展的 5 方面保障措施。基于大数据涉及面广，对跨层级、跨部门的协调要求高，《规划》从法律法规、政策、人才以及国际合作等多层面给予支持，提出了包含体制机制创新的推进、相关政策法规制度的健全、政策扶持力度的加大、多层次人才队伍的建设、大数据国际化发展的推动等 5 大保障举措。

三、政策影响

在《规划》的指引下，到 2020 年，我国将基本形成技术先进、应用繁荣、保障有力的大数据产业体系，大数据相关产品和服务业务收入将突破1万亿元，年均复合增长率将保持30%左右。

一是大数据相关技术产品和服务业务实现突破。针对我国信息技术创新能力不足、产品和解决方案不成熟等问题，将重点布局大数据关键技术、推动产品和解决方案研发及产业化、创新技术服务模式等，通过实施大数据相关项目和工程，一批自主创新、技术先进，满足重大应用需求的产品、解决方案和服务将逐步形成。

二是大数据行业应用能力将进一步提升。我国发展大数据产业，具有数据资源丰富和应用巨大的应用优势，在结合国家战略、人民需要、市场需求的情况下，大数据与其他产业将实现融合发展，在重点行业领域的应用将进一步深入。特别是工业大数据发展方面，将开发工业大数据解决方案，从而利用大数据培育发展制造业新业态，“中国制造2025”将得到进一步落实。

三是大数据产业生态将进一步繁荣。中央、部门、地方大数据发展政策衔接，企业在大数据产业创新中的主体作用将充分发挥，依托大数据产业集聚区和国家大数据综合试验区建设，将资源集中在龙头骨干企业，一方面，一批龙头骨干企业得到重点培育扶持，另一方面，中小企业特色发展也将得到有力支持，最终构建企业协同发展的大数据产业格局。

四是大数据产业支撑体系将逐渐健全。《规划》结合大数据产业发展需求，以标准化支撑产业发展，加强大数据标准化顶层设计。同时，逐步建立健全覆盖大数据技术、产品和管理等方面的大数据标准体系。此外，还将布局建设大数据基础设施、大数据产业发展创新服务平台、大数据统计及发展评估体系，大数据产业发展环境将逐步完善。

五是大数据保障体系将逐步完善。针对网络信息安全新形势，《规划》从完善政策法规、健全管理制度、提升技术手段等多个方面综合考虑构建强有力的大数据安全保障体系。一方面大数据安全技术产品研发的加强将防范大数据软件、硬件和应用等自身安全风险；另一方面，全国各地将制定公共信息资源保护和开放的制度性文件，在推动全国立法的同时支持地方先行先试，地方性大数据相关的政策法规也相继研究制定。

第四十三章 《关于软件和集成电路产业企业所得税优惠政策有关问题的通知》

2016 年 5 月，财政部、税务总局、发改委、工业和信息化部联合发布了《关于软件和集成电路产业企业所得税优惠政策有关问题的通知》（以下简称《通知》）。《通知》进一步明确了享受软件企业、国家规划布局内重点软件企业等企业所得税优惠的相关标准条件、备案资料以及申报流程的要求，对省级税务、工业和信息化、发展改革部门的工作进行了说明。《通知》的发布确保了新老落实办法的有效衔接，体现了党中央国务院关于转变政府职能、深化行政审批制度改革以及简化程序减轻企业负担的要求。

一、政策背景

当前，软件和集成电路产业创新活跃，向其他领域的辐射渗透作用强，已成为工业及国民经济转型发展的重要支撑。按照《国务院关于取消和调整一批行政审批项目等事项的决定》（国发〔2015〕11 号）和《国务院关于取消非行政许可审批事项的决定》（国发〔2015〕27 号）规定，集成电路生产企业、集成电路设计企业、软件企业、国家规划布局内的重点软件企业和集成电路设计企业（以下统称软件、集成电路企业）的税收优惠资格认定等非行政许可审批已经取消。为做好《财政部国家税务总局关于进一步鼓励软件产业和集成电路产业发展企业所得税政策的通知》（财税〔2012〕27 号）规定的企业所得税优惠政策落实工作，财政部、国家税务总局、发改委、工业和信息化部四部联合出台《关于软件和集成电路产业企业所得税优惠政策有关问题的通知》。

二、主要内容

在财税 27 号文件的基础上，《通知》进一步明确了享受软件企业、国家规划布局内重点软件企业等企业所得税优惠的相关标准条件、备案资料以及申报流程的要求，对省级税务、工业和信息化、发展改革部门的工作进行了说明。

一是关于软件企业申报所得税优惠流程要求的说明。企业在自行判断其是否符合软件和集成电路企业条件的前提下，向主管税务机关履行备案手续后直接享受有关优惠政策。事后税务主管部门将享受软件企业税收优惠政策的名单及备案资料提交给省级工业和信息化部门，省级工业和信息化部门组织专家或者委托第三方机构对名单内企业是否符合条件进行核查；享受其他优惠政策的名单及备案资料提交给省级发展改革部门，省级发展改革部门会同工业和信息化部门共同组织专家或者委托第三方机构对名单内企业是否符合条件进行核查。省级工业和信息化部门或发展改革部门将核查结果反馈省级税务部门。

二是关于享受软件企业所得税优惠标准条件的说明。《通知》在财税 27 号文件规定的标准条件基础上，保持了关键指标不变，简化了企业开发环境等要求，增加汇算清缴年度的时间要求，取消了双软认定相关资质要求的内容。为继续引导企业加大研发投入，增强自主创新能力，《通知》继续保持财税 27 号文件规定的研发费用、软件产品开发销售（营业）收入、研发人员数量占比等关键指标不变。开发环境方面，《通知》将原条件简化为“具有与软件开发相适应软硬件设施等开发环境（如合法的开发工具等）”。质量管理方面，将原条件简化为“清缴年度未发生重大安全、重大质量事故或严重环境违法行为”，增强申报条件的可操作性。考虑到企业职工劳动合同未必都在汇算清缴年度签订，《通知》将原标准条件第二项中的“签订劳动合同关系且具有大学专科以上学历职工人数占比”修订为“汇算清缴年度具有劳动合同关系且具有大学专科以上学历职工人数占比”，使其更切合企业发展实际。同时，《通知》在原标准条件的第三项、第四项中增加“汇算清缴年度”的时间界定，增强申报条件的准确性和规范性，为企业提供更清晰的参考。取消了财税 27 号文件中的关于软件企业资质的相关要求。在自主知识产权方面，取消了《软件产品登记证书》要求。

三是关于享受软件企业所得税优惠备案材料的说明。《通知》对《软件企业认定管理办法》（工信部联软〔2013〕64 号）（以下简称“64 号文件”）规定的企业提交资料进行了简化，进一步明确了知识产权方面资料要求，简化了合同提供、企业开发环境等要求，取消了产品质量证明材料、经营场所购买或租赁合同、资质证书等要求。结合软件产业服务化发展的趋势，《通知》将 64 号文件要求的“企业开发及经营的软件产品列表（包括本企业开发和代理销售的软件产品），以及企业主营业务中拥有软件著作权或专利等自主知识产权的有效证明材料”内容，调整为两项内容：“企业开发销售的主要软件产品列表或技术服务列表”以及“主营业务为软件产品开发的企业，提供至少 1 个主要产品的软件著作权或专利权等自主知识产权的有效证明文件，以及第三方检测机构的检测报告；主营业务仅为技术服务的企业提供核心技术说明”。这均为软件企业（尤其是信息技术服务类软件企业）向税务机关提供备案资料提供了更明确的依据。《通知》对于能够反映企业研发创新实力、人力资源、财务状况等核心指标的说明材料给予了保留，并结合时间要求进行适当简化。在合同提供方面，《通知》将 64 号文件要求的“与用户签订的信息技术服务合同（协议）等信息技术服务相关证明材料”修订并简化为“与主要客户签订的一至两份代表性的软件产品销售合同或技术服务合同复印件”。在开发环境方面，《通知》将财税 27 号文件规定的“企业生产经营场所、开发环境及技术支撑环境的相关证明材料，包括经营场所购买或租赁合同，软硬件设施清单”简化调整为“企业开发环境相关证明材料”。《通知》不再要求提供“保证产品质量的相关证明材料，包括建立符合软件工程要求的质量管理体系的说明以及有效运行的过程文档记录等”材料，进一步为企业减负。同时，取消了《软件产品登记证书》《计算机信息系统集成企业资质证书》等。

三、政策影响

一是体现政策稳定性和连续性的要求。《通知》继续落实国发〔2011〕4

号文件规定的企业所得税优惠政策，确保新老落实办法的有效衔接。在标准条件要求上，《通知》继续保持《财政部国家税务总局关于进一步鼓励软件产业和集成电路产业发展企业所得税政策的通知》（财税〔2012〕27 号）规定的研发人员数量、研发费用、软件产品开发销售（营业）收入占比等关键指标要求不变。在企业所得税优惠政策内容上，《通知》继续落实新办软件企业享受所得税“两免三减半”、国家规划布局内重点软件企业减按 10% 征收所得税等税收优惠政策。

二是体现政府转变职能和提升服务能力的要求。《通知》在思路措施和制定设计等方面体现了党中央国务院关于转变政府职能、深化行政审批制度改革的要求。《通知》规定省级工业和信息化部门配合税务部门做好享受税收优惠政策的软件企业和集成电路设计企业名单及备案资料的核查工作，其职能职责从前期的事前审批转为当前的事中事后监管，转换了角色，提升了服务企业的效率。

三是体现简化程序减轻企业负担的要求。与财税 27 号文件相比，《通知》简化了在知识产权、企业开发环境、质量管理等方面的备案资料要求，切实减轻企业负担。《通知》要求，税务部门作为企业申报所得税优惠的唯一窗口，不存在任何形式的事前审批环节，简化了企业的申报流程，方便了企业申请享受税收优惠政策。

热 点 篇

第四十四章　海尔收购 GE 家电业务

2016 年 1 月 15 日，海尔集团与通用电气（GE）签署合作谅解备忘录，以 54 亿美元收购 GE 家电业务，同时海尔将成为 GE 工业互联网平台 Predix 的最大客户。海尔不仅借助此举顺势向“互联网 +”升级转型，也彰显了工业互联网加速向服务型制造转型的发展趋势。此案提醒我国企业认真思考智能制造形态下的传统制造业转型升级的迫切需求，同时凸显出先进制造业以软件能力为突出特征的发展趋势。

一、事件回顾

2016 年 1 月 15 日，海尔集团与通用电气（GE）签署合作谅解备忘录，海尔将以 54 亿美元收购 GE 的家电业务。双方还同步签署了战略合作协议，海尔将成为 GE 工业互联网平台 Predix 的最大客户，双方将共同在工业互联网、医疗、智能制造等领域长期合作。本次并购大大超出了传统意义上的全球产能整合以及国内品牌全球化的范畴，引起了制造业界、互联网界、投资界的广泛关注，将对我国的智能制造发展带来深远影响。

在此之前，伊莱克斯 33 亿美元收购 GE 家电业务因美国政府干预而失败。2014 年 9 月，GE 宣布以 33 亿美元将家电业务出售给瑞典家电企业伊莱克斯，33 亿美元的价格相当于 GE 家电业务在过去 12 月净利润的八倍。但在随后的交易审查中，美国司法部认为伊莱克斯并购 GE 家电后将获得市场垄断地位，于 2015 年 12 月正式叫停交易，GE 家电业务随后继续寻求出售，消息称我国的海尔、美的，以及韩国的三星、LG 成为潜在竞购者。分析师认为，上述竞购者均不会触及全球各国政府的反垄断红线，竞标成功的关键在于价格。

海尔集团竞标成功后，将以 54 亿美元获得 GE 全部家电业务资产，包括全部研发制造能力、在美国的 9 家工厂以及遍布全球的渠道和售后网络，交易有待在我国及有关国家反垄断部门审批通过后执行。GE 家电业务截至 2015 年 9 月 30 日未经审计的账面净资产为 18.92 亿美元，海尔出价是其 2015 年利润的 8—10 倍，资产溢价率高达 185.41%。作为交易的附属条件，海尔家电业务将全面接入 GE 的工业互联网平台 Predix，成为其全球范围内的最大用户。如果交易获批并顺利完成，海尔将一举拿下美国市场并成为白电全球第一品牌，意义堪比当年联想收购 IBM 的 PC 业务；而 GE 则可如愿高价退出家电领域，并将其工业互联网平台与全球第一大家电厂商紧密绑定，也是其战略转型过程中的重要里程碑。

二、事件评析

海尔集团重视借助“互联网 +”推动转型升级。海尔是我国第一家千亿规模的家电企业，同时也是我国首批实施国际化战略的企业之一，通过并购新西兰斐雪派克（Fisher & Paykel）和日本三洋，在全球市场初步获得了议价能力，是我国传统制造业以规模化效益和渠道分销能力为核心竞争力的典型代表。然而，随着近年来我国经济增长放缓、家电消费趋于饱和以及同业竞争的加剧，海尔集团的营收增长明显放缓，企业转型压力开始显现。在此背景下，海尔积极探索“互联网 +”新模式，推出了重组企业组织架构、搭建创客平台、推行人单合一等一系列创新举措，特别是在新建的胶州互联工厂中，采用西门子、SAP、GE 等公司的解决方案实现了工厂全价值链的集成和自动化，用户可以个性化定制家电产品甚至直接下单，完整展示了新一代智能工厂的形态，引起业界广泛关注。

GE 提出工业互联网加速向服务型制造转型。GE 是全球最大的工业技术和服务公司，本案所涉及的家电业务是其经营百年的传统业务之一，90% 的销售额来自美国市场。2014 年起，GE 启动大规模的资产重组和转型，陆续将媒体、医疗、金融、家电等资产剥离或出售，同时对能源、发电和先进制造等业务加大投资，更提出了“工业互联网”概念及 Predix 平台，积极向服务型制造转型。基于 Predix 平台，GE 可将工业设备、工厂和供应商在云端相互连接，为用户提供故障预警、远程维护等资产性能管理和运营优化服务。在本案之前，GE 的工业互联网解决方案已随其装备出口在我国落地。如华能集团大理龙泉风电项目引进的55组GE智能风机均安装有传感器，控制系统借助数据分析可预测风场未来30分钟的风况，据此优化运营参数可实现稳定功率输出并提升发电量5%，为风场增加利润20%。

此案充分显示出我国传统优势制造业“走出去”和服务化转型的迫切需求。海尔1999年就在美国设立工厂，是最早进入北美发展的中国家电企业，也是全球范围内曝光率最高的中国家电品牌，但其在海外市场的主要产品多是小家电，与惠而浦、伊莱克斯、三星等全球主流家电品牌存在显著差距。随着我国经济增速放缓和国内消费下滑，以海尔为代表的传统优势制造企业在我国市场继续寻求内生式高速增长已经较为困难，拓展海外市场寻求新增外延式增长的需求日益迫切。此案收购对象——GE家电，其在北美地区市场占有率第一，全球范围内市场地位仅次于惠而浦，是海尔在全球范围内继续强化研发制造、质量控制和渠道效率三大规模化优势的理想收购标的。同时，也应看到目前的家电行业整体上属于技术附加值不高、更依赖劳动力成本的行业，经过未来三五年演进后，新型制造企业的竞争核心可能从单纯规模化竞争向综合服务能力竞争转变。海尔此案出价远远高出两年前伊莱克斯的参考出价，也包含了与全球主要工业大数据平台结盟，基于工业互联网加快服务化转型的战略考虑。

此案再次凸显出先进制造业以软件能力为突出特征的发展趋势。较早完成工业化进程的西方发达国家，近年来的发展重点聚焦于软件能力的提升。不仅是IBM、SAP等信息技术公司在积极发展通用软件技术，波音、空客、GE等工业企业也在不断利用软件将工业知识和技术进行固化，提升软件能力。从代码行数看，洛克希德·马丁公司已经超过微软成为世界最大的软件公司，而GE也已提出五年后要成为全世界最大的软件公司。此案中GE如愿高价售出家电业务，是其沿既定战略转型方向迈出的又一大步。2016年1月的CES消费电子展上，全球最大的白电制造商惠而浦公司宣布将与IBM合作推出搭载人工智能系统“沃森”的家电产品，下一代家电能够和用户交流并自主学习。西门子也于2015年年底宣布将增加研发投入3亿欧元搭建跨业务新数字化服务平台Sinalytics，能对机器产生的大量数据进行整合、保密传输和分析，通过数据分析和反馈提升对燃气轮机、风力发电机、列车、楼宇和医疗成像系统的监控和优化能力。可见，全球工业和信息技术领域的领先企业已在加紧布局，抢占未来先进制造业软件平台和产业生态的制高点。

此案提醒我国企业认真思考智能制造形态下的制造业核心竞争力要素。国外企业纷纷出清低端制造产能，聚焦新兴工业数字化平台、服务和综合解决方案，提醒我国制造业企业重新审视自身业务的核心竞争力要素。下一代制造业必将构筑在工业互联网的平台上，云计算、大数据和物联网对企业业务的颠覆性影响值得我国企业立足自身能力深入判读。在此基础上，我国企业是追随国际巨头，还是自建平台，将是一个考验眼光、能力、决心与意志的战略选择。

第四十五章　微软收购领英

2016 年 6 月，技术巨头微软公司宣布将以每股 196 美元的价格收购职业社交平台领英，整个交易作价约 262 亿美元。收购后，领英将成为微软旗下生产力暨业务流程部门的一部分，但会继续保持其品牌、企业文化及独立性。这起微软迄今为止的最大规模并购交易表明：微软正在加快云服务转型重塑全球领先优势，以及领英在高速增长中遇到瓶颈。该事件充分显示出传统软件企业服务化转型的迫切需求，凸显企业级网络社交成为重要发展趋势。同时，也提醒我国软件企业要充分认识产业正面临的颠覆性变革。

一、事件回顾

2016 年 6 月 13 日，微软宣布将以每股 196 美元的价格全现金收购全球最大的职业社交网络领英，交易价值达 262 亿美元（约合人民币 1725 亿元），预计于 2016 年内完成。该交易被描述为“全球领先的专业云”与“全球领先的专业网络”相结合，是微软迄今为止进行的最大规模并购交易，也是 2016 年科技圈最重量级的收购之一，引起科技界和资本市场的广泛关注。

多家公司参与竞购导致微软出价上涨 23%。微软很早就有意收购领英，在领英 IPO 之前曾试图用 5 亿美元收购，后来又做过一次报价近 20 亿美元的收购提案，兼因认为报价太高而告终。在此次竞购领英的过程中，Salesforce、谷歌、Facebook 等多家竞购方与微软展开了激烈竞争，迫使微软不断提高收购报价。在其他主要竞购方向领英提出了每股“大约 200 美元”的报价后，微软将报价从最初的每股 160 美元提高到每股 182 美元，最后提高到 196 美元，增长 23%，交易总额增加了大约 50 亿美元。领英董事会最终接受微软的报价，部分原因是微软计划全部使用现金收购领英，而其他竞购方采用股票加现金的收购模式。

微软以262亿美元的价格收购成功。2016年6月13日，LinkedIn与微软签署正式的收购协议，微软将以每股196美元的价格全现金收购领英，交易总额达262亿美元，预计年内完成。该收购价格相比领英上周五收盘价131.08美元高出了近50%，领英市盈率也比收购中最高的34倍高出不少，总价262亿美元创下了微软公司史上最大的单笔收购。收购的协议涵盖了领英所有的股份、资产以及现金流。此次交易将以全现金方式进行，微软主要将通过发债，筹集交易所需资金。收购后，领英将成为微软旗下生产力暨业务流程部门的一部分，但会继续保持其品牌、企业文化以及独立性，领英的首席执行官Jeff Weiner也将会继续留任。这起交易有待美国、欧盟、加拿大及巴西等地的监管机构批准。未来，LinkedIn将与Office 365、Daynamics CRM、Office等微软产品整合，打造新竞争优势，给人们工作方式带来重要变革。双方产品的整合极有可能发生在以下几个方面：强化其社交属性及身份认证；打造随需应变的社交学习功能；将微软与领英Sales Navigator整合。

二、事件评析

微软加快云服务转型重塑全球领先优势。微软是PC时代软件开发的先导，以Windows和办公室Office套件长期主导PC市场，一度成为全球市场价值最高企业。然而，随着全球个人电脑需求市场持续萎缩、云计算模式迅速兴起以及市场竞争加剧，微软原有的授权付费业务模式面临重大挑战，传统的Windows和Office业务营收增长加速下滑，企业转型调整压力持续加大。为了重新确立全球领先优势，传统软件巨头微软积极地谋求转型，努力减少对Windows操作系统的依赖，提出了“移动为先、云为先”的全新理念，加快云服务转型。在此背景下，微软加快云服务创新，打造以Microsoft Azure公有云为核心的云生态系统，以公有云、私有云和混合云服务多业务线并行发展的方式，促进云服务业务高速增长。

领英高速增长遇到瓶颈。领英是全球最大的职业社交网站，以招聘解决方案及赞助商广告为主要业务，全球会员超过4.33亿。作为最受欢迎的职场社交平台与人脉沟通平台，领英拥有大量用户关系数据和职业生涯信息，这些信息的价值远远大于普通社交网站拥有的社交信息，有望在大数据、人工智能等领域产生巨大价值。然而，领英的核心价值不仅在于独特的职业社交网络资源，更在于“云计算 + 大数据”优势。云计算方面，领英是世界上第二大的 SaaS（软件即服务）提供商，社交网络是其开拓云服务的重要流量入口。大数据方面，领英以数据公司自居，拥有精密数据驱动方法论，打造整个销售线索数据系统、客户成功分析系统等，以实现完全的数据驱动。依托“云计算 + 大数据”优势，领英在过去 6 年间营业收入从 7000 万左右增长至 30 亿美元，五年业务增长超过 40 倍。然而，随着用户增长接近天花板和网站/应用低频弱势的凸显，领英的高速增长已遭遇瓶颈。领英近几个季度的盈利情况不容乐观，在截至 3 月 31 日的这一财季，LinkedIn 的净亏损为 4580 万美元。

该事件充分显示出传统软件企业服务化转型的迫切需求。微软是传统软件企业服务化转型的典型代表，迫切需要切入互联网，从软件产品提供商向在线服务商转型。云计算可以帮助微软弥补在互联网和移动端的落后，是微软弯道超车的契机。此案收购对象——领英，面向职场专业人士提供在线服务，其用户基础与微软的客户存在很大的重叠，业务模式符合微软的核心竞争力和发展目标。收购后，微软可借助领英的账户体系、用户数据等，提升其 IaaS 流量，并巩固扩大其在 SaaS 和 PaaS 领域的发展，扩大微软云服务的影响力，加快云服务转型步伐。除了微软，甲骨文、SAP 等国外传统软件巨头纷纷加快向互联网服务转型，寻找新的增长点。

该事件凸显企业级网络社交成为重要发展趋势。随着移动互联网和智能设备的快速普及，全球移动流量高度向 Facebook、LinkedIn、Twitter、微信等社交网络集中，社交网络取代搜索引擎，成为移动互联网时代的第一流量入口。其中，以领英为代表的企业社交网络平台发展尤为迅猛，并蕴含招聘、培训、知识分享等广阔的延伸发展空间，成为社交网络领域珍贵的“独角兽”。微软一直希望加强社交网络布局，在 2012 年收购了企业社交网络提供商 Yammer，但一直表现平平。收购全球最大职业社交网络平台领英有助于微软补足企业社交领域的短板，并通过将领英和微软现有的 Office 365、Dynamics 等企业级产品结合，增强微软的企业服务能力和企业服务网络，给微软带来长期变现机会。

该事件提醒我国软件企业充分认识产业正面临的颠覆性变革。多年来，微软通过为企业提供 Windows 操作系统、Office 办公套件等授权软件，在 PC 市场占据绝对优势。随着谷歌引领下 Gmail、Google Docs 等在线应用的兴起和苹果引领下智能手机、平板电脑等移动智能终端的普及，微软传统的架构正被隔离，原有的优势逐渐丧失。微软的案例折射出，在云计算、移动互联网等新技术快速发展的推动下，全球信息技术产业加快向网络化、服务化方向发展，软件的技术架构正在发生体系性重构，加速向面向服务的架构和互联网化转变。在此背景下，我国传统软件企业应充分认识产业正发生的颠覆性变革，在发展战略、发展方向等方面加快转型调整，重新审视和构筑自身业务的核心竞争力。

第四十六章　IBM 与 KYCK！区块链合作

IBM 与新加坡金融科技初创公司 KYCK！在新加坡金融节上合作推出一个基于 IBM 区块链的 KYC 项目，旨在帮助金融服务提供商减少在安全环境下快速进行客户登录所需的时间和资金支出。此次事件表明了为拓展应用范围，加强企业间合作是实现区块链突破发展的重要路径。并且也提醒我国应将区块链作为重要发展战略。

一、事件回顾

11 月 17 日，IBM 与新加坡金融科技初创公司 KYCK！在新加坡金融节上合作推出一个基于 IBM 区块链的 KYC 项目，旨在帮助金融服务提供商减少在安全环境下快速进行客户登录所需的时间和资金支出。KYCK！是一家新加坡初创公司，主要为用户提供东南亚交易信息服务和登录简单的经纪演示账户，并通过视频会议和加密文档提交能力为经纪公司提供新客户安全登录的平台。Know Your Customer（KYC）是一项全球反洗钱措施，帮助银行更好地了解自己的客户及客户的金融交易，在此基础上为客户提供更优质高效的服务，提高金融风险防御能力。

区块链是一项底层技术，初创公司往往不具备开发、测试及商业化所需的完善的应用场景。通过合作，KYCK！将协同 IBM 在新加坡新设立的 Bluemix Garage 联合测试和开发新的开源超级账本（Hyperledger）项目。Hyperledger 技术和基于开源的 Fabric 网络架构能够提供更安全的身份验证和数据保护，从而确保新的解决方案能保障分布式账户信息的永久性、可追溯性以及隐私性，为客户提供更好的用户体验。基于 IBM 的区块链技术，KYCK！通过一个基于商务网络建立的信用区块链进一步加强客户登陆平台的身份验证，未来可能将银行业实体和政府实体纳入其中。身份验证一经确认，KY-

CK！就会在账户登录之前将客户信息传输到现有的银行检验系统或第三方KYCK！系统。

二、事件评析

区块链正成为发展潜力巨大的新领域，发达国家积极布局区块链，抢占技术发展先机。作为一种新兴的基础性、前沿性技术，区块链技术被认为是继大型机、个人电脑、互联网、社交网络和移动手机之后的第五项颠覆式创新计算范式，将在价值互联网构建、智能资产价值转移、数据资产流通、市场交易模式转型、社会治理体系建设等方面发挥重要作用。

金融正成为最具潜力的区块链应用领域之一。区块链技术在金融领域具有去中心化、数据不可篡改伪造、降低成本和风险等优势，其在金融领域的应用重构信用形成机制等金融基础设施，深刻地影响和改变金融交易过程，推动实现全球低成本的价值转移。因此，金融领域对区块链技术应用需求巨大，最早在支付及交易银行、资本市场及投资银行业务应用区块链技术，典型场景包括数字货币、跨境支付与结算、票据管理、证券发行与交易、客户征信与反欺诈。

IBM积极加快区块链领域布局。IBM于2015年开始筹备最早的区块链项目Open Blockchain。2016年2月，IBM加入了由Linux基金会领头的跨行业开源区块链项目——超级账本（Hyperledger）项目，并将Blockchain所有的4.4万行源代码捐给了Hyperledger项目，极大地推动了区块链的应用开发。Hyperledger项目一经公布便受到了金融、科技行业和区块链行业的广泛关注，吸引了英特尔、思科、红帽公司、摩根大通、富国银行等50多家颇具影响力的金融科技企业和银行参与。2016年9月，IBM开始测试面向IBM金融部门的区块链应用项目。2016年10月，IBM云平台Blueminx落地，将有力推动区块链与物联网技术发展。此外，IBM还组建新的事业部，整合区块链、Watson等先进技术提供产业平台业务。这些频繁的举措表明，IBM正在积极构建区块链生态，迫切希望抢占区块链这一新技术革命的中心位置。

该事件显示加强企业间合作是实现区块链突破发展的重要路径。当前区块链技术还处于初期的发展阶段，未来的增长和普及依赖于强劲生态系统的建设，需要全球性技术公司、咨询公司、金融公司、创业企业积极合作，发挥各自优势，共同探索区块链的应用场景，推动区块链网络的构建。在此背景下，IBM 积极打造通力合作的环境，吸引 Everledger、Gliding Eagle、The Hive、Skuchain 等全球范围内大批创业公司加入 IBM 的区块链生态系统，提升企业级的区块链解决方案的服务能力。除了 IBM，很多 IT 巨头积极开展企业合作，加剧布局区块链领域。如微软与 ConsenSys、Ripple、Eris 等多家区块链初创公司开展合作，为用户、合伙人和开发者提供区块链技术支持和服务。埃森哲将 Bitspark、Crowdaura 等区块链初创公司加入金融创新实验室。

此事件凸显行业应用是区块链发展的重要切入点。区块链技术在多个领域具有巨大应用潜力，随着区块链技术逐渐成熟，形成了点对点（P2P）住宿网站、构建分布式智能电网及管理互联网域名等典型应用案例，其应用正从金融领域逐渐向信息、能源、农业、社会治理等非金融领域渗透。IBM 通过与 KYCK！合作，推动区块链在金融领域的应用，提升企业区块链解决方案的市场影响力。为此，我国应加快推动区块链的行业应用，组织开展面向金融、农业、能源等领域的区块链技术应用示范，形成一批可复制、可推广的典型案例。探索建立区块链综合应用试验区，提升区块链技术的行业应用水平。

该事件提醒我国将区块链作为重要发展战略。美国、欧盟等发达国家高度重视区块链发展，IBM、微软、英特尔等科技巨头和全球知名金融机构对此予以高度关注，资本、智力等各方资源加速汇聚，驱动区块链技术持续创新演进，行业应用不断展开。我国已具备一定的技术、产业基础，在部分领域开展了卓有成效的应用探索，市场关注度和企业参与度持续增强，正处在区块链创新发展和应用的机遇期。应加强全面统筹，加强政策引导，创新资金投入机制，引导企业加大对全球区块链共性基础技术资源的整合和利用，构建技术高地。并以企业为主体，以关键技术为基础，以应用为导向，抢占全球区块链创新发展和应用的竞争高地。

第四十七章　微软正式加入 Linux 基金会

2016 年 11 月，微软在 Connect 2016 开发者大会上宣布将加入 Linux 基金会，并支付 50 万美元的年费成为该基金会最高级的白金会员。微软目前正在加强与开源社区的合作，表示创新离不开开源系统，而 Linux 基金会正好可以提供工具、培训等推动开源项目的发展。这一事件表明开源世界的发展格局不断演进，企业已成为开源软件发展的主导，自身开源、接管项目和参加联盟成为龙头企业开源的三种主要模式。

一、事件回顾

长期以来，商业化闭源软件是软件产业的主体，但随着开源成为人工智能、云计算、大数据等新兴领域产品开发的主流模式，其在信息产业中的引领作用逐步显现。目前，开源已成为推动信息产业发展的重要模式，成为信息企业竞争的重要手段，不论大型龙头企业还是中小微企业，都纷纷主导或加入开源体系。

过去几年之中，微软对开源的态度发生了很大的改变，不再像以前那样排斥开源。2016 年 11 月 17 日，在纽约召开的 2016 年 Connect 大会上，微软宣布将加入 Linux 基金会，并支付 50 万美元的年费成为该基金会最高级的白金会员，微软 Azure 团队的架构师约翰・格斯曼将成为基金会的董事会成员。同时，微软的开源工作大受好评，不少企业领导者都认为微软已经是开源社区的最大贡献者之一。微软与 Canonical 合作打造的 Windows Subsystem for Linux 能够将 Linux 信号转换为 Windows 内核能够接纳的信号，同时发布了一套 Bourne Again Shell for Windows。微软还将其 PowerShell 转化为开源项目，并将其交付至 Linux 与 Mac 平台。

二、事件评析

开源世界的发展格局不断演进，企业已成为开源软件发展的主导，使得开源软件的发展方向与企业的运营路径密切相关。自身开源、接管项目和参加联盟成为龙头企业开源的三种主要模式。

一是企业将其自身软件项目开源。这种情况下企业自身是希望能够依托开源提升其自身业务能力，获得商业优势。因此，企业必将对该类项目加大投入、加强管理，获取对开源项目发展的主导权。二是企业接管优秀的民间开源项目。当前许多企业已经意识到开源软件在整个信息技术领域中的突出地位，加强了对开源项目的关注程度。当企业发掘出优秀民间开源项目时，将会加大对该项目的投入，成为推动该开源项目发展的主体。三是企业参与大型开源项目。当前核心开源项目已成为企业相互竞争的舞台，或是增加对项目代码的提供力度，或是提高对项目组织的资金赞助，其目的就是为了获得更多的项目发展话语权，力图改变项目发展方向以使其与企业自身发展战略相一致。

伴随着信息产业新兴领域的快速发展，信息企业已经认识到开源对于企业增强竞争能力、保持竞争优势的重要作用，开源对于企业竞争带来的帮助主要体现在以下几个方面。

构建产业生态。企业通过开源自己的核心技术和产品，吸引更多的企业基于开源技术产品开展业务，所有参与进来的企业围绕开源技术产品共同形成一个生态系统。主导企业为系统中的其他企业提供了核心技术和平台，系统企业数量的增多则带来用户量的增多和市场份额的扩大，系统中的企业通过共同维护开源技术产品保持整体竞争优势，争夺产业发展的话语权。谷歌通过开源安卓系统，吸引众多移动终端企业、移动应用开发企业加入安卓生态系统，形成了与 iOS 生态相持的竞争局面，在移动互联网领域获得极大成功。如果没有开源，谷歌在移动互联网领域将远远落后于苹果公司。Docker 公司通过开源项目 Docker 仅用一年多的时间就吸引了数十家大型企业加入，形成了一个以 Docker 为核心的云计算产业生态。

保持技术优势。企业通过开源技术或者产品，让更多的企业和开发者参与技术研发和产品创新，能够换取其他开发者的信息，让开源系统加快创新，一些大型系统需要大量使用者数据进行测试和调整，通过开源，众多开发者将参与到系统的开发和测试中，从而联合资源改进系统，在保持技术产品领先性的同时，也使得参与开源的企业拥有技术竞争优势。目前，在云计算领域，63%的技术创新源于开源软件；在移动互联网领域，开源软件引领了53%的技术创新；在社交、网络管理、安全等领域，开源模式在技术创新中的权重均高于40%。

吸引人才资源。先进技术的改进和创新需要众多人才的支持，但企业自己往往缺乏足够的人才，企业外部人才也可能因为不了解企业的相关技术而不能满足需求。开源能够吸引外部人才参与项目协作、改进相关技术，企业积极主导和参与开源，重要原因之一就是能够吸引优秀的研究者参与到自己的开源技术研发，从中培养和招募人才。例如，IBM通过Apache基金会开放人工智能技术System ML的源代码，就是希望通过开源招募新的人工智能专家，从而在与苹果等没有开放人工智能软件的公司竞争中获得优势。

主导行业标准。企业积极主导和参与开源，还希望能够通过开源快速占领市场，夺取用户，建立有利于自己的行业标准，从而树立行业品牌、掌控产业发展话语权。如果能够通过开源建立自己的行业标准，其他公司就需要采用自己的技术和产品，为自己带来巨额收益。例如，Facebook积极开源AI硬件平台，重要目的之一就是希望建立自己的硬件标准，在与其他对手的竞争中获得巨大优势。

第四十八章　软件助推智能汽车加速发展

当前信息环境互联、智能控制和人机交互为主要特征的智能汽车正成为发展的重要方向，传统汽车企业纷纷发布智能汽车发展战略，软件和互联网企业也在智能汽车领域加速布局。大量事实表明，软件成为智能汽车创新升级的主要载体。近年来，我国智能汽车软件研发及应用取得了快速发展，但是仍面临产业链体系不完善，行业规范和标准相对缺失，资源整合力度不足等问题。应从国家、产业、企业三方面入手，统筹规划，提升整体核心竞争力。

一、事件回顾

2016 年，是许多行业的元年，同时也是智能汽车发展的元年。随着信息技术的快速发展和深入应用，汽车已经从单纯的机械技术产品加速向信息化、智能化方向转变。以信息环境互联、智能控制和人机交互为主要特征的智能汽车正成为发展的重要方向。据统计，当前汽车 90% 的创新由汽车电子来支撑，其中 80% 取决于软件，软件逐渐成为汽车信息化、智能化发展的基础和核心。

当前以一汽、长安、奇瑞为代表的车企纷纷发布智能汽车发展战略，并充分突出软件技术和产品的重要地位。例如，一汽集团发布了“挚途”技术战略，着力打造基于“互联网 +”的设计、制造、服务一体化技术平台、整车和总成电子控制嵌入式软件技术平台等五大技术支撑平台。长安汽车发布了智能化汽车“654”发展战略，将搭建 6 大平台，掌握 5 大核心应用技术，分 4 个阶段实现智能化技术的产业化。奇瑞汽车成立智能汽车前瞻技术研究院，并与软件企业合作发展互联网汽车租赁分享平台，探索创新商业模式。

软件和互联网企业也在智能汽车领域加速布局，跨界合作成为重要切入点。阿里巴巴与上汽加强合作，合资设立10亿元互联网汽车基金，建设互联智能汽车开发和运营平台，并整合公司旗下阿里云计算、高德导航、阿里通信等应用服务资源，通过“软件+硬件外包”的方式积极布局互联智能汽车领域。腾讯与富士康、和谐汽车签订战略合作协议，并成立和谐富腾智能汽车公司，聚焦平台搭建、汽车制造和营销服务等产业链关键环节，全面推进智能汽车研发。乐视成立乐视智能汽车公司，并发布车载操作系统LeUI Auto，致力于打通手机、电视和汽车中控三块屏幕，构建汽车互联网生态系统。此外，国内多家IT公司通过在线车载诊断系统（OBD）或车载设备切入智能汽车领域，发展后台服务系统和大数据服务。

二、事件评析

种种迹象表明，软件成为支撑智能汽车加速发展的关键，汽车软件系统已逐渐成为判断一款汽车性能优劣的重要指标。如今当人们在选购一辆汽车时，除了考虑排量、马力、车身尺寸等硬性机械标准之外，汽车的操控体验、乘用感受已成为决定消费行为的关键因素，诸如发动机管理控制、自适应悬挂、加速防滑等操控功能，在很大程度上要依赖于汽车嵌入式软件系统来实现，软件已然成为智能汽车差异化竞争的焦点。

软件成为智能汽车创新升级的主要载体。传统汽车价值中，硬件占90%，软件占10%，而智能汽车价值中，硬件占40%，软件占40%，内容占20%。据统计，当前中高端汽车中，汽车电子占整车成本已超过30%，一辆智能汽车中，大约装备有50—100个ECU（电控单元），20000万行左右的源代码，代码量与空客A380客机相当；且约有90%的智能汽车创新是通过汽车电子来实现，有80%的创新取决于软件。通过软件来实现创新，而不再是传统的硬件，大多数汽车厂商通过软件系统控制汽车架构，不但可以实现创新升级，还可以有效地降低车重和生产成本。例如，特斯拉CEO Elon Musk表示“特斯拉是一家硬件公司，更是一家软件公司，我们将Model S真正设计成了一个装载在轮子上的成熟计算机系统，在我们看来，升级汽车软件就如同升级手机和电脑一样平常”。软件可以有效提升智能汽车的功能和性能。一方面，智能汽车可以通过嵌入式软件系统来提升真实驾驶性能，如特斯拉Model S车型通过车控软件系统在汽车高速行驶时自动调节底盘悬架。另一方面，通过软件来调整智能汽车引擎工作方式或是关闭部分气缸，以便在性能和效率之间实时保持平衡，从而降低油耗，提升用户体验。如梅赛德斯—奔驰正在探索研究提供预测式定速巡航系统，以期通过调整引擎转速和变速器来适应不同坡度的路况。此外，通过车载信息系统、人机交互界面的优化升级，能够显著增强车载娱乐信息系统功能，进一步提升用户体验。

此外，安全软件成为智能汽车“网络安全”和“驾驶安全”的基础保障。智能汽车作为一种软件集合体，随着网络化、智能化程度越来越高，将面临更多新的安全威胁。如黑客可以利用汽车的信息网络通道，攻击车辆控制系统的漏洞，从而取得动力驱动、转向控制、车载空调、门锁等车辆关键设备的控制权，造成功能安全风险，或是攻击车载应用系统的漏洞，窃取车辆运行信息和用户信息，造成敏感信息泄露风险。随着自动驾驶等技术的应用，汽车厂商要对汽车行驶状况负责，也需要建立在线实时车载诊断监测系统（OBD）动态记录汽车的运行情况，为事故定责提供依据。软件安全关键技术和核心产品可以融入到智能汽车产业链设计、开发和测试等核心环节，通过建立复杂的安全加密机制来提升智能汽车网络安全防护能力。同时，安全软件也可在第一时间收集车辆环境数据，进行静态、动态物体辨识、侦测和追踪等分析与处理，从而有效确保智能汽车驾驶安全。

近年来，我国智能汽车软件研发及应用取得了快速发展。车控软件方面，“核高基”重大专项部署支持了实时嵌入式操作系统及开发环境、汽车电子控制器嵌入式软件开发平台和国产汽车电子基础软件平台产品。国内软件平台厂商参照 OSEK/VDX 和 AUTOSAR 等国际标准，已经研发了面向 ECU 的操作系统产品及解决方案。浙大 ESE 实验中心成功开发出符合 AUTOSAR 标准的集成的 ECU 开发工具链，支持用于 ECU 软件架构、网络系统配置、基础软件配置、诊断、标定和仿真测试的快速迭代开发模式。车载软件方面，阿里云研发了可用于车载终端的阿里云操作系统；涌现出了科大讯飞、高德等实力较强的车载应用软件供应商；拥有了普华、博思、中科博泰等车载终端系统供应商，且相关产品在一些车型中得到了量产应用。但总的来讲，对比加速布局的智能汽车，我国相关软件的发展步伐明显滞后，仍存在以下三方面问题和挑战。

关键技术研发滞后，技术积累明显不足。国内企业对智能汽车软件的研发大多集中在娱乐、导航等车载应用软件领域，对车控操作系统、车联网以及智能驾驶等关键软件技术研发相对滞后，与美、日、欧等发达国家和地区存在明显差距。此外，国内一些高校实验室、科研院所掌握相关嵌入式系统、智能驾驶等核心技术的原理和方法，但大多处于理论研究和试验阶段，要实现产业化和规模化应用为时尚早。

产业融合度不高，完整产业链条尚未形成。当前我国软件开发商和整车企业合作模式不清晰，智能汽车产业链相关环节的融合度不高，一定程度上制约了软件的自主发展。软件开发商侧重于车载通信及信息服务，对先进车辆控制和安全系统的需求了解不够；整车企业专注于车辆生产制造工艺、流程的改进和优化，对车联网、智能无人驾驶等更高层次的软件技术研发尚无暇顾及。此外，智能汽车先进的传感器、控制器芯片、执行器等核心零部件和嵌入式系统软件仍严重依赖于国外，在电控单元的软硬件、系统可靠性和控制精度方面，与国际先进水平差距明显，尚未形成自主完整的产业链条。

行业规范和标准相对缺失，资源整合力度不足。智能汽车涉及汽车、交通、IT、通信等多个领域，目前缺乏顶层设计和全局性的规范及标准体系，基本处于企业各行其是、自行发展状态，无法实现资源、成果的共享。例如，当前我国在智能辅助驾驶系统，雷达、摄像头等传感系统，车载终端操作系统，车联网通信协议等关键共性技术方面尚未形成统一标准，很大程度制约了自主智能汽车软件的发展，造成了同质化竞争和资源的严重浪费。

加快智能汽车软件系统研发，对于促进软件产业与汽车装备制造业融合发展，显著提升我国汽车工业核心竞争力意义重大，因此提出以下几点建议。

一是国家层面：顶层设计、统筹谋划，促进行业协同合作。围绕当前智能汽车产业链发展瓶颈、制约因素、关键软硬件技术研发需求，结合“智能制造”“互联网+”行动计划在智能网联汽车方面的战略布局，我国应加快以应用为导向，建立推进软件技术与汽车产业深入融合的工作机制，整合软件产业和汽车行业优势资源，制定并实施软件技术与汽车产业融合发展行动计划。鼓励和支持软件企业与汽车厂商跨界合作，围绕汽车产业链关键环节进行联合攻关和协同创新。组织开展试点示范，鼓励和引导汽车厂商采用自主汽车软件产品，发展基于新一代信息技术的智能车联网技术和服务，提升汽车性能和智能化水平。

二是产业层面：集聚资源、抢抓标准，构建产业生态体系。统筹利用工业转型升级资金、技术改造资金等资源手段，重点面向骨干软件企业和汽车厂商，加强智能汽车软件技术、产品和平台的研发应用及产业化。鼓励和支持开展智能汽车软件标准体系研究，以软硬件接口、数据通信格式与协议、平台、安全等共性基础标准为重点，加快推进关键汽车软件标准的研制和应用，支持发展企业标准和联盟标准，鼓励将取得重大突破的软件核心技术上升为国家或行业标准。加强产业联盟和公共服务体系建设，积极构建汽车厂商、软件企业、高校及科研机构协作发展的自主产业生态体系。

三是企业层面：鼓励竞争、融合创新，加强关键技术研发。鼓励软件和互联网企业发挥软件核心技术研发能力强、智能汽车厂商熟悉汽车行业应用特点的优势，共同探索互联网开放模式下智能汽车软件技术、产品及服务创新。大力支持企业加强车控及车载操作系统、主动安全与自动驾驶软件、环境感知软件和执行系统、智能车载平台、车联网 V2X 技术等关键软件技术、产品和平台的研发及应用，提升汽车行业核心竞争力。

第四十九章　量子通信卫星“墨子号”成功发射

2016 年 8 月，中国在酒泉卫星发射中心成功将全球首颗量子科学实验卫星发射升空。此次发射任务的圆满成功，标志着中国空间科学研究又迈出重要一步。量子通信是当前国际信息领域的前沿阵地，基于国防和信息安全的战略性需求，美国、欧盟、日本等都已把量子通信列为优先发展的信息科技和产业高地。这一事件表明我国量子通信技术已处于国际领先地位，产业发展已初具规模，但仍面临前期投入高、行业标准滞后等问题。

一、事件回顾

2016 年 8 月 16 日 1 时 40 分，由中国科大主导研制的全球首颗量子科学实验卫星“墨子号”发射升空，标志着我国在世界上首次实现卫星和地面之间的量子通信，并构建天地一体化的量子保密通信与空间尺度量子科学实验体系。这将极大推动我国量子信息产业化过程。

量子通信是当前国际信息领域的前沿阵地，基于国防和信息安全的战略性需求，美国、欧盟、日本等都已把量子通信列为优先发展的信息科技和产业高地。美国经过近十几年的发展已经建成了多处城域量子网络并启动了覆盖全国的量子环网计划。2016 年 7 月美国发布《推进量子科学：国家的挑战与机遇》战略报告，报告指出美国政府每年斥资 2 亿美元用于量子信息领域的基础和应用研究。2016 年 4 月欧盟委员会发布《量子宣言》，宣布启动 10 亿欧元的量子技术旗舰计划。日本计划到 2040 年建成极限容量、无条件安全的广域光纤与自由空间量子通信网络。同时，瑞士量子、东京 QKD、维也纳 SECOQC、日内瓦国际量子通信等量子通信网络也相继建成，实现了城域组网、量子电话、基础设备保密通信等应用。

量子通信网络建设及实用化技术的突破推动了量子通信产业的快速发展，吸引了一大批国际巨头公司，如 IBM、AT&T、Philips、西门子、NEC、日立、东芝等，纷纷投入高额研发资本，介入量子通信产业化开发。目前已经能提供商业化量子密码产品的国际公司主要有：瑞士的 IDQuantique，美国的 MagiQ Technologies、Qubitekk，法国的 Smart Quantum 和澳大利亚的 Lagnon Quintessence Labs. 等，其中瑞士的 IDQuantique 和美国的 MagiQ Technologies 是全球主要的量子通信设备和解决方案供应商，它们能够提供商用化的量子密钥分发系统器件、终端设备和整体应用解决方案。

二、事件评析

目前，我国量子通信技术处于国际领先地位，产业发展已初具规模，但仍面临前期投入高、行业标准滞后等问题。

国家顶层规划加快布局，但保持可持续发展是关键问题。为了加速我国量子通信的产业化进程，从中央到地方陆续出台了相关政策措施予以强力推动。量子通信被国家“十三五”发展规划纲要列为培育发展的战略性产业。《长江三角洲城市群发展规划》指出要组建长三角城市群广域量子通信网络。习近平总书记对实施网络强国战略提出“六个加快”的要求，其中第一条是加快推进网络信息技术自主创新，即“瞄准前沿技术和关键核心技术集中力量、刻苦攻关，推动高性能计算、移动通信、量子通信、核心芯片、操作系统等研发和应用取得重大突破”。在政府的高度重视和大力支持下，量子通信产业的发展迎来重大发展机遇，同时也面临着前期投入较高、应用场景有限等问题。现阶段量子通信的产业应用主要面向国防、政务、金融等对长期信息安全要求较高的领域，市场规模有限，且较为分散。由于产业化前期市场投入高，客户群体有限，部分传统通信企业仍持观望态度，处于谨慎尝试阶段。进一步开发量子通信的应用需求，保持可持续发展的盈利能力是当前面临的主要挑战。

国家重大工程项目相继建成，但部分核心器件仍需重点突破。2016 年 8 月我国发射了世界上首颗量子通信卫星“墨子号”，同时“京沪干线”也于年底建成提交，围绕这两大核心工程我国领先开始构建全国乃至全球的广域量子保密通信网络，为我国量子通信产业的发展提供强大的支撑平台。虽然我国在城域量子网络技术实用化方面已经相当成熟，并已在北京、合肥、济南和芜湖等地组建多个城域量子网络，但部分核心器件尚不能实现完全国产化，距离信息安全完全自主可控的要求还有一定差距。量子通信核心器件的应用发展主要依赖具有合适量子特性的材料以及硬件集成能力。目前我国量子通信的部分远距离核心器件，如单光子探测器等，仍主要依赖进口，研发进展相对滞后。

产业链初具规模，但产业生态需进一步完善。受政策引导和产业前景的驱使，国内多家公司已经参与到量子信息产业链的各个环节当中。量子通信产业链的上游涉及光纤、元器件和终端，供应商主要有华工科技、福晶科技和中天科技等。在该环节中量子通信与经典通信的差异不大，主要的不同体现在量子点激光器、单光子探测器等方面。目前在这一领域除了部分核心器件不能国产化外，还缺乏大规模的量子通信专用器件生产企业。中游涉及量子通信核心设备以及网络建设和运维是量子通信产业链的核心环节，主要的供应商有国盾量子、安徽问天、阿里巴巴和神州信息等，其中国盾量子和安徽问天主要从事核心设备的生产和研发，是全球领先的量子通信设备和解决方案供应商。目前我国在量子网关、量子交换机等核心设备方面已全部实现国产化。下游为网络运营及专网服务方面的供应商，如中信国安、浙江东方、皖能电力和科华恒盛等，主要面向国防、政务、金融和能源电力等方面的行业应用。虽然我国量子通信产业发展已初具规模，但行业规范标准尚不完备，而标准规范是商用化推广的必备条件。目前行业规范标准制定相对缓慢，已成为产业发展的瓶颈因素之一。

关于如何快速推进产业化进程及如何抢占行业制高点，提出以下四点发展建议。

加强政策扶持、引导。加强顶层设计，尽快出台“十三五”期间量子通信发展的战略规划。以“墨子号”卫星和“京沪干线”等核心项目为支撑，分阶段、按步骤合理有序推进产业布局和应用。在产业发展初期加大政策扶持力度，积极推动量子通信在国防、网络信息安全、电子政务、金融、电力等重点领域的试点和应用。鼓励社会资本介入量子信息产业链，引导传统通信供应商转型升级，加强量子通信专用器件生产能力，进一步完善产业供应链。鼓励量子通信企业围绕市场需求，进行应用推广和宣传，开发便捷的、低成本的民用安全产品，逐步向民用市场辐射。

建立跨机构的协同合作机制。通过国家自然科学基金、国家科技重大专项、国家重点研发计划和技术创新引导专项等形式，从长期战略高度推动量子通信基础理论、核心器件、量子特性材料等的研究工作。同时加强不同部门之间的统筹设计和组织协调，突破研究机构之间的学术壁垒，健全实验资源分享机制，有效加速量子信息通信研究步伐。依托重点大学成立研究中心，推动跨学院界之间的交流合作，促进量子通信在不同专业领域的创新发展。

加快科技成果的转化和创新。以市场需求为导向，鼓励大学和科研院所与企业联合进行量子通信产业化应用研发，加快科技成果的产业化过程，形成良好的科研—产业循环促进机制。推动学术界和产业界设立联合资助项目，着重解决量子通信市场化过程中亟待解决的基础材料制备、核心器件设备研发等问题。鼓励量子通信企业与云计算企业、大数据企业等跨界融合、协同创新，推动传统信息产业的转型升级。促进创新链、产业链与资本链的联动，形成产业发展合力，构筑可持续发展的量子通信产业生态系统。

加快标准规范制定。加强信息安全领域研究机构和标准化组织的沟通协作，共同推进量子通信的整体架构、性能指标、安全认证、测试方法和网络应用等方面的标准化研究。围绕量子通信产业联盟建设，完善产业技术公共服务体系，加强产学研用协同，研制对产业竞争力整体提升带动性强的关键共性技术标准，推动量子通信行业标准规范的制定。出台政策法规和成立监督机构，保障行业标准对产业发展的规范和引导作用。积极展开国际交流与合作，借鉴和吸收欧盟量子通信标准化方面的先进经验，参与量子通信国际标准的制定。

重视人才梯队建设。充分利用现有科研队伍的国际领先优势，加强国际交流与合作，加大顶尖人才的培养力度。完善人才激励和保障措施，防止高端人才流失，保证现有科研机构的水平和稳定性。重视量子通信人才梯队建设，做好对骨干和中间层人才的培养和储备工作。从产业发展需求出发，重点培养量子力学、计算机、电子工程和系统工程等多学科融合性人才。调整高校相关专业的本科、研究生学科结构设置，设计融入量子信息科学主题课程。依托重点高校建立国家级量子通信培训中心，为企业员工或学生提供培训机会，以适应量子通信产业发展要求。

展望篇

第五十章　主要研究机构预测性观点综述

国际研究暨顾问机构 Gartner 发布 2017 年预测称，在软件和信息技术服务营收的趋势带动下，2017 年全球 IT 支出预计将达到 3.5 万亿美元，较 2016 年同期的支出 3.4 万亿美元提升 2.9%。其中，软件和 IT 服务领域已成为信息技术服务产业的新兴亮点。Gartner 提出了人工智能与机器学习，智能应用 APP，智能事务，虚拟现实与增强现实，数字化双生，区块链与分布式账本，对话式智能系统，网状结构应用与服务架构，数字技术平台，自适应安全结构等十项未来将主导智能数字网络的战略技术。Gartner 指出，这十项科技趋势主要包含智能、数字、网络三个方向，具有颠覆性的特质。全球著名的信息技术咨询顾问提供商 IDC 预测 2017 年的四大宏观趋势为：数字化改造将达到宏观经济的规模和影响；第三代平台的四项“核心”——云计算、移动端、社交网络和大数据会全部改造整合成新的“2.0”进化的平台用以支撑放大数字化改造经济；采用第三代平台的创新加速器的速度远远超过大多数预期效果；第四代平台已经渐渐地浮出了地平线，有了诞生的征兆。

一、Gartner 的预测

（一）2017 年全球 IT 支出增长情况

国际研究暨顾问机构 Gartner 发布 2017 年预测，在软件和信息技术服务营收的趋势带动下，2017 年全球 IT 支出预计将达到 3.5 万亿美元，较 2016 年同期的支出 3.4 万亿美元提升 2.9%。软件和 IT 服务领域已成为信息技术服务产业的新兴亮点。2016 年软件支出预计将会增长 6%，并于 2017 年再次涨幅超过 7.2%，达 3570 亿美元。2016 年信息技术服务支出有望增长 3.9%，达 5970 亿美元，并于 2017 年增长 4.8%，达 9430 亿美元。中国的 IT 支出预计将在 2016 年和 2017 年分别达 3378.29 亿美元与 3503.16 亿美元。

Gartner 宣称：软件与信息技术服务细分市场一直是亚洲地区的亮点。2016 年软件支出预计将增长 6.4%，而在 2017 年将在此基础上进一步增长 10.2%，达 393 亿美元。2016 年，信息技术服务支出稳步增长 2.9%，达到 930 亿美元，而 2017 年将增长 6%，增至 988 亿美元。

表 50－1　2016 年全球 IT 支出预测

（单位：十亿美元）

类别	2016 年支出	2016 年增长率）	2017 年支出	2017 年增长率
数据中心系统	173	1.3%	177	2.0%
软件	333	6.0%	357	7.2%
设备	597	－7.5%	600	0.4%
IT 服务	900	3.9%	943	4.8%
电信服务	1384	－1.1%	1410	1.9%
IT 支出总计	3387	－0.3%	3486	2.9%

资料来源：Gartner，2016 年 10 月。

Gartner 研讨会/技术峰会上，Gartner 面对与会的 1500 多位首席信息官与 IT 高管，提醒每一个企业机构都急需制定数字平台战略。

Gartner 表明："数字平台中的各利益相关者将为彼此带来巨大价值，而对数字平台所有权的争夺战已经打响。值得庆幸的是，那些勇于创新、率先引领并最终成功创建全新数字平台，进而比其竞争对手更好地满足客户需求的企业将迎来难以置信的发展机会。但是，对于刚刚才得知这种颠覆性转变的企业来讲，坏消息是你们已经落后一大截了。"

"虽然在商业生态系统内，并非每个企业都应担任领导角色。但是，首席信息官必须与其业务同行协作，将数字平台开发纳入其技术与业务战略规划之中。"

"首席信息官将参与到新数字平台的构建中，并以智能化为核心。该平台将支持各种生态系统，连接业务并促进行业变革。它将改变整个社会以及人们的生活方式。"

新型数字平台将会使用一般 IT 部门可能并不熟悉的新技术来拓展传统 IT 基础架构，并且将覆盖力度扩大到五大领域——IT 系统、客户体验、物联网、智能化和生态系统基础。目前所有这些领域既彼此相互联系又各自独立。它们各自带来技术的突破，缺一不可。

Gartner 分析师在 Gartner 研讨会/技术峰会上讨论了数字化商业发展的主要问题及 IT 商业问题。Gartner 研究机构的副总裁 John – David Lovelock 表示："2016 年，英国脱欧的直接影响已经导致小幅增长的 IT 支出转为负增长。如不把英国计算在内，全球 IT 支出将在 2016 年实现 0.2% 的微幅增长；但若将英国计算在内，IT 支出预计将下降 0.3%。随着 IT 价格的增长，英镑所带来的直接影响还将导致 IT 支出模式发生改变。"

各大企业将持续关注脱欧谈判进程，IT 投资方面也将发生变化。比如在金融服务领域，分析师认为欧洲的一些国家将持续加大对 IT 投资力度，以使欧盟国家比英国更有竞争力。Gartner 表示："我们注意到德国与法国正在增加软件及 IT 服务支出，而英国服务保持相对平稳。而像荷兰、卢森堡和爱尔兰等其他一些国家也在增加 IT 支出，以期为英国境内银行提供可行的替代选择。我们注意到许多银行正在与这些国家进行商讨，研究将其业务搬出英国的可能性。"

（二）2017 年 10 大战略技术趋势

Gartner 于 Gartner Symposium/ITxpo 中提出 10 项未来将主导智能数字网络的科技。企业和科技创新的领导人必须准备好对于大众、商业和 IT 部门具有颠覆性的趋势的影响科技走向。10 项科技趋势主要包含 3 组大的方向，这 3 组大的产业发展方向已经是成熟化的技术进一步增强，主要增强具有颠覆性的特质。Gartner 副总裁兼研究员 David Cearley 说，"这十大趋势中，前三个趋势体现了'智能无处不在'，数据科学技术和方法如何演化，向先进的机器学习和人工智能发展，以将智能物理和基于软件的系统应用于机器学习和自适应。接下来的三个趋势聚焦数字世界，物理和数字世界日益纠缠"。

智能这个主题是建立在数据科学和程序正不断涉入人工智能和机器学习的基础上。这正是允许了建立物理式的智能和软件为主体系的系统让程序不断去学习和适应取代了传统的程序仅仅只做有限的规定指令。人工智能和机器学习能力正不断渗入各个科技领域，并且对于科技提供商来说这正是争论的主题。

数字这个主题聚焦在融合数字和现实世界去创造一个身临其境、数字化增强的环境。处于数字增强网络中，数字世界正显著而详尽地代表着物理现实世界。丰富的数字服务连接任何两个端点。未来数字的趋势，连同人工智能和机器学习带来的机会，正主宰着下一代的数字业务。

网络这个主题被提及运用于拓展大众和商业之间的关系，连同数字终端的用来传递数字业务的成果。网络正需求新的接口形式（例如对话式接口）、安全架构、数字化技术平台来着手解决方案。

一是人工智能与机器学习。人工智能（AI）和机器学习（ML）由深度学习和神经网络等技术和流程关联组成和结合。对于先进统计分析技术的借鉴和使用，是由自动化手动任务的算法发展成为可模拟人类学习以及能够利用历史数据来预测和规划未来的大框架和架构。这些系统将会变得更有自主适应性，且拥有自动运作的潜在能力。

二是智能应用 APP。例如 VPA 的智能 APP 执行人工助手的一些智能功能，使日常任务更加容易（例如优先电子邮件）及其用户效率的提高（突出最重要的内容和相互交互）。其他智能 APP（虚拟客户助理 VCA）更加专注销售和客户服务等领域的服务和任务。因此来说，这些智能 APP 会改变工作的性质和工作场所的组织结构。“在未来 10 年，几乎每个应用程序和服务都将包含一定水平的人工智能，”Gartner 表明，“这将成为长期趋势，不断发展和扩大人工智能和机器学习应用和服务。”

三是智能事务。智能事物将会结合人工智能和机器学习技术来实现与人类和周围环境进行相互交流。典型的代表例子就是无人驾驶汽车、无人机以及越来越多的智能装置将会出现在智能厨房和智能家居当中。Gartner 预计，这些产品将会越来越多地进入生活并且会提升人们生活的生活品质和结构。

四是虚拟现实与增强现实（VR/AR）。沉浸式技术，例如虚拟现实（VR）和增强现实（AR），改变了人与软件系统交互的刻板方式。到 2021 年，沉浸式消费、商业内容和应用程序的格局将发生巨大变化。VR 和 AR 功能将彻底与数字网络相互融入，形成一个无缝的立体设备系统，能够以整体接受来自用户的信息流来实现超个性化的相关应用和服务。融合多个移动、智能可穿戴设备、物联网和大量传感器的环境将拓展沉浸式应用，超越单独的个人体验。房间和空间将与物体立体互动，它们通过网络的连接，连接沉浸式虚拟世界并完美地结合在一起工作。

五是数字化双生（Digital Twin）。数字化双生是事物或系统的多元结构软件模型，它是由传感器数据来理解其处境，响应变化，并且改进操作和增加具体价值。数字化双生整体结构包含元数据（分类、组成和结构），处境或者状态（位置和温度），事件具体数据（时间序列）和可靠分析方法（算法和规则）。

预测在未来三到五年内，数以亿计的产品将由数字化双生的形式呈现。企业将使用数字化双生主动修复和科学规划设备服务、高效规划制造流程、智能操作工厂、自主预测设备故障或提高运营效率，以及执行增强的产品和服务的开发。因此，数字化双生设备最终将成为技术人员和传统监测设备和控制（压力计、压力阀）的组合的代替和升级。

六是区块链与分布式账本。区块链是一种已分配分类账本，其有效价值交换交易（以比特币或其他代币计）按顺序分类并且组织成块。每个块紧密连接到前一个块，采用加密的信任和保证机制，跨越对等网络进行操作记录。区块链和分布式分类账概念日益火热，主要是因为它们有望改变目前行业运营模式。虽然当前主要集中在金融服务行业，但是其应用前景十分广泛，包括但不限于：音乐发行，身份有效验证，所有权登记和供应链。Cearley 说："已分配分类账有可能引起一场变革，但大多计划仍处于早期的 Alpha 或 Beta 测试阶段。"《经济学人》称，区块链是分布式数据库具体体现，维护着不断持续增加的记录组件。金融服务行业目前是这类技术的早期使用者，但是有越来越多的行业已经宣称要加入。

七是对话式智能系统。对话界面的当前主要应用集中在聊天机器人（chatbots）和带有麦克风的设备（扬声器、智能手机、平板电脑、个人电脑和汽车）。然而，数字网格必然会有一系列不断扩展的终端，人们可通过这些终端访问应用程序和信息，或与他人、社交群体、政府和组织相互沟通和交流。随着设备网格的进步，连接模型将会不断扩展，设备之间出现更大规模的协作交互，为整体化的环境数字新体验奠定可靠基础。

八是网状结构应用与服务架构。在网格应用程序和服务架构（MASA）体系中，移动应用程序、网络应用程序、桌面应用程序和物联网应用程序连接到诸多的后端服务网络，创建体现被用户视为"应用程序"的程序内容。该架构封装服务，在多重级别和跨组织边界公开了 API 体系，从而直接平衡了服务的灵活性和可伸缩性，并且实现了对需求与服务的组合和重用。网格用户能够对具有针对数字网格（桌面、智能手机、汽车）中的目标端点的优化解决方案以及当他们在这些不同信道上切换时的增强连续体验。网状应用与服务架构（MASA）包括将会整合在一起的 Web 端、移动端、桌面和物联网多种应用。这意味着 API（应用程序接口）需要多层级协调运作。这将会促进服务的可扩展性和敏捷性，便于技术被重新调用。MASA 会帮助在多个渠道上带来适配网状结构中不同终端的连续用户体验，无论用户是在使用智能手机，还是在汽车当中。

九是数字技术平台。数字技术平台将会为数字业务提供基础信息服务。数字功能和商业模式的五个重点构成分别是：信息系统、客户体验、分析与智能、物联网和业务商用系统。越来越多的企业和组织将会混合使用搭载这五种数字技术平台。

十是自适应安全结构。智能数字化网格和相关的数字技术搭载平台和应用程序架构创建和构成了一个日益复杂的网络安全世界。制定安全技术理应作为确保物联网平台安全的基准。监控用户和部分实体行为是物联网中不可缺少的一个重要补充，然而，物联网边缘是许多 IT 安全专业人员产生薄弱领域的新前沿领域，所以经常需要新的救急工具和流程以及技术，搭建物联网平台必须考虑这些因素。上述的数字网状以及数字技术平台会给不法分子带来更大的可能攻击范围，安全问题也将会持续扩散。Gartner 表示，“传统安全技术应当被用作保障物联网安全性的基础。监控用户和实体行为是物联网场景中尤其需要的一个重要元素。然而，物联网对于很多 IT 安全专业人士而言是一个新领域，它带来了新的漏洞区域，往往需要新的修复工具和流程”。

二、IDC 的预测

2017 年数字化改造将成为业界不可阻挡的必然趋势，基于第三代平台技术为支撑来实现数字化改造，并且工业界以及开发人员社区是加速数字化改造成功的必备生态系统。2017 年从整体来看，有四大宏观趋势：数字化改造将达到宏观经济的规模和影响；第三代平台的四项“核心”——云计算、移动端、社交网络和大数据会全部改造整合成新的“2.0”进化的平台用以支撑放大数字化改造经济；采用第三代平台的创新加速器的速度远远超过大多数预期效果；第四代平台已经渐渐的地出了水面，有了诞生的征兆。预测内容如下：

一是数字化改造的时机已经到来。到2020年，50%以上的全球2000强企业将会看到他们的主要业务是建立在他们增强数字化产品，服务以及体验的能力。在过去的几年中，越来越多的组织已经开始了数字化改造之旅，利用云计算、数据分析、社会技术，并通过新产品、商业模式和关系创造更多的竞争优势。但对于大多数企业来说，数字化改造一直处于“项目”或“倡议”的水平，或者可能与特殊业务部门一样大。实际上，每一个（增长）的企业将成为一个“数字土著”，全球经济将在这个过程中重塑。

二是第三代平台成为默认。到2019年，第三代平台的技术和服务将占据75%的IT行业的支出，它的增幅将达到2倍全球IT市场的增长速度。第三代平台科技——云计算、移动端、社交以及大数据技术会共同参与到“互联网+”中，认知/人工智能、AR/VR、3D打印技术、机器人和下一代安全技术将不再是“新”科技。对于所有的企业优势竞争系统，这些技术已经事实上是默认的选择。这一点是十大预测中最不令人吃惊的，第三代平台的改造已经进行了十年之久了。

三是“云计算2.0”。到2020年，所有企业的IT基础设施和软件支出67%将是基于云计算的产品。在过去的几年中，许多企业策略已经改造为“云计算优先”的方式。在未来的几年里，超过三分之二的IT支出将改造为云计算，很多组织以及IT供应商甚至将稳步达到“云计算是唯一的”。推动这项改造事实上是几乎每一个企业都将为自己的市场提供创新服务成为云服务提供商，这将使云计算能力不仅仅是IT问题，也是核心业务运营的问题。

四是人工智能无处不在。到2019年，认知/人工智能技术支持将涵盖40%的数字化改造举措和100%的物联网有效成果。云计算很快会扩散到以云计算为基础的认知/人工智能能力——IBM、亚马逊WEB服务、微软、谷歌还有其他公司正将巨大的力量投入在将数字化改造发展应用在初创公司以及全球2000强巨头企业。人工智能的力量正投入一个非常广泛的用途，包括医疗诊断和治疗，预测分析的工业设备，零售业的客户咨询/辅助能力，欺诈检测

/预防金融服务和网络安全威胁分析。正如IDC预测表明，物联网和认知/人工智能技术将特别紧密地相互耦合。这正是因为物联网设备以及来自物联网的海量数据，同时这也证明了没有人工智能技术的设备将变得几乎毫无价值，这是唯一能从物联网数据中找到的有价值的见解。从事实上来说，它们都会紧密地联系在一起，IDC创造一个新词“智能万物”（AIoT）给予CEO们新的记忆点去鼓励CEO们思考从拥有许多竞争优势的下一代系统中找到两者相互联结的产物，从而做到更好。

五是身临其境的AR/VR技术会得到关注。到2017年，全球2000强的企业中的30%支出将用于AR/VR技术的市场营销的一部分。AR/VR技术接口是客户参与的重要门户，并且它们进化的程度会比人们的预期要快得多。在接下来的三到四年，通过AR/VR的研究进展及所有的感官与数字世界的整合，我们将看到更多的数字世界进入现实世界，人们沉浸在数字世界，并且大大加强了个人参与数字化改造经济。

六是产业协同平台增殖。到2018年，产业协同云的数量将增加两倍到450个以上；2020年，全球500强中的80%将通过产业协同云成为数字服务供应商。IDC指出，云服务平台和市场已经提供给针对特定行业服务（例如，金融服务、医疗保健、制造业和政府）。在接下来的几年里，根据以前IDC的预测，几乎每一个行业都出现了这些“创新的十字路口”。事实上，新技术和新产业在产业协同云合作伙伴（ICC）已经成为周常活动。产业协同云集中汇总信息是增长最快的，数量和规模都超过了过去一年的40%。到2018年，IDC预计，产业协同云专注于信息的数量和数据将翻三倍从2016年的50个增长到2018年年底的150个以上，并且随之有超过250EB的数据。

七是数字化改造发展团队将会扩张得更快。到2017年年底，超过70%的全球500强企业将有专门的数字化改造和创新团队。IDC调查关于在财富100强的企业里面有多少已经形成了专门的团队甚至业务部门专注于数字化改造和创新，结论是60%已经这样做了。从形势预计来看，这种专注于数字化改造的团队或组织将在未来12个月内迅速扩大。预计在2017年年底，超过90%的财富500强的企业里面将会有专门的数字化改造团队，并且这一趋势将会蔓延到更多企业，超过70%的全球500强企业会这样做。

八是数字化改造通道来临。到2020年，云服务提供商云收入的70%是通过合作伙伴/经纪人渠道。随着云的崛起，IaaS 淘汰了很多帮助企业安装服务器的合作伙伴，同样 SaaS 也降低了对安装和自定义软件包的合作伙伴需求。作为企业使用云变得更复杂——更多的 SaaS 的提供商，更多跨云一体化，海量的垮云数据管理，更大范围的使用情况（包括许多行业的专业产品）。最大的挑战是，传统的渠道成员已经慢慢发展云计算技能，并采用面向云的业务实践（例如，订阅模式）。而新一代的渠道成员已经处于上升趋势，他们的规模相对较小，也有部分因为太小而不能满足市场需求。在接下来的三年里，这一切都将改变，“数字化改造通道”将作为桥梁来体现主要 IT 供应商和企业之间的差距和价值。

九是数字化转型基准定义新的行业领袖。到 2020 年，基于需要提升 20% 甚至 100% 营销业绩的需求，所有企业的业绩将被要求用新的数字化改造驱动基准来测量，竞争会促使企业在数字化改造经济繁荣中要求在企业的各个方面得到提升，包括领导力、收入增长、客户参与、运营效率，以及劳动力的灵活性。由“数字原生”组织最先提出的概念将是所有组织的新常态：没有通过第三代平台技术转化的组织将无法竞争。这意味着每一个企业都必须像“数字原生组织”一样思考和操作。不过 IDC 也预计至少有 1/3 的每个行业的前 20 的企业达不到这个新的基准水平。

十是第四代技术平台浮出水面。到 2020 年，那些从事生命健康以及互联网内容提供商的公司已经开始研发利用第三代平台和人体紧密结合的技术。“增强人类”将是 21 世纪 20 年代中期的主流产品。由于 IT 行业已经从第一代平台发展到了第二和第三代平台，技术稳步提高且越来越接近更多的人，变得更便宜、更容易使用，并因此开辟了更多的应用程序和案例。

第四代平台解决方案的广泛使命将是“增强人类”——融合信息技术和生物系统，为人类提供各种各样的增强功能，包括增强感知：提高/恢复视觉、听觉和其他感官；增强记忆和认知：认知和记忆功能；增强结构修复组织，器官和骨骼修复/更换增强流动性：新一代假肢。在合成生物学领域，也有许多项目正在进行，设计/建造新的生物实体（或修复现有）。值得注意的是，不像以前的技术升级，第四代平台将不会淘汰第三代平台，它将建立在第三代平台技术之上，如云、认知/人工智能、物联网和 3D 打印。

第五十一章　2017年中国软件产业发展形势展望

2016年，我国软件和信息技术服务业整体保持平稳较快增长，催生出大批新产品、新服务、新模式和新业态，为实现网络强国和制造强国战略提供了重要支撑。展望2017年，国家政策的密集出台将为产业发展带来新的动能，以“软件定义”为特征的融合创新将继续向更深层次发展，工业软件与制造业的融合发展将成为战略布局的新重心，以大数据产业为代表的新兴发展动能将加速汇集，新常态下的全球化竞争将助推产业结构升级，随着双创模式和典型经验不断成熟，“双创”将进一步激发产业发展新活力。

一、整体产业发展形势展望

2016年，我国软件和信息技术服务业保持平稳较快增长，成为科技创新和企业竞争的主战场，催生出一大批新产品、新服务、新模式和新业态，为实现网络强国和制造强国战略提供了重要支撑。展望2017年，我国软件和信息技术服务业仍将有望保持平稳快速发展态势，政策利好将持续释放，产业发展新兴动能加速汇聚，工业软件与制造业协同发展将成为重点，全球化竞争助力产业升级，双创为产业发展注入新活力。

（一）国家政策密集出台为产业发展带来新动能

2016年，《“十三五”国家信息化规划》《信息产业发展指南》《软件和信息技术服务业发展规划（2016—2020年）》《大数据产业发展规划（2016—2020年）》等有利于产业发展的重大政策密集出台，产业发展政策环境得以进一步优化，特别是随着《国务院关于深化制造业与互联网融合发展的指导意见》的发布，面向制造业的软件和信息技术服务迎来新的广阔发展空间，有望为产业创新发展提供更多原动力。同时，及时推动出台《关于软件和集成电路产业企业所得税优惠政策有关问题的通知》等文件，延续软件产业国家税收优惠政策，当年实现减税超过 278 亿元。当前，南京、成都、杭州、北京、上海、大连等软件产业重镇对当地软件和信息技术服务业的发展更为重视，制定了系列软件产业发展政策以促进城市经济“换挡提速”。2017 年，随着国家及各地规划文件的陆续出台、软件产业优惠政策的进一步落实、新形势下接续性政策措施的研究制定，产业政策红利将加速释放，预计全年我国软件和信息技术服务业增速将有望继续保持平稳快速发展态势。

（二）以“软件定义”为特征的融合创新向更深层次发展

2016 年，新一代信息技术与传统产业融合的不断深入，软件的“核心”作用正从信息技术产业向各领域加速渗透，表现为“软件定义”快速兴起，在多个应用领域软件对硬件、系统、网络、平台、服务的“赋能”“赋值”和“赋智”作用持续放大。软件定义制造激发研发设计、仿真验证、生产制造、经营管理等环节的创新活力，使企业和产业加速转型升级；软件定义服务深刻影响金融、物流、交通、文化、旅游等服务业的发展，催生出分享经济、平台经济、算法经济等众多新型网络经济模式；软件定义管理提高社会管理与服务水平，整合共享信息资源、破除信息壁垒、挖掘信息价值，成为政府创新社会管理与服务的首要选择和必然要求。展望 2017 年，“软件定义”将更为“风行”，软件作为重要的知识型生产工具，为经济社会转型升级发挥更为有效和重要的支撑作用。

（三）工业软件与制造业融合发展将成为战略布局新重心

2016 年，在我国宏观经济发展“换挡”与工业产业转型升级“阵痛”的双重影响下，工业软件产业规模增速趋缓。受益于我国制造业体量优势和转型升级过程中对软件服务应用，特别是高端工业软件应用需求的进一步释放，我国工业软件市场规模增速仍远高于全球企业级软件市场的平均增速。特别是，国务院出台《关于深化制造业与互联网融合发展的指导意见》等重大政策，协同“中国制造 2025”和“互联网 +”行动计划，将工业软件的发展提升到前所未有的高度，加快制造强国战略的落实。在此形势下，我国工业软件厂商在自主创新的基础上，开发出了大量适合中国工业软件特点、满足行业需求的软件产品，覆盖 CAD/CAE/CAM/PLM 等产品生命周期的各个阶段，涌现出数码大方、中望、浩辰、神舟航天等优秀企业，据初步统计，从事工业领域系统集成的企业已经超过千家，典型企业包括了中软国际、上海宝信、启明信息、航天云网等。同时，伴随软件技术向制造业的不断渗透，越来越多的制造企业将各项业务系统集成，构建私有云平台或依托公有云开展服务。展望2017年，随着工信部《工业技术软件化行动计划（2017—2019年）》的研究制定及在工业4.0技术上的不断突破，工业软件企业将加快向制造业企业，尤其是高端制造业工业软件平台的渗透，我国工业技术软件化发展（即工业知识自动化）将迎来一个崭新的发展阶段。

（四）以大数据产业为代表的发展新兴动能加速汇集

2016年，伴随全球信息领域新兴技术的不断演进和产业化，大数据、云计算、人工智能、虚拟现实/增强现实、区块链等新兴领域正逐渐成为推动我国软件和信息技术服务业发展的新动能。我国大数据产业快速发展壮大，各级政府和企业大力推进，技术创新取得明显突破，工业大数据涌现出一批典型应用，产业集聚初具雏形，预计2016年我国包括大数据核心软硬件产品和大数据服务在内的市场规模将达到3100亿元。云计算领域海量数据存储管理、大规模用户并发、数据中心绿色节能等核心关键技术环节不断取得突破，云计算在工业转型升级、智慧城市建设、食品药品监管、环境污染检测等领域得到了广泛应用，2016年全年产业规模将超过4500亿元。基于大数据的人工智能融合性新业态加速成熟，百度、科大讯飞等龙头企业在人工智能技术创新中也取得突破进展，语音识别、图像识别、路线规划等典型应用加速普及。此外，在虚拟现实、区块链等前沿方向，一批创新型企业加速成长，部分龙头企业加快布局，成为产业资金、人才、技术等要素汇集的重点领域。展望2017年，大数据产业发展将迎来“黄金期”、创新驱动仍将是产业发展“主基调”、工业大数据成为产业发展“新焦点”，特别是随着工信部《促进工业大数据发展的指导意见》研究制定、大数据产业集聚区工作持续推进、工业大数据创新中心不断建成，预计2017年我国大数据产业规模有望达到4185亿元，未来2—3年的市场规模的增长率将保持在35%左右。云计算技术体系将逐步完善，发展水平将得到大幅提升，尤其是随着工信部“工业云服务平台试点示范”工作的持续推进，将会有越来越多的制造企业构建私有云平台或依托公有云开展服务，进一步提升面向制造业的云计算服务水平，预计2017年云计算产业规模有望达到6000亿元。2017年，我国人工智能产业发展环境将不断优化，相关技术在各个行业中的应用将更为普及，应用的商业模式将逐步清晰，产业发展增速将超过50%。在虚拟现实、区块链等领域中，相关软件系统、应用产品、解决方案将成为企业关注的焦点，一批拥有核心技术的创新型企业将在资本的助推下不断成长，有望培育出若干在细分领域中具有明显竞争优势的隐形冠军企业。

（五）新常态下全球化竞合助推产业结构升级

2016年，随着“一带一路”倡议的深入落实，新一轮全球化浪潮正在兴起，中软国际、东软、阿里云等实力雄厚的骨干软件企业纷纷加快国际化布局，一方面积极开拓美、日、欧等发达国家市场，另一方面加快拓展拉美、非洲、东南亚等新兴市场，为发展中国家输出先进技术和成功商业模式。1—11月，软件业实现出口441亿美元，同比增长7.0%，增速同比提高2个百分点。其中，外包服务出口增长8.8%，增速同比提高7.7个百分点；嵌入式系统软件出口增长5.7%，增速同比提高1.7个百分点。同时，加强与外企开放合作成为我国软件企业提升全球竞争力的重要战略。如南大通用与Memblaze建立战略合作关系，在技术研发、解决方案及市场拓展等层面加强合作，共同推进高性能闪存数据库一体机技术创新及市场开拓。展望2017年，我国软件企业将通过建设海外研发中心、并购等方式继续加快全球化步伐，尤其是以阿里云、腾讯、浪潮等为代表云计算服务企业加速拓展海外业务。随着移动互联网、云计算、大数据、物联网等领域新技术突破，依靠多元力量、汇集全球智慧的开源式技术创新将成为技术创新的主流，开源软件迎来新一轮快速发展。此外，产业生态系统竞争成为新的竞争焦点，如何聚集全球产业资源提升整个平台生态的开放性将成为企业生态系统构建的重心。

（六）双创进一步激发产业发展新活力

2016年，国务院发布《国务院办公厅关于建设大众创业万众创新示范基地的实施意见》，在此号召的鼓舞下，我国进入“大众创业万众创新”的黄金期。特别是《关于深化制造业与互联网融合发展的指导意见》的发布，明确指出建设基于互联网的大型制造企业双创平台和面向中小企业的第三方双创服务平台，更是把制造业双创推向高潮。国内许多软件企业凭借自身的技术和资源优势，依托云计算、大数据等技术，为双创搭建提供技术和服务平台。同时，各地方政府依托“软件名城”、软件园区等工作载体，积极发展创客空间、创新工场、开源社区等新型众创空间；结合双创示范基地建设，积极响应双创、推动创新要素聚集、加快发展创新主体、提升企业整体市场竞争力。在此利好条件下，在物联网、云计算、大数据、移动互联网、虚拟现实/增强现实、人工智能、区块链等新兴技术和软件产业领域涌现出一大批创业企业，在增加有效投资、创造有效供给和引领消费需求方面发挥着积极作用，推动制造业向更多依靠创新驱动转变。展望2017年，随着双创模式和典型经验不断成熟，大型制造企业双创平台的建设将不断加快，双创服务平台功能将不断完善。2017年制造业重点行业骨干企业互联网双创平台普及率将达到60%，双创成效及水平评估、测试验证、产融合作等第三方服务有序展开，必将为产业发展注入“新活力”。

二、重点行业发展形势展望

（一）基础软件

产业和业务创新加速推进。服务器/桌面操作系统、嵌入式操作系统、国产操作系统参考实现、Linux内核分析及新型网络化操作系统等成为操作系统发展的重点和方向。中间件借助云计算、物联网等新型技术和智能家居、大数据、智慧城市等创新业务，不断开拓市场新兴领域。数据库围绕云计算、大数据、移动互联网等新型信息系统环境不断推出新型产品。办公软件面向移动办公、云办公积极开展产品和业务创新。

基础软件市场空间不断扩大。基础软件主要面向国内市场，应用于我国政府、交通、金融、证券、保险、税务、电信、移动、教育、军事等行业领域的信息化建设，成为大型信息化应用系统建设不可或缺的重要环节。在国家进一步加快推进自主可控战略的背景下，基础软件的市场空间加速拓展，政府、电信、金融、能源等行业领域的对基础软件的需求将处于较平稳的增长态势，基础软件在交通、医疗、数字城市等领域将获得新的增长。

企业自主创新能力进一步增强。尽管在基础软件领域我国处于弱势，国内市场大部分被微软、IBM、甲骨文等国际软件巨头垄断，但中标麒麟、中科红旗、人大金仓、东方通等优秀本土基础软件企业正迅速发展壮大，自主创新能力不断增强，在政府、金融、电信等重要领域的应用日益扩大。

（二）工业软件

市场规模方面，2017年我国工业软件市场规模仍将保持快速增长的态势，预计增速约为17%左右。生产控制类软件随重点工业行业改造升级而加速增长，存量生产设施的自动化、数字化、智能化改造不断推进，新型智能装备研发部署不断加快。研发设计类软件应用在装备等行业应用带动下进一步拓展，网络化及云平台将成为市场投入的重点领域，工业云、工业大数据、工业电子商务等新业态蓬勃发展。ERP等管理软件将进一步向云—网—端结合的新应用方向延伸，带动新一轮管理系统和软件平台市场规模增长。

技术发展方面，生产控制系统软件技术继续向底层沉淀，包括实时操作系统、工业总线等在内的基础技术进一步发展演化，为提供更多互联互通功能做好支撑；MES层集成技术进一步发展，面向工业互联网提供更多API支持。研发设计类软件将加快平台化、模块化进程，向用户开放更多API以支持定制化软件开发；工具软件SaaS化也仍是重要发展方向，新型的工业PaaS平台将不断涌现。管理软件更加注重提供数据整合和分析功能，将融合云计算、大数据等相关技术，实现企业端到端数据链和服务链的集成；在此基础上，软件部署加速向云—网—端模式迁移，支持更加丰富的移动端应用功能。

市场发展方面，工业软件市场参与主体的类型进一步丰富，更多传统IT企业和工业企业将成为产业的新成员，IT企业与工业企业合作开发软件系统并提供行业服务的案例将更多出现，加速软件向制造业深层次领域的渗透，并带动工业和软件产业的结构转型。在我国新对外开放发展形势下，中外企业的合作将会更加普遍，特别是中外IT企业之间，围绕用户企业复杂需求发挥各自优势，形成互补的产业生态链和价值链。工业企业也会主动建设自身软件能力，并借助工业互联网、工业大数据等新兴产业兴起的机遇加快推动自身软件化、服务化发展。总体看，跨界融合将重塑供需关系，市场上软件企业、工业企业的界限将逐渐模糊，第二产业和第三产业的界限将逐渐模糊，推动国民经济结构调整深入发展。

（三）信息技术服务产业

产业规模将延续有力增长态势。2017 年是信息技术服务业融合创新、转型发展的关键之年。我国信息技术服务业既面临着宏观经济下行和结构调整、市场需求萎缩的挑战，又面临着信息技术与经济社会各领域融合加速、国家重大政策实施、新兴领域业务强劲增长、产业协同态势良好等巨大机遇，产业将步入融合、转型和调整的新阶段。在重大政策优化落实、经济社会应用需求日益旺盛的有利形势下，智能制造、智慧城市、企业级服务和信息安全保障成为产业发展热点。预计 2017 年，我国信息技术服务业将保持 15% 以上的平稳增长。

服务向移动化、智能化方向发展。2017 年，随着信息技术向泛在、融合和智能的方向演进，企业将围绕分布式远程服务、基于数据分析的智能服务等重点方向，加大技术创新和产品研发投入，不断扩展业务领域，提升信息技术服务能力。一方面，互联网促进人—机—物协作流程优化和效率提升，围绕行业需求的网络平台建设和服务改造创新不断加速，服务交付将逐步实现全面网络化。另一方面，基于大数据的数据挖掘、机器学习和人工智能等技术创新发展，人工智能的产业化步伐和应用推广速度将会加快，进一步实现信息技术服务的智能化。

重点领域应用成效初现。互联网高速发展，带动经济社会各领域对信息技术服务的需求进一步加强，2017 年智慧城市、智能制造、智能交通、远程教育等领域的应用创新将继续活跃，应用成效初步显现。尤其在智能制造领域，依托工业互联网云服务平台，支撑企业柔性生产、产品个性化定制、产品运行过程监控及相关的个性化服务将实现快速发展。信息技术服务企业将积极拓展业务进入行业智能制造系统解决方案市场，制造业企业的相关部门有望剥离重组，面向市场提供行业解决方案及相关服务。

国际合作将持续深化。2017 年，国内外企业合作案例将继续增加。产业协同合作成为企业建立更强竞争优势的重要途径，通过技术合作、共建合资公司等方式，国内企业与国际企业有望协同配合，共同研究和提供服务。不仅“引进来”，信息技术服务企业将积极拓展业务“走出去”。随着“一带一路”建设推进，不少处于“一带一路”的发展中国家和地区仍存在较大的

"数字鸿沟"，为我国的信息技术服务业带来新的发展机遇，企业通过输出人员、技术与资金实现发展空间扩张。

（四）嵌入式软件

产业规模方面，随着智能终端、智能汽车、智能装备、智能家居、物联网和工业互联网等诸多方面对嵌入式软件系统的应用需求不断增加，2017 年我国嵌入式软件产业规模将持续快速增长，预计年增长率将达到 18%。

产业结构方面，随着国产智能手机在全球市场的快速崛起，国产移动智能终端操作系统的份额大幅提升，并且正不断向智能家电、自动驾驶、可穿戴设备、智能制造等新领域拓展；在"中国制造 2025"国家战略的推动下，我国制造业领域的国产嵌入式软件系统迎来重要的发展机遇，其对国外产品的替代率将会加速提升。此外，2016 年虚拟现实产业取得的明显进展也为嵌入式软件系统发展提供了极具潜力的增长点。虽然目前市场上的虚拟现实产品还大多是围绕游戏和视频娱乐内容的展示，但随着虚拟现实技术的不断成熟和产品内容的不断丰富，其未来的发展潜力非常巨大，例如在教育领域、服务业领域和医疗领域的可视化应用等。同时物联网、云计算和大数据等新兴技术经过不断发展和成熟，已经成为当前信息产业的主旋律。作为这些产业应用技术的核心基础部分的嵌入式系统，在面临着新的挑战的同时，也迎来了巨大发展契机。嵌入式技术是物联网产业、工业 4.0 和智能化发展的重要基础，目前嵌入式技术已经渗透到集成电路、通信、软件、网络等诸多领域，越来越多的硬件产品通过采用嵌入式新技术来推动技术创新和产品的升级换代。

市场发展方面，随着工业互联网和智能制造的发展以及大量消费级智能产品的出现，轻量化的嵌入式软件系统将迎来巨大的应用市场。制造业由于要面向多样化的细分领域，相关企业更多倾向于将嵌入式系统打造开放的开发平台，面向细分市场形成多样化的软硬件一体化系统产品。2017 年将有更多的嵌入式系统采取类似开源的发展策略，同时将更加注重网络互连的需求和应用生态格局的搭建。随着云计算、物联网、大数据等新一代信息技术的快速发展，嵌入式系统的应用市场将不断创新开拓，嵌入式产业发展的黄金时代即将来临。

（五）云计算

移动云应用加速普及。移动云是指把虚拟化技术应用于手机和平板，适用于移动终端（平板或手机）使用企业应用系统资源，是云计算移动虚拟化中非常重要的一部分。随着移动互联网的快速发展，企业办公和生产越来越依赖于移动互联网，驱使面向企业业务发展的移动应用快速普及，带动移动互联网和云计算的加速融合。当前，移动云服务的技术基本成熟，移动云服务越来越受到各企业的重视，而移动云服务能够把互联网上所有的终端、服务器统一在一个安全可控的统一架构下来运作，从而解决第三方开发者开发、运营、推广和变现等方面难题，将有望实现快速发展，为云技术产业发展带来新的空间。

混合云服务将持续发力。2016 年，我国云计算企业均将混合云产品和服务作为企业发展的重要方向，随着混合云逐渐成为大型企业普遍采用的云架构，混合云应用将成为大多大中型企业的标准配置。理论上看，混合云模式可将公有云和私有云的优点融于一体。对安全性要求不高的内容可以放置在公有云中，以充分利用其配置简便和成本相对低廉的优势；而重要的业务流程和数据则可以保存在私有云环境中，在确保较高安全性的同时，还可以享受到增减容便捷、程序标准化等云服务优势。2017 年，随着混合云技术和产品的逐步成熟，混合云应用空间将加速释放。

工业云平台发展迅猛。伴随“中国制造 2025”的贯彻落实，围绕全球制造业向“工业 4.0”、工业互联网等方向的升级发展，面向工业领域的“工业云”将持续受到政府和市场的高度关注，发展逐步加速。当前，传统的软件厂商、云服务厂商以及具备实力的大型制造业企业都在积极切入工业云领域，研发面向智能制造的云服务及解决方案。未来几年，不论在研发、生产、经营还是办公等环节，工业云都将有望得到广泛应用，成为推动工业转型升级的重要利器。

海外扩张步伐不断加速。亚洲是全球公共云服务规模增长最快的市场，当前，在我国云服务市场中，已经涌现出阿里云、腾讯云、华为云、金山云、浪潮云等一批我国领军企业。随着国内市场的竞争加剧，国内市场空间逐步趋于饱和，推动我国企业加速拓展国外市场。2016 年，阿里、腾讯已率先加快向国外市场的布局力度。2017年，伴随“一带一路”等国家战略的实施，云计算产品及服务有望同高铁一样，成为我国输出高端制造和服务的重要方向，为我国企业海外扩张带来巨大机遇。拥有核心硬件技术和产品的华为、浪潮、曙光与拥有强大软件服务能力的金山、百度等企业都有望加速拓展海外业务市场。

（六）大数据

政策环境持续优化，产业发展将迎来黄金期。继2015年国家发布《促进大数据发展行动纲要》之后，2016年“十三五”规划纲要中明确提出实施国家大数据战略，把大数据作为基础性战略资源，全面实施促进大数据发展行动，加快推动数据资源共享开放和开发应用，助力产业转型升级和社会治理创新。国家发改委、工信部、交通运输部、农业部、国土资源部、环保部等部委相继印发了促进大数据产业发展及行业应用相关的一系列政策规划。展望2017年，随着国家大数据战略推进实施以及配套政策的贯彻落实，大数据产业发展环境将进一步优化，社会经济各领域对大数据服务需求将进一步增强，大数据的新技术、新业态、新模式将不断涌现，产业规模将继续保持30%以上的高速增长态势。

大数据产业集聚将呈现特色化发展。2016年，国家对大数据产业区域发展进行整体规划布局，共计批复了8个国家大数据综合试验区建设。展望2017年，随着国家大数据综合试验区建设不断加快，产业发展将推动形成特色领域。围绕京津冀和珠三角跨区域类综合试验区，将在更加注重数据要素流通，以数据流引领技术流、物质流、资金流、人才流，支撑跨区域公共服务、社会治理和产业转移，促进区域一体化发展；围绕上海、重庆、河南和沈阳四大区域示范类综合试验区，将更加注重数据资源统筹，加强大数据产业集聚，发挥辐射带动作用，促进区域协同发展，实现经济提质增效；围绕内蒙古自治区的基础设施统筹发展类综合试验区，将充分发挥区域能源、气候、地质等条件基础上，加大资源整合力度，强化绿色集约发展，加强与东、中部产业、人才、应用优势地区合作，实现跨越发展。此外，结合地方产业发展和应用特色，大数据产业集聚区和大数据新型工业化产业示范基地建设也将持续推进。

大数据与人工智能、云计算、物联网等技术的融合创新将更加深入。2016年，习近平总书记在“10·9”讲话中提出“网络信息技术是全球研发投入最集中、创新最活跃、应用最广泛、辐射带动作用最大的技术创新领域，是全球技术创新的竞争高地”，要“建设全国一体化的国家大数据中心，推进技术融合、业务融合、数据融合”。大数据、云计算、物联网、人工智能等新一代信息技术是最典型的网络信息技术，创新驱动是其发展的源动力，新兴技术间的融合创新更是产业发展的主基调。展望2017年，大数据的技术发展与物联网、云计算、人工智能等新技术领域的联系将更加紧密，物联网的发展将极大提高数据的获取能力，云计算与人工智能将深刻地融入数据分析体系，融合创新将会不断地涌现和持续深入。

工业大数据对智能制造的赋能效应将进一步释放。2016年，工信部作为工业和大数据产业主管部门，支持大数据关键技术研发和产业化，推进工业大数据公共服务平台建设，支持工业企业推进大数据全生命周期和全产业链环节的应用，以工业大数据应用全面支撑智能制造和工业转型升级。在《大数据产业发展规划（2016—2020年）》中，提出深化工业大数据创新应用的重点任务和实施工业大数据创新发展工程，加快工业大数据基础设施建设，推进工业大数据全流程应用，培育数据驱动的制造业新模式，展望2017年，随着《国务院关于深化制造业与互联网融合发展的指导意见》《大数据产业发展规划（2016—2020年）》《智能制造发展规划（2016—2020年）》等政策规划的落地实施，我国将进一步深化工业云、大数据等技术在工业领域的集成应用，探索建立工业大数据中心，实施工业大数据应用示范工程，工业大数据对智能制造的赋能效应将进一步释放。

大数据安全和数据跨境流动将成为国家和社会关注的焦点。近年来，由于数据在网络空间传播迅速，且当前技术手段和行政手段都无法对其实施有效监管，使得大数据安全问题和数据跨境流动安全风险日益加剧。2016年11月，全国人大常委会正式通过《中华人民共和国网络安全法》，明确提出“国家鼓励开发网络数据安全保护和利用技术，促进公共数据资源开放，推动技术创新和经济社会发展”“关键信息基础设施的运营者在中华人民共和国境内运营中收集和产生的个人信息和重要数据应当在境内存储”，从国家法律法规层面进一步明确了对大数据安全和数据跨境流动的管理规范。展望2017年，随着《中华人民共和国网络安全法》及相关配套细则的正式实施，大数据安全的市场空间将进一步释放，政府和企业在大数据安全技术、产品和服务创新方面的投入将进一步加大；国家将大力推进双边区域性跨境数据流动合作，建立国家间数据流通保护的协调机制，参与数据跨境流动国际标准和规则制定的积极性将不断提高。

（七）信息安全

政策法规逐步建立健全，市场空间将进一步拓展。2016 年，我国在网络信息安全立法层面实现了跨越式发展。2016 年 11 月，全国人大常委会正式通过《中华人民共和国网络安全法》，重点突出了六大亮点，明确了网络空间主权的原则、网络产品和服务提供者的安全义务、网络运营者的安全义务，进一步完善了个人信息保护规则，建立了关键信息基础设施安全保护制度，确立了关键信息基础设施重要数据跨境传输的规则。其中，对网络安全法相关的配套细则均作了明确规定，国家网信部门会同国务院有关部门制定、公布网络关键设备和网络安全专用产品目录；关键信息基础设施的具体范围和安全保护办法由国务院制定；按照国务院规定的职责分工，负责关键信息基础设施安全保护工作的部门分别编制并组织实施本行业、本领域的关键信息基础设施安全规划等。展望 2017 年，由于网络安全法明确规定自 2017 年 6 月 1 日起施行，毫无疑问与其相配套的一系列法规细则将进一步建立健全，同时相关的资金、人才等资源将重点向网络安全领域倾斜，我国信息安全市场空间将进一步拓展。

信息安全技术从底层向数据和应用层扩展。随着云计算、大数据、移动互联网等新兴领域技术的不断创新和发展，数据价值逐步释放，信息安全防护重心已经逐步从物理安全、通信安全、主机安全等底层安全向数据安全、业务安全、舆情监控、工控安全等应用层面转移。展望 2017 年，以云安全、大数据安全、移动安全为代表的新型安全业务将继续成为国内各大信息安全产品和服务厂商的竞争焦点。

信息安全与人工智能融合进一步深化。人工智能技术与网络安全深度融合，当前国内大多数云安全平台已经采用了深度学习智能技术，基于大数据分析和人工智能的云安全平台能够实时地根据黑客攻击调整防护策略，平台本身具备了自我学习能力，通过对攻击数据的学习，形成动态的防御体系。2017 年 1 月，麻省理工研究出新型混杂系统，基于人工智能梳理数据，并将分析的异常行为提交给分析人员，能够检测出 85% 的攻击，提出通过人和人工智能的协同能够构建更为强大的网络安全体系。展望 2017 年，以大数据分析为基础的威胁情报分析和安全态势感知将成为应对未知威胁的重要途径，人工智能技术在大数据安全领域的应用将进一步成熟，安全智能化也将为改进信息集成和协同、风险和业务决策提供助力。

（八）人工智能

人工智能产业发展将持续加速。自 2006 年随着深度学习算法的提出，语音和视觉识别准确率得到大幅提升，人工智能进入到了第三次高峰期。当前，在技术突破和应用需求的双重驱动下，人工智能技术已走出实验室，加速向产业各个领域渗透，产业化水平大幅提升，人工智能的产业应用正处在黄金期。2017 年，随着我国软件与互联网技术向各行各业的持续深入，云计算、大数据、物联网等相关产业的不断进步，人工智能产业市场规模将持续扩大。预计未来 5 年内，人工智能及其相关产业发展增速将超过 35%。从细分行业来看，语音服务相关技术和模型将趋于成熟，围绕智能语音的行业应用将不断加速，市场逐渐打开，成为人工智能产业发展的主要方向。图像处理等计算机视觉技术将随着训练数据的快速累积实现大的突破，而面向各个行业领域的专业化智能服务则将创造出新的市场空间，有望造就新的行业领军者。

关键技术有望取得突破。当前，人工智能受到的关注度持续提升，大量的社会资本和智力、数据资源的汇集驱动人工智能技术研究不断向前推进。从发展层次来看，人工智能技术可分为计算智能、感知智能和认知智能。当前，计算智能和感知智能的关键技术已经取得较大突破，弱人工智能应用条件基本成熟。但是，认知智能的算法尚未突破，前景仍不明朗。2017 年，随着智力资源的不断汇集，人工智能核心技术的研究重点可能将从深度学习转为认知计算，即推动弱人工智能向强人工智能不断迈进。根据全球主要科技企业和科研机构的研究方向，人工智能的主要研究思路是通过对人类大脑的学习机制进行深入挖掘，通过机器模拟的方式实现人工智能，有望在类脑智能等领域率先实现突破。此外，在人工智能支撑要素相关技术方面，计算技术的研究方向主要是量子计算和类脑芯片，数据资源汇集的主要方向是物联网，这些方向的技术突破将有力推动人工智能核心技术的不断演进。

行业应用广度深度持续加大。当前，人工智能发展的基础条件已经具备，未来5—10年人工智能发展普及速度将持续加快。人工智能具有显著的溢出效应，将带动其他技术进步，助推传统产业转型升级和战略性新兴产业整体性突破。2017年，人工智能技术有望在农业、工业、服务业等多个领域催生新的应用模式和产品。在农业领域，人工智能将为农作物的生产提供更加智能化的辅助手段，其作用将贯穿从种植、灌溉到收获等生产全流程。如人工智能将有助于实现自动化、智能化的灌溉模式，提高灌溉效率，减少水资源浪费。在工业领域，人工智能将应用到生产、制造的多个环节中，改进现有的制造控制和管理体系。全自动生产线将大幅提高产品的制造效率和质量，减少人力投入，并且易于实现个性化定制等新型制造模式。在服务业领域，人工智能技术的应用场景更加多样，涵盖教育、金融、交通、医疗、文体娱乐、公共管理等多个领域。如在医疗领域，智能临床决策支持系统将有助于提高临床诊断的准确度和效率，大幅提高医疗服务水平。

对我国社会经济发展带来更大影响力。随着人工智能产品和服务的不断涌现，人工智能所带来的经济社会价值将持续释放。2017年，伴随着人脑仿生计算、虚拟助手、机器人、虚拟现实及增强现实技术的开发和应用，人工智能技术将嵌入到更多的机器人与终端设备中，改变人们的生产方式和生活方式，深刻影响我国经济社会发展。服务机器人将越来越多地应用于人类生产生活中，在为人们生活提供便利的同时，并将在儿童、老人、病人、残障人士的生活中扮演重要角色。军用机器人将广泛应用于军事和国防科学技术研究与生产，以辅助军人进行情报收集、协调作战、战争防御等。智能家居将改变家庭娱乐、教育、消费的方式，为人们创造更为智能化的家庭生活。可穿戴设备的发展将推动虚拟世界与物理世界相互融合，全面提升人们娱乐、教育、通信的体验水平。

（九）虚拟现实

产业规模仍将保持快速增长。阿里巴巴、腾讯、暴风魔镜等为代表的科技巨头，以及北京理工大学、北京航空航天大学等为代表的科研单位，为虚拟现实技术的大规模产业化提供了强大的资本保障和有力的技术支撑。此外，从计算机到手机，其计算能力一直保持快速增长态势，多种传感器的不断成熟为虚拟现实应用提供必要基础，云计算为在线应用服务提供强大的计算能力保障，高速宽带、4G、5G 等网络基础设施的不断完善使得在线应用服务成为可能。据艾媒咨询预计，2017 年，我国虚拟现实产业规模将突破 133.8 亿元，2020 年将达到 556.3 亿元。

应用生态趋于完善，市场空间加速拓展。随着头戴眼镜盒子、外接式头戴显示器等虚拟现实设备进一步向消费级市场拓展，围绕产业发展的应用生态体系逐步健全。基础软件系统及工具的功能和性能不断提升，以应用商店类和网站分发类为代表的内容分发平台不断完善，以游戏、视频娱乐为代表的虚拟现实内容不断丰富，虚拟现实爱好者和开发者社区不断涌现，逐步成为虚拟现实行业重要的知识和技术共享平台。随着虚拟现实关键技术壁垒突破、硬件价格降低，行业应用市场将迎来爆发式增长。随着行业的不断发展，虚拟现实技术将与更多的行业领域合作，其应用范围将愈加广阔，从日常游戏娱乐到医疗、教育、房产等多个领域，虚拟现实都将全面普及。

多环节协作发展是虚拟现实发展的重要趋势。虚拟现实产业链覆盖了硬件、系统、平台、开发工具、应用以及消费内容等多个环节。各个环节相互促进、相互协作、相互制约。仅有硬件的火热发展，没有软件技术和底层系统的支持，将严重影响用户体验。同样，仅有硬件和软件的技术进步，没有杀手级内容和应用，也无法引爆消费市场。任何一个环节发展滞后都将严重影响虚拟现实产业的进步，只有各环节协作发展才能有效推动虚拟现实产业的进步。目前国外在虚拟现实领域已形成巨型科技公司引领、众多中小企业协作配合的产业格局，多环节协作已经成为虚拟现实发展的重要趋势。

（十）区块链

以软件为主的技术创新持续演进。2017 年，随着全球各国尤其是主要科技企业和行业企业的关注与投入，区块链将成为全球信息技术领域的重要创新方向。从我国区块链核心技术发展路径来看，应用架构的开源化发展和核心环节的闭源创新将同步进行。一方面，伴随全球区块链开源技术的不断创新，我国企业在全球开源项目的参与力度将持续加大，开源区块链软件将成为构建公共服务链的重要基础和区块链创新型企业发展的技术来源。另一方面，在区块链技术架构、密码学研究等关键领域，我国将依托北京航空航天大学、清华大学、北京大学等重点院校和企业，强化对区块链核心技术的研发能力，为构建区块链核心技术优势打好基础。

各类企业将加速汇集，抢占产业发展蓝海。2017 年，随着区块链技术逐渐走向成熟，金融等行业领域形成一些有效的应用案例，区块链将吸引更多的行业关注，更多的企业将涌入区块链技术和应用创新当中，为区块链的发展增添强劲动能。一是在金融行业领域之外将有更多的行业领军企业布局开展区块链应用，能源、食品、药品、物流、零售等行业企业有望成为区块链应用创新的重要成员。二是伴随互联网企业的加速布局，传统软件和信息技术服务企业也将依托其已有的软件技术优势和开发资源，加快研发区块链相关产品和解决方案。此外，在资本市场的助推下，大量的区块链创新型企业也将持续涌现，为区块链产业发展带来新活力。

行业应用从广度和深度两端将持续推进。2017 年，在金融领域区块链应用将持续深入，除数字货币之外，在跨境支付与结算、票据与供应链金融、证券发行与结算和客户征信与反欺诈等领域有望形成典型的应用模式，推动金融领域的效率提升和业务创新。金融企业有望将区块链技术应用到其核心业务环节中，真正发挥区块链的应用价值和潜力。此外，在非金融行业，以构建新信用体系为核心的区块链应用也将不断涌现，有望在供应链管理、智能合约等典型应用场景中形成可复制、可推广的典型应用。但是，伴随区块链应用的逐步深入，针对区块链的网络攻击将更为频繁，强化区块链安全防护的必要性和紧迫性将更加突出。

后 记

《2016—2017 年中国软件产业发展蓝皮书》由赛迪智库软件产业研究所编撰完成，力求为中央及各级地方政府、相关企业及研究人员把握产业发展脉络、研判软件和信息技术服务业前沿趋势提供参考。

本书由樊会文担任主编，潘文统稿。全书共计 30 多万字，主要分为综合篇、行业篇、区域篇、园区篇、企业篇、政策篇、热点篇和展望篇八个部分，各篇章撰写人员如下：

前言：潘文；综合篇：蒲松涛；行业篇和企业篇：蒲松涛、安琳、韩健、吕海霞、王宇霞、刘倩、薛栋、杨婉云、钟新龙；区域篇：韩健、吕海霞、王宇霞；园区篇：吕海霞、蒲松涛、石健、钟新龙；政策篇：刘倩；热点篇：吕海霞、杨婉云；展望篇：潘文、蒲松涛、安琳、韩健、吕海霞、王宇霞、刘倩、薛栋、钟新龙。在研究和编写过程中，本书得到了工业和信息化部信息化和软件服务业司领导以及行业协会等专家的大力支持和指导，在此一并表示诚挚的感谢。

本书虽经过研究人员和专家的严谨思考和不懈努力，但由于能力和水平所限，疏漏和不足之处在所难免，敬请广大读者和专家批评指正。同时，希望本书的出版，能为我国软件服务业管理工作和软件服务相关产业的健康发展提供有力支撑。

思想，还是思想
才使我们与众不同

《赛迪专报》
《赛迪译丛》
《赛迪智库·软科学》
《赛迪智库·国际观察》
《赛迪智库·前瞻》
《赛迪智库·视点》
《赛迪智库·动向》
《赛迪智库·案例》
《赛迪智库·数据》
《智说新论》
《书说新语》

《两化融合研究》
《互联网研究》
《网络空间研究》
《电子信息产业研究》
《软件与信息服务研究》
《工业和信息化研究》
《工业经济研究》
《工业科技研究》
《世界工业研究》
《原材料工业研究》

《财经研究》
《装备工业研究》
《消费品工业研究》
《工业节能与环保研究》
《安全产业研究》
《产业政策研究》
《中小企业研究》
《无线电管理研究》
《集成电路研究》
《政策法规研究》
《军民结合研究》

编 辑 部：赛迪工业和信息化研究院
通讯地址：北京市海淀区万寿路27号院8号楼12层
邮政编码：100846
联 系 人：刘 颖　董 凯
联系电话：010-68200552 13701304215
010-68207922 18701325686
传　　真：0086-10-68209616
网　　址：www.ccidwise.com
电子邮件：liuying@ccidthinktank.com